ZHONGGUO NONGCHANPIN LIUTONG TIXI YANJIU

YI JING JIN JI WEILI

中国农产品流通体系研究
——以京津冀为例

徐丹丹　李　丽◎著

知识产权出版社
全国百佳图书出版单位
—北京—

图书在版编目（CIP）数据

中国农产品流通体系研究：以京津冀为例/徐丹丹，李丽著．—北京：知识产权出版社，2021.10

ISBN 978－7－5130－7356－1

Ⅰ.①中… Ⅱ.①徐… ②李… Ⅲ.①农产品流通—流通体系—研究—中国 Ⅳ.①F724.72

中国版本图书馆 CIP 数据核字（2020）第 260953 号

责任编辑：兰　涛　　　**责任校对：**潘凤越
封面设计：郑　重　　　**责任印制：**孙婷婷

中国农产品流通体系研究
——以京津冀为例
徐丹丹　李　丽　著

出版发行：知识产权出版社有限责任公司	**网　　址：**http://www.ipph.cn
社　　址：北京市海淀区气象路 50 号院	**邮　　编：**100081
责编电话：010－82000860 转 8325	**责编邮箱：**lantao@cnipr.com
发行电话：010－82000860 转 8101/8102	**发行传真：**010－82000893/82005070/82000270
印　　刷：北京虎彩文化传播有限公司	**经　　销：**各大网上书店、新华书店及相关专业书店
开　　本：787mm×1092mm　1/16	**印　　张：**19.5
版　　次：2021 年 10 月第 1 版	**印　　次：**2021 年 10 月第 1 次印刷
字　　数：230 千字	**定　　价：**88.00 元

ISBN 978－7－5130－7356－1

目　录

第1章　绪论

1.1　研究背景

农产品流通对于促进农业经济的发展具有重大的意义，解决好农产品流通问题是解决我国“三农”问题的关键。从2004年到2019年，中央“一号文件”连续16年对“三农”问题给予了高度的重视。2018年1月2日，中共中央国务院发布的《关于实施乡村振兴战略的意见》指出，要加强农产品产后分级、包装、营销，建设现代化农产品冷链仓储物流体系，打造农产品销售公共服务平台，支持供销、邮政及各类企业把服务网点延伸到乡村，健全农产品产销稳定衔接机制，大力建设具有广泛性的促进农村电子商务发展的基础设施，鼓励、支持各类市场主体创新发展基于互联网的新型农业产业模式，深入实施电子商务进农村综合示范，加快推进农村流通现代化。2019年1月3日，中共中央、国务院发布的《关于坚持农业农村优先发展做好“三农”工作的若干意见》指出要统筹农产品产地、集散地、销地批发市场建设，加强农产品物流骨干网络和冷链物流体系建设。培育农业产业化龙头企业和联合体，推进现代农业产业园、农村产业融合发展示范园、农业产业强镇建设。

京津冀协同发展是国家的重大战略，早在2004年，国务院就把京津冀区域作为“十一五”期间中央政府区域规划试点，在由国家发展和改革委员会主持的京津冀地区经济发展战略研讨会上，京津冀三地政府达成了旨在加强京津冀区域经济一体化发展的“廊坊共识”。2015年4月，中共中央政治局审议通过《京津冀协同发展规划纲要》，明确了京津冀协同发展的实施方案和具体细则。其中，农业作为京津冀可持续发展的共同依托，其协同发展对于促进京津冀区域经济一体化具有重大意义。2016年，国家发展改革委员会与相关部门制定了《京津冀农产品流通体系创新行动方案》，提出开展京津冀农产品流通体系创新是贯彻落实京津冀协同发展战略的一项重要任务，要增强京津冀区域的流通现代化水平，尤其要加快农产品批发市场的转型升级。

河北与北京、天津之间在农产品产业领域互补性强，但是京津冀农产品流通仍存在短板。以鲜活农产品为例，2017年，河北的鲜活农产品生产量已经超过8 000万吨，但河北供应北京和天津市场只占整体市场的三成到五成。另外，京津冀流通网络发展滞后，尤其是流通基础设施不够完善、流通渠道不畅、流通成本较高等问题依然存在。基于以上背景事实，京津冀农产品流通在效率、优化路径等方面的研究都是值得关注的。本项目基于实地调研数据，利用数据包络分析法（Data Envelopment Analysis，DEA）对京津冀农产品流通效率进行了考察，并建立了京津冀农产品流通效率影响因素结构方程，用以研究影响京津冀农产品流通效率的因素及其相互关系，以期对提升京津冀农产品流通的效率和优化资源配置提供一定的参考。

1.2　研究意义

本书的研究意义主要体现在理论和现实两个方面。

(1) 理论意义。目前，关于农产品流通效率的文献中，进行跨区域的农产品流通的研究较少，尤其关于京津冀农产品流通效率的研究更少。本书在继承前人关于农产品流通研究成果的基础上，把京津冀地区作为研究对象，考察京津冀农产品流通的效率与制约因素，能够进一步丰富相关的研究。

(2) 现实意义。探寻优化京津冀农产品流通的路径，是落实《京津冀农产品流通体系创新行动方案》的具体表现，也是目前京津冀协同发展的重要组成部分。本书基于理论基础、国内和国际农产品流通的现实基础和实证研究，通过实地调研数据，分析京津冀农产品流通体系的运行效率和影响京津冀农产品流通体系运行效率的因素，探寻京津冀农产品流通的优化路径，对于保障京津冀地区居民农产品需要、促进京津冀及周边地区的农业生产和农民增收都具有重要的现实意义。

1.3 国内外文献的综述

1.3.1 农产品流通体系内涵界定的研究

姚今观（1996）[1] 最早提出农产品流通体系，对粮油、生鲜农副产品和原料三类农产品的流通体制改革提出了一些建议。许春华、金虹（2001）[2] 提出构建农产品市场体系、农业政策法规体系、农业科技创新体系和农村经济信息网络体系，便于与国际接轨。蒋华东（2007）[3] 主要从农产品市场体系和流通主体两方面探讨建立健全农产品流通体系问题。

对农产品流通体系内涵的界定，学术界观点不一。李志萌（2005）[4] 认为，现代农产品流通体系应该包括规范和健全的市场体系、形式多样的市场主体、现代流通网络信息体系和现代管理机制。任博华（2008）[5] 认为，农产品流通体系是与农产品流通相关的各个要素相互作用形成的有机整体，并依据各个要素发挥的作用将其分为渠道、流通载体、规范与支撑三类要素，各类要素相互作用，

[1] 姚今观．建立新的农产品流通体系［J］．经济研究参考，1996（ZC）：42-43.

[2] 许春华，金虹．论构建与国际接轨的农产品流通体系［J］．经济纵横，2001（5）：41-43.

[3] 蒋华东．加快建立健全农产品流通体系的思考［J］．农村经济，2007（10）：108-110.

[4] 李志萌．现代农产品流通体系的构建与完善［J］．江西农业大学学报（社会科学版），2005（1）：73-75.

[5] 任博华．中国农产品流通体系的现状及优化建议［J］．北方经贸，2008（10）：58-62.

构筑了农产品流通体系的基本框架。常剑（2009）❶ 认为，农产品流通体系由农产品流通渠道和流通者构成，其中农产品流通渠道由生产、流通和市场三个环节组成，农产品流通者活跃在流通渠道的各个环节上。王家旭（2013）❷ 在任博华的基础上提出农产品流通体系由流通主体、流通客体、流通载体、流通环境和流通模式五大类要素构成。廉晓玉（2018）❸ 认为，农产品流通体系包括农产品流通的主体、客体、载体和相关监管服务体系。刘依林（2017）❹ 认为，农产品流通体系是农产品流通各环节的流通组织和流通渠道的总称。

本书界定下的农产品流通体系是指在特定的流通环境下，流通主体运用载体通过渠道进入现代市场，完成规范交易的各要素相互作用、相互联系的一个科学有机整体。各要素围绕市场主体完成农产品交易，必须树立市场在流通体系中的地位，强调各要素服从并服务于市场。

1.3.2　农产品流通效率研究

1.3.2.1　农产品流通效率评价指标的体系构建研究

对于农产品流通效率评价的指标体系的构建，学者基于不同角

---

❶ 常剑．北京郊区农产品流通体系实证研究［D］．北京：中国农业科学院研究生院，2009.

❷ 王家旭．我国农产品流通体系效率评价与优化路径［D］．哈尔滨：哈尔滨商业大学，2013.

❸ 廉晓玉．山东省农产品流通体系研究［D］．北京：首都经济贸易大学，2018.

❹ 刘依林．河北省农产品流通体系建设研究［D］．北京：首都经济贸易大学，2017.

度提出了不同的农产品流通效率衡量指标体系，整体上可以分为两类。

一是基于流通概念的农产品流通效率评价指标体系。这部分学者都是基于流通效率的概念，从效率包含的速度、质量、成本等要素出发，构建农产品的流通效率评价指标。张磊、王娜、谭向勇（2011）❶构建了包括市场整合度、市场集中度、技术效率、消费者满意度、流通差价、交易费用、流通时间七大指标来综合评价农产品流通效率的高低。寇荣和谭向勇（2008）❷认为，农产品流通效率的评价指标体系主要包括四个部分的立场指标，它们分别是社会关注的流通效率指标、生产者关注的流通效率指标、流通者关注的流通效率指标和消费者关注的流通效率指标。从不同立场关注的流通效率指标又可以分为四种类型指标，它们分别是综合效率指标、时间效率指标、成本效率指标和质量安全效率指标。孙剑（2011）❸从农产品流通速度指标、流通效益指标和流通规模指标三个层面出发，选取了12个指标，建立了我国农产品流通效率测度的指标体系。张永强等（2017）❹从流通速度、流通规模、流通成本、流通效益四个层面构建了11个基础指标，其中包括8个正向指标和3个负向指标。

---

❶ 张磊，王娜，谭向勇．农产品流通效率的概念界定及评价指标设计［J］．华东经济管理，2011（4）：18－21.

❷ 寇荣，谭向勇．论农产品流通效率的分析框架［J］．中国流通经济，2008（5）：12－15.

❸ 孙剑．我国农产品流通效率测评与演进趋势——基于1998—2009年面板数据的实证分析［J］．中国流通经济，2011（5）：21－25.

❹ 张永强，张晓飞，刘慧宇．我国农产品流通效率的测度指标及实证分析［J］．农村经济，2017（4）：93－99.

二是基于投入—产出的农产品流通效率评价指标体系。这部分学者基于柯布－道格拉斯生产函数理论，依据投入与产出的关系构建农产品流通效率评价的指标体系，测度农产品流通业或者流通主体的技术效率。其中，投入指标包括劳动、资本与技术，由于技术因素相关的数据无法获得或测算，研究者大都剔除了技术指标，保留了劳动与资本投入。在产出指标的选取上，相关文献对此有一定的差异，但基于产出指标的数量不同，可以将投入—产出类指标分为单产出—多投入与多产出—多投入两种。单产出—多投入类指标体系是指研究者仅用一种指标来衡量产出，使用多种指标衡量和投入。如王良举和王永培（2011）❶将农村流通产业产值作为产出指标，投入指标为农村流通产业固定资本存量与农村流通产业劳动投入。欧阳小迅和黄福华（2011）❷将农村农产品流通量作为各地区农村农产品流通的产出指标，以农村农产品流通相关资本存量及农村农产品流通相关从业人员为农村农产品流通的资源要素投入指标。多产出—多投入类指标体系是指研究者使用多种指标来衡量产出和投入。如于爱森（2016）❸，郭艳、王家旭、仲深（2014）❹等都将农产品流通投入指标分为农产品流通相关从业人员数量、农产品流通相关资本存量两个指标，将农村农产品流通量和农产品流通业近

---

❶ 王良举，王永培．我国农村流通产业技术效率及其影响因素——基于随机前沿模型的分析［J］．北京工商大学学报（社会科学版），2011（3）：60－64.

❷ 欧阳小迅，黄福华．我国农产品流通效率的度量及其决定因素：2000—2009［J］．农业技术经济，2011（2）：78－86.

❸ 于爱森．中国农产品流通效率的实证分析：基于面板数据的SFA分析［D］．沈阳：沈阳农业大学，2016.

❹ 郭艳，王家旭，仲深．我国农产品流通效率评价及影响因素分析——基于2000—2011年省际面板数据［J］．商业时代，2014（7）：12－14.

似总产值作为产出指标。

两种效率评价指标体系反映了农产品流通效率的某一个方面或几个方面。但由于我国并没有专门针对农产品流通的统计数据，而且相关的微观数据难以获得，因此以上两种指标体系大都是基于宏观统计数据建立的，学者只能使用近似数据进行替代，这显然会使原始数据缺乏准确性。如欧阳小迅和黄福华（2011）❶ 使用农村地区相关产业的宏观统计数据作为农产品流通数据，这种处理方法显然忽略了非农村地区的农产品流通数据，无法准确衡量农产品在整个区域的流通效率。王仁祥和孔德树（2014）❷ 则基于我国流通业的宏观数据，使用居民最终消费率、居民消费占最终消费比重、恩格尔系数对宏观统计数据进行匹配，大致推断农产品流通的投入与产出，但是这显然是缺乏准确性的。

1.3.2.2　农产品流通效率的测度

对于农产品的流通效率的测度，相关文献根据不同的流通效率指标体系对农产品流通效率进行评价，使用的测度方法有一定差异，主要集中于三个方面。

一是技术效率类测度方法。这部分文献是通过考察农产品流通业、农产品流通的部分环节、流通主体的技术效率来衡量农产品的流通效率，应用最广泛的测度工具为数据包络分析法（Data Envelop-

❶ 欧阳小迅，黄福华．我国农产品流通效率的度量及其决定因素：2000—2009［J］．农业技术经济，2011（2）：78－86.

❷ 王仁祥，孔德树．中国农产品流通效率评价模型构建及其应用［J］．辽宁大学学报（哲学社会科学版），2014（4）：64－73.

ment Analysis，DEA）（郭艳、王家旭、仲深，2014[1]；程书强、刘亚楠、许华，2017[2]；吴自爱、王剑程、王丽娟等，2013[3]）与随机前沿分析法（Stochastic Frontier Approach，SFA）（王良举、王永培，2011；[4] 王仁祥、孔德树，2014[5]；徐良培、李淑华，2013[6]）。如程书强、刘亚楠、许华（2017）[7] 运用数据包络分析法测算了西部地区2005—2014年农产品流通效率的变化及其主要原因，并估计了各因素对效率的影响机制。张磊、王娜、张桂梅（2018）[8] 采用SFA模型，利用山东省寿光市农产品物流园蔬菜一级批发商户的调查数据，分析了蔬菜一级批发商户的技术效率及其影响因素，认为蔬菜一级批发商运营技术效率还有提升空间，而积累蔬菜批发经验、维系上下游稳定的客户关系、实施前向一体化发展有助于其提升技术效率。DEA方法适合多产出—多投入的指标体系，而SFA方法适合单产出—多投入的指标体系，不适合多产出—多投入类指标体系，但部分文献对DEA与SFA的应用比较混淆。

---

[1] 郭艳，王家旭，仲深．我国农产品流通效率评价及影响因素分析——基于2000—2011年省际面板数据［J］．商业时代，2014（7）：12－14．

[2] 程书强，刘亚楠，许华．西部地区农产品流通效率及影响因素研究［J］．西安财经学院学报，2017，30（3）：88－94．

[3] 吴自爱，王剑程，王丽娟，等．欠发达地区农产品流通效率评价［J］．统计与决策，2013（24）：47－49．

[4] 王良举，王永培．基础设施、经济密度与生产率差异——来自中国地级以上城市数据的证据［J］．软科学，2011（12）：33－36．

[5] 王仁祥，孔德树．中国农产品流通效率评价模型构建及其应用［J］．辽宁大学学报（哲学社会科学版），2014，42（4）：64－73．

[6] 徐良培，李淑华．农产品物流效率及其影响因素研究——基于中国2000—2011年省际面板数据的实证分析［J］．华中农业大学学报（社会科学版），2013（6）：71－79．

[7] 程书强，刘亚楠，许华．西部地区农产品流通效率及影响因素研究［J］．西安财经学院学报，2017，30（3）：88－94．

[8] 张磊，王娜，张桂梅．蔬菜一级批发商技术效率研究——基于寿光农产品物流园蔬菜批发商户的调查［J］．商业研究，2018（1）：19－27；86．

二是市场整合类测度方法。这部分学者通过测度不同地区间的农产品市场的整合情况，或者根据不同农产品各级市场之间的整合程度来衡量农产品流通效率。如陈宇峰和叶志鹏（2014）[1] 基于相对价格法构造出度量省际农产品市场分割的指标，考察了国内农产品流通市场分割程度的演变趋势，并利用 1996—2011 年的省际面板数据分析了决定农产品市场一体化进程的相关影响因素。测度市场的整合程度的关键在于研究工具的选择，学者们采用的测度方法主要包括相对价格法（Parsley and Wei，2001[2]；桂琦寒、陈敏、陆铭等，2006[3]；黄新飞、舒元、郑华懋，2013[4]）、Ravallion 模型（Ravallion，1986）[5]、协整分析（Baek，2006[6]；González and Helfand，2001[7]；马述忠、屈艺，2017[8]）、产出结构法（Young，

[1] 陈宇峰，叶志鹏．区域行政壁垒、基础设施与农产品流通市场分割——基于相对价格法的分析［J］．国际贸易问题，2014（6）：99－111.

[2] David C P，Shang Jin Wei. Explaining the Border Effect：The Role of Exchange Rate Variability，Shipping Costs，and Geography［J］．Journal of International Economics，2001，55（1）：87－105.

[3] 桂琦寒，陈敏，陆铭，陈钊．中国国内商品市场趋于分割还是整合：基于相对价格法的分析［J］．世界经济，2006（2）：20－30.

[4] 黄新飞，舒元，郑华懋．中国城市边界效应下降了吗？——基于一价定律的研究［J］．经济学，2013（4）：1369－1386.

[5] Martin R. Testing Market Integration［J］．American Journal of Agricultural Economics，1986，68（1）：102－109.

[6] Jungho B，Won W K. Price Dynamics in the North American Wheat Market［J］．Agricultural and Resource Economics Review，2006，35（2）：265－275.

[7] Gloria G R，Steven M H. The Extent，Pattern，and Degree of Market Integration：A Multivariate Approach for the Brazilian Rice Market［J］．American Journal of Agricultural Economics，2001，83（3）：576－592.

[8] 马述忠，屈艺．市场整合与贸易成本——基于中国粮食市场空间价格传导的新证据［J］．农业经济问题，2017，38（5）：72－82.

2000[1]）等。

三是综合分析类测度方法。这部分文献注重从多种农产品流通的多个角度或环节进行效率评价，采用的测度方法包括因子分析法（孙剑，2011[2]；张永强、张晓飞、刘慧宇，2017[3]；陈金波、陈向军，罗权 2014[4]）、相关分析法（金赛美，2016[5]；戴欧阳，2015[6]；陈金波、戴化勇，2014[7]）、灰色关联度法（周忠丽，2014[8]；黄福华、蒋雪林，2017[9]）等。因子分析方法可以通过测度农产品流通效率的各方面的综合得分来反映其演变趋势，但是该方法不适合进一步衡量农产品流通的影响因素。

1.3.2.3 农产品流通效率的影响因素分析

影响农产品流通效率因素有很多，涉及农产品供应链全过程，

---

[1] Young Song E. The Return to Capital and Convergence in a Two Sector Model of Endogenous Growth [J]. International Economic Journal, 2000, 14 (4): 143 - 163.

[2] 孙剑. 我国农产品流通效率测评与演进趋势——基于1998—2009年面板数据的实证分析 [J]. 中国流通经济，2011，25（5）：21 - 25.

[3] 张永强，张晓飞，刘慧宇. 我国农产品流通效率的测度指标及实证分析 [J]. 农村经济，2017（4）：93 - 99.

[4] 陈金波，陈向军，罗权. 湖北农产品流通效率评价及对策研究 [J]. 统计与决策，2014（11）：97 - 99.

[5] 金赛美. 我国农产品流通效率测量及其相关因素分析 [J]. 求索，2016（9）：129 - 132.

[6] 戴欧阳. 山西农产品流通体系效率及其影响因素研究 [D]. 太原：太原科技大学，2015.

[7] 陈金波，戴化勇. 农产品流通效率的评价、影响因素及对策研究 [J]. 湖北农业科学，2014，53（6）：1483 - 1488.

[8] 周忠丽. 中国西甜瓜流通效率及影响因素研究 [D]. 北京：中国农业科学院，2014.

[9] 黄福华，蒋雪林. 生鲜农产品物流效率影响因素与提升模式研究 [J]. 北京工商大学学报（社会科学版），2017，32（2）：40 - 49.

并与农产品流通结构及构成要素密切相关。国内外的学者大都从农产品流通的某些环节中考察流通效率的影响因素。

国外的研究多集中于从农产品流通渠道的角度考察流通效率的影响因素，认为不同的交易费用对农产品流通渠道的选择具有不同的影响，通过降低市场交易成本可以提高流通效率（Hobbs，1997[1]）。也有部分研究者（Cadilhon 等，2003[2]）认为通过流通渠道中的部分流通主体的合作，可建立农产品流通过程中供应商、加工商、生产商之间的协作机制或稳定的联盟及订单农业。此外，Sykuta and James（2004）[3] 认为组织和交易因素、技术水平等都会影响农产品供应链价值分配、农产品流通。

国内关于农产品流通效率影响因素的研究基本涉及了农产品流通的各个环节，包括现代物流与信息技术（邓虹和胡文俊，2016[4]；白桦，2016[5]）、主体合作（殷延海，2012[6]；寇光涛、卢凤君、王

[1] Jill E H. Measuring the Importance of Transaction Costs in Cattle Marketing [J]. American Journal of Agricultural Economics，1997，79（4）：1083－1095.

[2] Jean J C，Andrew P F，Paule M，Nigel D P. Modelling Vegetable Marketing Systems in South East Asia：Phenomenological Insights from Vietnam [J]. Supply Chain Management：An International Journal，2003，8（5）：427－441.

[3] Michael S，Harvey S J. Organizational Economics Research in the U. S. Agricultural Sector and the Contracting and Organizations Research Institute [J]. American Journal of Agricultural Economics，2004，86（3）：756－761.

[4] 邓虹，胡文俊. 电子商务环境下农产品流通模式发展思考 [J]. 商业经济研究，2016（19）：149－151.

[5] 白桦. 基于"互联网＋"的农产品物流发展对策研究 [J]. 中国农业资源与区划，2016，37（3）：176－179.

[6] 殷延海. 基于"农超对接"模式的农产品流通渠道创新策略 [J]. 改革与战略，2012，28（2）：95－97.

文海，2016❶）、流通设施条件（刘书艳，2016❷；涂洪波、赵晓飞、孙剑，2014❸）、农产品流通政策（赵晓飞和李崇光，2012❹；张雯丽、沈贵银、曹慧等，2016❺）和现代营销手段（张长厚，2012❻；刘洋，2016❼）等。这些因素都会影响农产品的流通效率。但大部分文献都集中在对农产品流通影响因素的描述性分析与定性分析上，实证分析的文献相对较少，且采用建模方法进行实证研究的相关文献大都从宏观的角度来研究农产品流通的影响因素，缺乏微观角度的考察。如欧阳小迅与黄福华（2011）❽以产出距离函数为分析框架，利用 28 个省份的农村农产品流通相关数据，对我国各农村地区农产品流通效率进行测算，并基于面板数据模型分析了影响农村农产品流通效率的决定因素，认为农村物流基础设施、农村劳动力质量与农村信息化水平表现出显著正效应，农产品流通专业化水平目

---

❶ 寇光涛，卢凤君，王文海．新常态下农业产业链整合的路径模式与共生机制［J］．现代经济探讨，2016（9）：88－92.

❷ 刘书艳．农产品流通中存在问题及优化策略研究——基于新型城镇化建设背景［J］．经济问题，2016（5）：90－93.

❸ 涂洪波，赵晓飞，孙剑．我国农产品流通现代化的模糊综合评价［J］．华中农业大学学报（社会科学版），2014（1）：78－85.

❹ 赵晓飞，李崇光．农产品流通渠道变革：演进规律、动力机制与发展趋势［J］．管理世界，2012（3）：81.

❺ 张雯丽，沈贵银，曹慧，等．“十三五”时期我国重要农产品消费趋势、影响与对策［J］．农业经济问题，2016，37（3）：11－17；110.

❻ 张长厚．发展农产品流通的瓶颈与思考［J］．中国流通经济，2012，26（4）：22－24；45.

❼ 刘洋．新型乡村旅游中的农产品销售模式探究［J］．中外企业家，2016（24）：31－32.

❽ 欧阳小迅，黄福华．我国农产品流通效率的度量及其决定因素：2000—2009［J］．农业技术经济，2011（2）：76－84.

前并未充分显现对农产品流通效率的促进作用。金赛美（2016）[1]利用相关分析法分析我国农产品流通效率的影响因素，认为交通运输、交易市场和电子商务对农产品流通效率均具有正向作用。

梳理现有的相关文献可以发现，农产品流通效率影响因素主要包括流通主体表现、流通主体经营状况、流通设施条件、人力资本、政策环境与市场环境等。

1.3.3 京津冀农产品流通研究

京津冀地区农产品流通效率的相关文献较少，在整体上可以分为以下三个方面。

1.3.3.1 京津冀农产品流通体系现状研究

这部分文献基于京津冀地区农产品流通的现状的描述，分析了京津冀农产品流通体系中存在的问题。王绍飞、俞勤、王立红（2010）[2]分析了北京市农产品流通体系发展中的问题，提出了批发市场升级换代、提升经营能力、发展农产品经销企业、拓宽对外贸易渠道和促进网络销售发育的农产品流通体系建设方向。赵松岭（2014）[3]通过收集相关的统计资料以及部分实地调查，阐述了河北

---

[1] 金赛美．我国农产品流通效率测量及其相关因素分析［J］．求索，2016（9）：129－132.

[2] 王绍飞，俞勤，王立红．北京市农产品流通体系的问题与建设方向［J］．调研世界，2010（4）：24－27.

[3] 赵松岭．河北省鲜活农产品流通模式问题及对策研究［J］．北方园艺，2014（22）：204－207.

省鲜活农产品的四种流通模式，指出了鲜活农产品主体分散经营、冷链流通比例低、信息化水平低、食品安全问题突出、流通环节多五个方面的亟待解决的问题，并针对以上问题，提出了完善现有流通模式的对策。薛楠和姜溪（2015）❶认为京津冀农产品智慧供应链一体化构建面临很多问题，如生产和流通环节成本高、标准体系混乱、政府对射频识别标签推动不足、利益分配不均衡、大数据处理与应用能力欠缺、商业模式缺乏创新等。

1.3.3.2　京津冀农产品流通渠道研究

杨广彬（2018）❷对京津冀区域鲜活农产品流通的基本情况进行了介绍和分析，对京津冀地区鲜活农产品流通存在的问题进行了总结。指出主要包含四个方面的问题：鲜活农产品流通主体分散经营；鲜活农产品冷链流通比例低、损耗率高；鲜活农产品流通渠道信息化水平低；鲜活农产品流通环节多。贾兆颖、王双进、代玉洋（2015）❸运用区位商等区域经济学理论分析了河北省农产品对接京津市场的可行性，提出河北省农产品对接京津市场的制约因素，并且从提升政府掌控全局的能力、建设农业现代化物流体系、建立完善的农产品应急保障体制、发展“农超对接”和“农社对接”，以及增强农产品品牌效应五个方面提出推进河北省鲜活农产品对接京

---

❶ 薛楠，姜溪．基于互联网+的京津冀一体化农产品智慧供应链构建［J］．中国流通经济，2015，29（7）：82－87.

❷ 杨广彬．京津冀鲜活农产品流通渠道优化研究［D］．石家庄：河北经贸大学，2018.

❸ 贾兆颖，王双进，代玉洋．河北省鲜活农产品对接京津市场发展对策研究［J］．北方园艺，2015（19）：166－169.

津市场发展的对策建议。马晨和李瑾（2017）[1] 在对天津各区县的农产品流通主体进行调研的基础上，对农产品流通过程中信息化的发展和信息化应用现状进行了分析，指出了天津市“互联网+农产品流通”的发展模式存在的主要问题与需求，并提出了相应对策建议。

1.3.3.3 京津冀农产品流通效率研究

对京津冀农产品流通效率进行实证分析的文献相对较少。其中，徐丹丹和王帅（2018）[2] 基于2005—2015年京津冀农产品批发市场的面板数据，运用随机前沿分析模型，分析了京津冀地区农产品批发市场技术效率的变化趋势及影响因素，并认为京津冀地区应采取促进产业结构优化升级、推进新型城镇化建设、厘清农产品物流管理链等政策措施，提高农产品批发市场的技术效率，促进农产品批发市场的一体化发展。赵月（2017）[3] 以河北省鲜梨的流通为研究对象，通过问卷调查的方式对河北鲜梨流通渠道中重要的中间商和终端零售商等相关企业进行调查，考察了其渠道成员间的关系质量对渠道间沟通的影响。姜鹏（2014）[4] 构建了京郊蔬菜流通的效率模型，通过效率模型分析将其评价工作量化，得到京郊蔬菜流通效率的各个评价因子对其影响程度的大小，并对比评价因子的排序状况，梳理出影响流通效率高低的四个决定性的评价因子，同时着重

---

[1] 马晨，李瑾．天津市“互联网+农产品流通”发展现状、存在问题与对策［J］．中国蔬菜，2017（3）：6-12.

[2] 徐丹丹，王帅．京津冀农产品批发市场的技术效率及影响因素分析——基于随机前沿分析的实证研究［J］．北京社会科学，2018（12）：87-95.

[3] 赵月．河北省鲜梨流通渠道关系质量与流通效率关系研究［D］．石家庄：河北大学，2017.

[4] 姜鹏．京郊蔬菜流通效率问题研究［D］．北京：中国农业科学院，2014.

对评价因子损耗率进行了实证分析。

通过对文献的梳理，可以发现对京津冀农产品流通的跨区域研究较少，且相关研究集中在对京津冀农产品流通的描述性与定性分析上，实证分析的文献相对较少。

1.3.4　相关研究述评

农产品流通体系问题受到了国内外学者的广泛关注，但本书认为现有的研究存在着以下不足之处。

一是多数文献构建的农产品流通效率评价指标过于单一或笼统。第一，由于农产品的品种繁多，不同农产品的生产特性、物理特性、市场特性与流通特性都有差异，许多文献并没有考虑到具体的农产品种类，忽略了农产品之间的差异，导致难以准确衡量特定农产品流通效率，以及为改善农产品流通效率提供直接的理论依据。第二，多数文献提出的衡量流通效率的指标大多为单一性的比值指标，但是农产品流通效率作为一个综合性的概念，用单一指标来衡量是不够全面的。

二是农产品流通的相关原始数据缺乏准确性。由于我国官方并没有专门针对农产品流通的统计数据，缺乏专项统计指标，而且部分统计数据存在交叉、重复和混乱的局面。多数学者使用的农产品流通从业人员数、农产品流通资本存量、农产品流通量，以及农产品流通业产值等农产品流通数据，都是从流通业中的交通运输、仓储和邮政业、批发和零售业、住宿和餐饮业等的宏观统计数据着手，对宏观统计数据进行匹配和近似处理，这不可避免地会导致数据失真。

三是缺乏对京津冀农产品流通效率的研究。现有文献对农产品流通效率的研究大多是基于国家层面，或某省市的层面，研究跨区域农产品流通效率的文献很少，尤其关于京津冀农产品流通效率的研究更少，且相关研究集中在对京津冀农产品流通的描述性与定性分析上，实证分析的文献相对较少。

四是缺乏对农产品流通主体的微观考察。由于农产品流通的微观数据难以获得，大部分文献都基于宏观视角考察农产品流通效率，缺少对农户、收购商、批发商与销售商等流通主体的关注。此外，农产品流通效率影响因素之间的关系错综复杂，不仅与经济环境、政策状态与基础设施等有关，还受到流通活动本身的影响。而传统的统计分析模型方法一方面难以充分考虑各变量之间的复杂关系；另一方面又要求自变量能够准确测量，但这一要求不仅通常在实践中不能满足，而且许多影响农产品流通的因素是无法直接测量的。

针对目前研究中的不足，本书拟从以下几个方面进行完善和补充：第一，将京津冀地区作为研究对象，研究跨区域层面的农产品流通效率；第二，基于实地调研与发放问卷获得农产品流通的相关微观数据，克服通过处理宏观数据而带来的数据失真问题；第三，从多个方面构建了京津冀农产品流通效率的衡量指标体系；第四，基于实地调研的微观数据，建立农产品流通效率影响因素的结构方程模型，处理不能直接测量的影响流通效率的相关变量，分析多个原因和多个结果之间的复杂关系。

1.4 研究内容

本书的研究内容主要可以分为四个部分。

第一部分为基础研究，包括第一章和第二章。第一章是绪论。主要介绍了本书的研究背景、研究意义与研究目的、国内外文献综述，并明确了本书的研究方法与研究框架。第二章是概念界定与理论基础。这一部分对农产品、农产品流通和农产品流通效率、农产品流通体系的概念进行了界定，并梳理了关于农产品流通的相关理论，为研究京津冀农产品流通体系提供理论基础。

第二部分是现实基础，包括第三章和第四章。第三章是京津冀农产品流通体系演变、现状及存在的问题。首先从计划经济时期、宏观调控下的市场经济流通体制时期和市场经济自由流通体制时期三个维度分析了鲜活农产品流通体系演变的过程；其次，从流通主体、客体、载体和模式四个方面分析了京津冀鲜活农产品流通体系演变的特点；最后从农产品流通的主体、客体、载体、环境和流通模式等方面分析了京津冀农产品流通体系的现状及存在的问题。第四章是国际经验借鉴。重点分析美国和日本农产品流通的经验，通过发达国家的流通实践，为指导京津冀农产品流通实践提供经验借鉴。

第三部分是实证研究。包括第五章、第六章、第七章。第五章是京津冀农产品流通效率评价。这部分内容基于农产品批发商的视角，首先利用实地调研得到的微观数据，运用数据包络分析法测算了流通主体——京津冀果蔬菜和肉类农产品批发商的技术效率；其次，运用以 DEA 方法为基础的 Malmqusit 指数分析法对京津冀农产品流通体系效率进行动态的评价研究，最后，对京津冀农产品流通效率进行了对比分析。第六章是京津冀农产品流通效率的影响因素分析。这一部分首先结合测算的农产品批发商的技术效率，从人力资本、经营状况、主体表现与流通基础设施的角度构建了京津冀农产品流通效率的影响因素指标体系；其次，建立了京津冀农产品流通效率影响因素结构方程模型，并使用最大似然估计法对结构方程模型进行估计和分析；最后，通过典型相关分析的方法研究投入和产出两组变量之间的相关关系，进一步分析了影响京津冀农产品流通体系运行效率的因素。第七章以京津冀农产品中的蔬菜为例，运用 DEA-Malmquist 方法对京津冀蔬菜生产效率进行研究，并运用面板回归模型对京津冀蔬菜生产效率的影响因素进行分析，以期对促进三地农业合作与协同发展提供参考。

第四部分是第八章和第九章。第八章是京津冀农产品流通体系优化的路径和配套政策。在理论基础、实践基础（京津冀的农产品流通现状和日美经验）和实证研究（京津冀体系运行效率和影响农产品流通体系效率的因素）基础上，分析了京津冀农产品流通体系优化的思路与原则，提出京津冀农产品流通体系优化的配套政策。第九章是结论与展望。总结本书的研究结论，并立足于本书研究的不足之处，进行未来研究的展望。

1.5 研究思路

本书分四个阶段五大内容，具体包括：文献梳理与理论分析→演变轨迹分析及经验借鉴→现状考察→测评体系运行效率→体系优化路径及配套政策。

1.6　技术路线

本书的技术路线如图1.1所示。

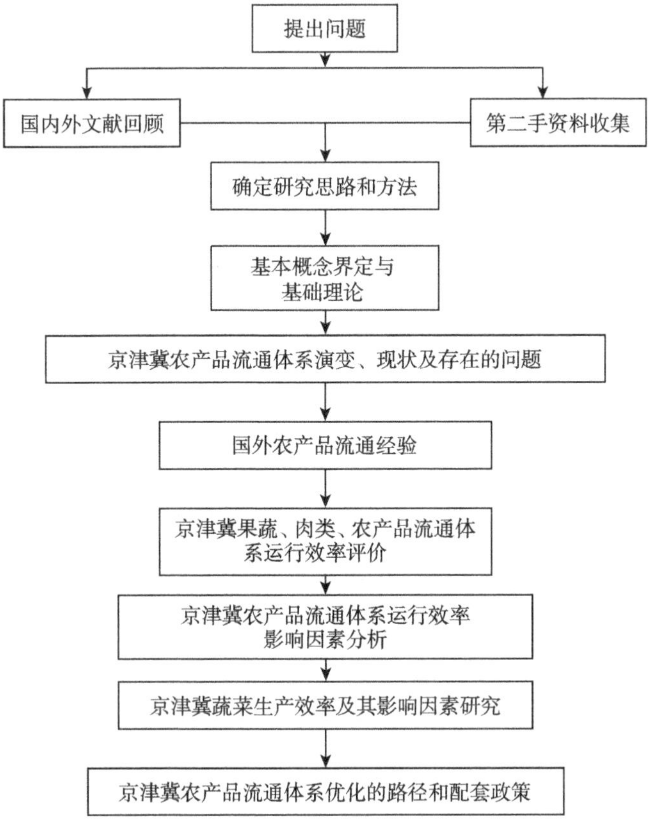

图1.1　逻辑框架

1.7 可能创新之处

第一，本书视角较为新颖。农产品流通效率的文献中，关于跨区域的农产品流通的研究较少，尤其缺少关于京津冀地区农产品流通的研究。因此，本书以京津冀地区为研究对象，进行跨区域的农产品流通效率研究。

第二，在研究的数据上，由于农产品流通的微观数据难以获得，大部分文献都是基于宏观视角考察农产品流通效率，缺少对流通主体的关注。本书通过实地调研与发放问卷获得京津冀农产品流通的相关微观数据，从流通主体角度考察京津冀农产品流通效率。

第三，在研究方法上具有一定创新。农产品流通效率影响因素之间的关系错综复杂，不仅与经济环境、区位因素与基础设施等有关，还会受到流通主体自身活动的影响，而传统的统计分析模型方法难以充分考虑各变量之间的复杂关系。本书基于实地调研与发放问卷获得的一手微观数据，构建了京津冀农产品流通效率影响因素结构方程模型，处理各种因素之间的复杂关系。

1.8 不足之处

第一，农产品流通效率是一个综合性和复杂性的概念，农产品流通涉及多个环节。本书基于京津冀农产品批发商视角对农产品的流通效率以及影响因素进行分析，并未涵盖京津冀农产品流通所有模式。

第二，指标数据难以获取。测算农产品流通体系效率的投入指标主要从资本和劳动力两个方面进行选取。资本投入指标通过选取流通业中交通运输邮电业和批发零售业的全社会固定资产投资总额乘最终消费率，再乘居民消费占最终消费的比重，最后乘恩格尔系数来近似代替；劳动力投入指标选取农产品流通人力资本投入指标，用批发零售、交通运输仓储和邮政业从业总人数乘最终消费率，再乘居民消费占最终消费的比重，最后乘恩格尔系数，估算出流通业从业人员中与居民最终农产品消费匹配的部分，近似测算出农产品流通从业人员数量。产出指标，一是指农产品流通总量，用各地区农村居民平均出售的主要农产品，包括粮、油、蔬菜和水果，乘各地区农村人口总数来表示。二是指农产品流通总产值，即流通业中交通运输邮电业和批发零售业的总产值乘最终消费率，再乘居民消费占最终消费的比重，最后乘恩格尔系数来近似替代。

第三，调研的样本可能不具有广泛代表性。由于农产品流通的数据不易获得，本项目的调查时间、能力和经费有限，本项目所使用的调研数据仅包含286个样本量，后续的研究需要进一步扩大样本容量，使研究结论更具一般性。

1.9　本章小结

本章内容是对全书的总体概括，主要包括研究的背景、意义、国内外的文献综述、研究内容、研究思路、技术路线及可能的创新之处、不足之处等。

第2章　相关概念界定与理论基础

2.1　农产品流通相关基本概念

2.1.1　农产品与鲜活农产品相关基本概念

各领域对农产品的定义有所不同（表2.1）[1]，可以总结归纳为：农产品是指在农业活动中获得的动物、植物、微生物及其产品。鲜活农产品是指与居民生活息息相关的新鲜蔬菜、水果、水产品、禽畜、蛋、奶等产品。为了缓解我国副食品供应紧缺的问题，自1988年起，国家开始建设并发展“菜篮子工程”，其涉及的鲜活农产品种类包括蔬菜、水果、肉、蛋、奶以及水产品。根据《全国高效率鲜活农产品流通“绿色通道”建设实施方案》（交公路发〔2005〕20号）以及

[1] 徐大兵．新中国成立六十年来农产品流通体制改革回顾与前瞻［J］．商业研究，2009（7）：197－200.

《关于进一步完善和落实鲜活农产品运输绿色通道政策的通知》（交公路发〔2009〕784 号）等相关文件，统一界定了鲜活农产品的范围，并确定了《鲜活农产品品种目录》：鲜活农产品是指新鲜蔬菜、水果，鲜活水产品，活的禽畜，新鲜的肉、蛋、奶。畜禽、水产品、瓜果、蔬菜、肉、蛋、奶等的深加工产品不属于鲜活农产品范围。此外，我国农业部重点监测的鲜活农产品有蔬菜、水果、畜产品、水产品。

表 2.1　农产品及鲜活农产品范围界定

	来源	界定
农产品	《中国农村工作大辞典》	农业生产各部门生产的所有动植物产品，包括种植业部门的产品、畜产品、林产品、水产品等
	金发忠（2005）[1]	动物、植物、微生物产品及其直接加工品，包括食用和非食用两个方面
	《中华人民共和国农产品质量安全法》	农业的初级产品，即在农业活动中获得的动物、植物、微生物及其产品
	《中国农产品进出口月度统计报告》	农产品是指 WTO《农业协定》中规定的相关范围以及水、海产品
鲜活农产品	"菜篮子工程"	蔬菜、肉类禽蛋、奶类、水产品和水果
	《鲜活农产品品种目录》	新鲜水果蔬菜、肉、蛋、奶；活的禽畜以及鲜活水产品
	农业部重点监测	蔬菜、水果、畜产品以及水产品

资料来源：根据中国农业信息网（http：//pfscnew. agri. gov. cn）、中央政府门户网站（www. gov. cn）以及中华人民共和国农村农业部（http：//www. moa. gov. cn）公布的相关文件、数据资料等整理。

[1] 金发忠．关于农产品质量安全几个热点问题的理性思考［J］．农业质量标准，2005（1）：13 – 19.

2.1.2 农产品流通

流通是生产和消费的连接。寇荣和谭向勇（2008）[1]认为，农产品流通指的是农产品由生产到达消费的过程，是农产品的生产和消费之间的连接。

2.1.3 农产品流通效率

多数文献提及农产品流通效率时，往往作为一个较为笼统的、总括性的、复合多维的概念。由于农产品流通效率的概念具有广泛性，对流通效率进行明确界定是很难的，但福井清一（1995）[2]认为通过一定的技术手段可以对流通效率进行评价，并从各流通环节的购入和卖出的价格比、流通差价的结构、市场进入的限制和市场信息的传递四个角度，分析了菲律宾的马尼拉首都圈蔬菜市场和泰国曼谷蔬菜市场的蔬菜流通效率结构。Shepherd G. M.（1963）[3]认为，流通效率即流通产品的总价值与流通总成本的比较值。徐从才（2006）[4]认为，流通效率是指流通实现过程中价值补偿的程度和利益的和谐度，具体包括流通产业效率和流通组织效率。寇荣和谭向

---

[1] 寇荣，谭向勇．论农产品流通效率的分析框架［J］．中国流通经济，2008（5）：12－15.

[2] 福井清一．菲律宾蔬菜水果流通和顾客关系［J］．农林业问题研究，1995（118）.

[3] Shepherd G M. Responses of Mitral Cells to Olfactory Nerve Volleys in the Rabbit［J］. The Journal of Physiology，1963，168（1）：89－100.

[4] 徐从才．流通经济学：过程组织政策［M］．北京：中国人民大学出版社，2006.

勇（2008）[1] 认为，农产品流通效率是农产品流通领域中每个环节和整体效率的总称，反映在农产品流通过程中就是各种产出与投入的直接或间接比较。

农产品市场的整合程度是市场高效率的重要方面，农产品市场之间的整合程度越高，市场机制的作用越强，资源和农产品的流通就越充分，资源最佳配置和商品的最优分配就越容易实现，从而农产品流通的效率也就越高（张磊、王娜、谭向勇，2011）[2]。流通时间也是农产品流通效率的重要方面，农产品流通时间包括从收购、运输、加工到批发、零售整个过程所需的时间。尤其对于蔬菜、水果与鲜肉等不易保存的鲜活农产品而言，过长的流通时间会严重损害其质量，因此尽量缩短流通时间能够提升鲜活农产品的流通效率。

综上所述，学术界对农产品流通效率这一概念的界定主要包括两个方面：一方面是从经济学角度，通过投入产出函数关系进行界定；另一方面是从效率的内涵出发，从速度、质量、成本等方面进行界定。学者们基于不同角度对流通效率的理解具有较大差别，农产品流通效率很难用单一指标进行评价，本书认为农产品流通效率是农产品流通的整体效率的总称。结合本书的研究目的与数据获得的可能性，本书认为通过计算京津冀农产品流通市场中经营主体的技术效率的大小，能够较好地反映京津冀地区的农产品的流通效率。此外，流通时间与流通损耗等同样能够较好地反映农产品流通效率。

---

[1] 寇荣，谭向勇．论农产品流通效率的分析框架［J］．中国流通经济，2008（5）：12－15.

[2] 张磊，王娜，谭向勇．农产品流通效率的概念界定及评价指标设计［J］．华东经济管理，2011，25（4）：18－21.

流通时间较短、流通损耗较低意味着农产品在流通过程中的损耗小，流通速度快，从而使农产品的经营成本减少，增大收益。

2.1.4 农产品流通体系的界定与构成

姚今观（1996）[1] 最早提出农产品流通体系，对粮油、生鲜农副产品和原料三类农产品的流通体制改革提出了一些建议。许春华、金虹（2001）[2] 提出构建农产品市场体系、农业政策法规体系、农业科技创新体系和农村经济信息网络体系，以便与国际接轨。蒋华东（2007）[3] 主要从农产品市场体系和流通主体两方面探讨建立健全农产品流通体系问题。

对于农产品流通体系内涵的界定，学术界存在不同的看法。李志萌（2005）[4] 认为，现代农产品流通体系应包括规范和健全的市场体系（初级市场、中心市场和终点市场、批发市场和零售市场、现货市场和期货市场）、形式多样的市场主体（农业流通龙头企业、批发商、贩运商、代理商、农产品流通合作社、农民协会、经纪人队伍等）、现代的流通网络信息体系和现代管理机制（农产品信息网络、农产品准入制度等）。任博华（2008）[5] 认为，农产品流通体系

---

[1] 姚今观. 建立新的农产品流通体系［J］. 经济研究参考，1996（ZC）：42－43.

[2] 许春华，金虹. 论构建与国际接轨的农产品流通体系［J］. 经济纵横，2001（5）：41－43.

[3] 蒋华东. 加快建立健全农产品流通体系的思考［J］. 农村经济，2007（10）：108－110.

[4] 李志萌. 现代农产品流通体系的构建与完善［J］. 江西农业大学学报（社会科学版），2005（1）：69－71.

[5] 任博华. 中国农产品流通体系的现状及优化建议［J］. 北方经贸，2008（10）：58－62.

是与农产品流通相关的各个要素相互作用形成的有机整体，并依据各个要素发挥的不同作用把农产品流通体系分为渠道体系、流通载体和规范与支撑三类要素。渠道体系类要素主要指农产品生产和销售的交易主体，即流通主体，也包括主体间相互的关系，如农产品流通龙头企业、农民协会、中介人、农产品流通合作社、批发商、代理商、零售商等。流通载体类要素主要是指农产品流通中需要的各种基础设施和从事农产品交易的各类场所，如批发市场和零售市场。规范与支撑类要素主要指为保证农产品顺利流通的信息技术保障与政府部门的政策支持等。上述三类要素相互作用、相互影响，构筑了农产品流通体系的基本框架。常剑（2009）[1] 认为，农产品流通体系由农产品流通渠道和农产品流通者构成，其中，农产品流通渠道由生产、流通和市场三个环节组成，农产品流通者活跃在流通渠道的各个环节上。农产品的生产环节是指农户、专业户、农业基地、合作社、农产品加工企业和农业企业从事的生产活动；流通环节是指由农户、农业企业、合作社等流通主体从事的农产品流通；市场环节主要是指产地批发市场和销地批发市场等为农产品流通提供交易的场所。王家旭（2013）[2] 在任博华界定的农产品流通体系的基础上，指出农产品流通体系由流通主体、流通客体、流通载体、流通环境、流通模式五大要素构成。廉晓玉（2018）[3] 认为，农产品流通体系包括农产品流通的主体、客体、载体和相关的政府、市

---

[1] 常剑．北京郊区农产品流通体系实证研究［D］．北京：中国农业科学院研究生院，2009.

[2] 王家旭．我国农产品流通体系效率评价与优化路径［D］．哈尔滨：哈尔滨商业大学，2013.

[3] 廉晓玉．山东省农产品流通体系研究［D］．北京：首都经济贸易大学，2018.

场的监管服务体系。刘依林（2017）❶ 认为，农产品流通体系是农产品流通各环节的流通组织和流通渠道的总称。

本书著者认为，农产品流通体系的内涵是指在特定的流通环境下，流通主体运用载体通过渠道进入现代市场，完成规范交易的各要素互相作用、互相联系的一个科学有机整体，各要素围绕市场主体，完成农产品的交易。必须牢固树立以市场为主体在流通体系中的地位，强调各要素服从于市场，服务于市场。

本书倾向于王家旭（2013）❷ 对农产品流通体系范围的界定，即农产品流通体系包括流通主体、流通客体、流通载体、流通环境、流通模式五大要素，这个界定比较全面。本书在梳理总结上述学者研究成果的基础上，构建了二级农产品流通体系，并对二级体系的内容进行了细化，如表 2.2 所示。

表 2.2　农产品流通体系构成

一级体系	二级体系
流通主体	农户、中介人、加工企业和农业合作社、农产品流通龙头企业、代理商、农产品流通合作社、农民协会、经纪人队伍、批发商、贩运商、零售商、微商、消费者
流通载体	交通基础设施、批发市场、期货市场、零售市场、线上、线下等
流通客体	包括农、林、牧、渔等各种农产品
流通环境	各类政策、政府监管机构等流通监管服务体系，信息平台、大数据、“互联网+”、云计算，“一带一路”、京津冀协同发展、长三角经济带三大国家战略等
流通模式	实现商品交换的方式

❶ 刘依林．河北省农产品流通体系建设研究［D］．北京：首都经济贸易大学，2017.

❷ 王家旭．我国农产品流通体系效率评价与优化路径［D］．哈尔滨：哈尔滨商业大学，2013.

农产品流通体系可以分成两级体系。一级体系由流通主体、流通载体、流通客体、流通环境和流通模式构成。二级体系主要包括以下五个方面。

2.1.4.1　农产品流通主体

农产品流通主体是指进行农产品生产和销售的交易主体，参与流通过程的消费者也属于流通主体，具体包括农产品流通龙头企业、中介人、加工企业、农业合作社、农户、农民协会、批发商、贩运商、零售商、微商、消费者等。这些主体在农产品流通中发挥了重要作用。目前，农户和商贸流通企业是流通体系的重要主体，而中介人基本上是独立经营，规模小，没有银行给予的资金支持，因此通过中介人实现的农产品流通数量不多。农产品微商主要指通过QQ、微信、微博等社交媒体进行宣传、销售和交易等活动的个人或企业。消费者作为农产品的最终使用者也是农产品流通的主体，他们的消费意愿和能够接受的农产品交易方式，都会影响农产品的流通。

2.1.4.2　农产品流通载体

农产品流通载体是指运载农产品的设施设备、参与流通过程中的各类农产品交易市场。具体包括交通基础设施、批发市场、期货市场，以及零售市场，也包括线上市场，如淘宝等。我国交通基础设施基本上形成了公路、铁路、航空、水路等多种方式的网状交通布局。农产品流通是生产和消费的中间环节，农产品通过产地批发市场、销地批发市场、零售市场最终到达消费者手中。批发市场是农产品的现货交易场所，集商流、资金流、物流、信息流、消费流“五流”于一体，是影响农产品流通效率的重要因素。淘宝已成为线上最大的农产品流通平台，“淘宝村”“淘宝镇”的涌现，表明淘宝在某些地区已经相当普及。

2.1.4.3 农产品流通客体

农产品流通客体是指农产品流通中的交易对象，包括农、林、牧、渔等大类产品，每个大类下又有多个小类（粮棉油、肉蛋奶、麻丝茶、果药杂、糖菜烟等）和不同品种。

2.1.4.4 农产品流通环境

农产品流通环境是指农产品流通的外部环境，具体包括各类政策、政府监管机构等流通监管服务体系，信息平台、大数据、“互联网+”、云计算，“一带一路”、京津冀协同发展、长三角经济带三大国家战略等各种外部环境。为了给我国农产品创造一个良好的流通环境，我国政府出台了大量政策。农产品流通监管服务体系主要包括执行流通政策的政府监管机构和为维持农产品流通市场秩序的相关服务体系。我国目前的农产品监管机构主要包括工商、税务、质量检查、认证、交通、城管、消费者协会等各种机构，这些监管机构的工作效率会影响农产品的流通效率。通过大数据，可以打通农产品销售的前端、中端、消费端的市场信息，形成以价格为核心的数据库，这些大数据是对政府数据库的有效补充，再依靠云计算的强大计算、存储能力处理农产品的大数据，提高处理信息效率，为农产品流通过程中的价格形成、信息传递、精准营销、食品追溯等提供了便利。农产品的流通环境要结合当前“一带一路”、京津冀协同发展、长江经济带等国家战略的大背景，深化与“一带一路”沿线国家和地区农产品的贸易关系，形成以全国骨干农产品批发市场为节点，贯穿南北、连接东西、辐射内外的农产品流通网络。

2.1.4.5　农产品流通模式界定

农产品流通模式是指在一定的流通环境下，由流通主体、客体和载体按照某种组合实现商流、物流和信息流的转换，从而完成商品交换的一种方式。我国目前农产品流通模式大体分为五大类：以批发市场为核心的流通模式；以加工企业为核心的流通模式；以农业合作组织为核心的流通模式；以超市为核心的流通模式；以 QQ、微信、微博等社交媒体进行宣传、销售的微商、C2C 电商模式。当前微商模式主要有自产自销的农业散户、农产品个体代理商、农产品企业营销平台三种模式，这种基于社交化媒体平台的电商模式对传统营销产生了重大冲击，但也存在很多问题。

上述五类模式相互联系，构成了农产品流通各环节的基本框架。不同要素之间通过特定的市场条件，可以形成不同的流通体系，流通主体、客体和载体是农产品流通体系中的实体部分。不同的流通组织与流通渠道搭配组合形成不同的流通模式，任何一种流通模式的交易过程都需要为其提供交易的场所、流通主体和客体。流通载体的发达程度、流通客体和主体的不同特点，又会选择不同的农产品流通模式。但流通载体的发达程度和流通模式的创新又受到流通环境，如信息技术的发展水平、政策的支持程度、流通设施的完备程度等的影响和制约。农产品流通体系的五类模式始终处于动态变化的过程中，因此，研究农产品流通体系始终要用动态、变化的视角和维度。

2.2 流通理论综述❶

2.2.1 马克思的流通理论

马克思的流通理论是从研究商品交换开始的。马克思认为，在发展初期，商品交换大多是偶然的物物交换，然而，随着交换的不断重复，生产者开始为了交换其他产品而专门进行产品生产，商品交换逐渐超越了“偶然交换”的范畴，成为一种普遍的社会行为。在货币出现后，商品流通分化成买和卖两个独立的过程，不同商品的形态变化彼此交织，这个过程被马克思称为商品流通。此外，马克思认为，流通就是从生产领域到消费领域的全过程，而生产和消费共同构成了社会再生产过程。

2.2.2 古典经济学的流通理论

古典经济学的代表人物是托马斯·孟和亚当·斯密。托马斯·孟提出，对外贸易是增加国家财富的主要手段，流通是财富增长的

❶ 王家旭．马克思经济学与西方经济学流通理论的比较研究［J］．经济纵横，2012(11)：37－39；97.

源泉，认为各国应重视国际贸易的发展。亚当·斯密在其著作《国富论》中提出，分工是经济发挥作用的源泉，也是交换的前提，而交换促进了产业分工的进一步细化。亚当·斯密虽然没有提出系统的流通理论，但他将分工、城市经济、国际贸易等相关经济思想联系起来，为进一步分析流通奠定了基础。值得一提的是，亚当·斯密之后的古典经济学家将研究重点集中在国际贸易上，并未对流通理论进行进一步研究。

2. 2. 3 制度经济学的流通理论

制度经济学研究的核心问题是经济组织。旧制度经济学代表人物康芒斯批判了西方主流经济学，并阐述了自己的流通理论及思想。他认为市场主体在交易中要完成两种不同的行为：一是移交商品或钱币的控制权，这种行为称为交换；二是转移法定意义上的所有权或控制权，这种行为称为交易。此后，新制度经济学代表人物科斯深入研究了市场交易和流通问题，揭示了企业存在的原因，由此提出交易费用理论。

2. 3 本章小结

本章首先界定了本书涉及的相关概念，包括农产品、鲜活农产品、农产品流通、农产品流通效率、农产品流通体系等，其次阐述了流通理论，包括马克思的流通理论、古典经济学的流通理论和制度经济学的流通理论。本章内容是整个研究的理论基础。

第3章 京津冀农产品流通体系演变、现状及存在的问题

3.1 农产品流通演变分析

改革开放以前，我国农产品流通实行的是低价统制、计划购销，中国农业经历了低速发展、农产品长期短缺的阶段。农产品流通体制是农产品流通运行的基础，关于农产品流通体制的阶段划分，不同学者有不同的看法。从时间演变过程来看，主要选取中华人民共和国成立、1953年和1978年三个节点开展研究。以中华人民共和国成立为起点开展研究的学者，如赵一夫（2008）[1] 将农产品流通体制的发展过程划分为四个阶段，徐大兵（2009）[2] 和曾欣龙等

---

[1] 赵一夫. 我国生鲜蔬果农产品流通的发展回顾与趋势判断［J］. 时代经贸，2008（S1）：3－4.

[2] 徐大兵. 新中国成立六十年来农产品流通体制改革回顾与前瞻［J］. 商业研究，2009（7）：197－200.

(2011)[1] 等将其划分为四个阶段，王静（2012)[2] 将其划分为三个阶段，宋瑛（2014)[3] 将其划分为六个阶段。以 1953 年为起点研究的学者，如蔡荣等（2009)[4] 将其划分为四个阶段，赵晓飞（2012)[5] 将其划分为三个阶段。以 1978 年改革开放为起点的研究学者，如李炳坤（1999)[6] 将农产品流通体制演变过程划分为四个阶段。综上所述，在上述学者研究的基础上，本书将农产品流通体制的演变过程划分为三个阶段，具体划分如下。

3.1.1　改革开放前的农产品流通（1949—1978 年）

3.1.1.1　农产品流通体制演变过程

自中华人民共和国成立至改革开放前，农产品曾经出现过短期的自由流通现象，但很快就被国家干预的计划流通取代，这个时期基本上属于计划流通。自 1954 年以来，随着政府不断加大对农产品流通的调控，农产品实行统一定价、统一收购和统一销售。这一时

---

[1] 曾欣龙，圣海忠，姜元，等．中国农产品流通体制改革六十年回顾与展望［J］．江西农业大学学报，2011，10（1）：127－132.

[2] 王静．新中国成立以来农产品物流制度变迁及其启示［J］．陕西师范大学学报（哲学社会科学版），2012，41（1）：169－176.

[3] 宋瑛．我国农产品流通体制演进回顾及思考［J］．商业时代，2014（7）：10－11.

[4] 蔡荣，虢佳花，祁春节．农产品流通体制改革：政策演变与路径分析［J］．商业研究，2009（8）：4－7.

[5] 赵晓飞，李崇光．农产品流通渠道变革：演进规律、动力机制与发展趋势［J］．管理世界，2012（3）：81－95.

[6] 李炳坤．农产品流通体制改革与市场制度建设［J］．中国农村经济，1999（6）：11－18.

期大致上可以划分为两个阶段。

（1）以市场调节为主的自由流通阶段（1949—1953 年）

中华人民共和国成立之前我国以自给自足的自然经济为主，这个时期由于我国各项体制还不健全，国家对农产品流通的干预较少，农户主要采取自发的农产品自由贸易流通。中华人民共和国成立以后，由于战争的破坏，各行业发展低迷。农产品流通的主渠道是通过私营商业购销。价格制度则以市场价格为主，国营商业价格主要发挥引导和参考作用。农产品购销经营主体中，资本主义经济和个体经济占整个国民经济的 90%（姚今观，1995）[1]。

（2）统购统销阶段（1954—1978 年）

1953 年以后，我国农产品流通为了适应城市工业化的需要，为工业建设提供低价的原材料，为市民提供低价食品，以分配代替流通，以国家行政干预作为后盾，实行农产品统购统销政策，通过工农产品的交换为城市工业化积累资金（王振富，1992）[2]，对粮食、棉花等重要农产品进行统一收购，分离了农产品生产经营者与农产品消费者，不允许买者与卖者直接进行农产品交易。

1956 年公私合营后，农副产品相当一大部分都被国营商业公司或供销合作社收购了。1961 年 1 月中共中央发出《关于目前农产品收购工作中几个政策问题的规定》，明确提出，农产品的收购工作，应当兼顾国家、集体、个人三方面的利益，激发生产队和个人生产经营的积

[1] 姚今观．发展多层次商业网络，构建中国北方大商埠［J］．河北财经学院学报，1995（6）：35－39.

[2] 王振富．我国二元经济结构与农产品流通模式的选择［J］．财贸研究，1992（1）：9－13.

极性。将农副产品大体分为三类：第一类包括粮食、棉花、食油等，实行统购统销；第二类包括生猪、牛、羊、鸡蛋、鸭蛋、蔬菜等 20 多种农产品，实行合同派购；第三类是除了第一类、第二类以外的所有其他物资，实行自由购销。就猪肉和鲜蛋的流通而言，国家在 1955 年、1961 年分别实行派购政策。派购是指政府部门向农产品生产者分配任务，生产者按政府分配的要求，将一定数量的农产品依照国家计划价格销售给国家，生产者必须保证完成，完成任务后剩余的农产品可以自由销售的一种政策。农村集市贸易在 1957—1961 年几经关闭，影响了农产品在集市上的正常流通。1956 年 10 月，国务院在《关于放宽农村市场管理问题的指示》中规定，国营商业公司或者委托供销合作社统一收购供应出口的苹果、柑橘。此外，只要是供不应求的物资，除极少数品种，一般物资均不应开放自由市场。

至此，农产品的生产经营基本由国家控制，虽然统购包销政策有效解决了“买不到”和“卖不出”的问题，但是国家对农产品流通的限制较大，生产经营者只可在居住地附近的少数几个由国家指定的集市上销售自己的农产品。

3. 1. 1. 2　农产品流通体系特点

（1）流通主体

中华人民共和国成立初期，我国国民经济受到战争的破坏，市场秩序极不稳定，国家对农产品流通的管制较松散。就农产品流通主体而言，农产品流通主体呈现多种经济成分并存的特点，由不同的流通主体自发地进行交易，以私营商业企业为主要流通主体，除此之外还有个体农民、国营商业企业、供销社、合作社商业、小商小贩等，流通具有很强的灵活性和自由的特点。个体农民，即生产农产品并参与流通的农民，其经营的农产品的品种以及数量相对较少，一般在集贸市场上进行小规模、短途交易。国营商业企业，即由政府或机关团体投资兴办的全民所有制性质的商业企业。供销社指由政府统一领导和管理的生产、消费、供销，以及渔业和手工业合作社等。1954 年 7 月，我国建立了全国统一的供销合作社系统。农民消费和工人消费合作社、信用社等，都属于合作社商业，是国营商业的好帮手。个体经营者中还包括小商小贩，小商指以较小的成本从事商品交易活动的人群，他们的主要收入来源是商品买卖活动中得到的收入。小贩则指的是流动性较强，经常流动行走的小商。他们的经营活动是国营和集体商业的有益补充。

随着经济体制改革的不断深化，农产品流通主体由私营为主导的农产品流通主体逐渐演变为由国营商业、供销合作社为主导的农产品流通主体。从农产品的需求端而言，由于中华人民共和国成立初期我国城镇人口密度小，因此，对农产品只有较低的数量和质量上的需求。中国统计年鉴数据显示，1949 年，我国总人口数为 54 167万人，城镇总人口数为 5 765 万人，乡村总人口数为 48 402 万人；我国人口密度分布中，城镇人口密度小，而乡村人口密度却较大。1949 年，城镇人口占我国总人口的 10.64%，乡村人口占总人口的 89.35%；从农产品的供求端而言，农产品生产者大部分是个体农户，所以生产规模和流通规模相对较小，而且个体农户的运输、包装等基础设施薄弱，为了避免农产品在远距离的长途运输以及反复搬运过程中发生严重损坏，更为了保持其新鲜度和完好性，因此，我国农产品流通主要采取运输距离较短的短途运输。

（2）流通客体

1949—1978 年，我国农产品流通体制经过一系列的改革发展，农产品产量也在不断地增加。从我国 1949—1978 年水果产量趋势图（图 3.1）可知，我国水果产量从 1949 年的 120 万吨增加到 1978 年的 656.97 万吨，尤其在 1954 年到 1978 年水果产量增加非常显著。水果产量的增加不仅在于经济、种植技术的发展，还在于流通体制改革的大力支持。在农产品自由流通时期（1949—1953 年）因流通主体主要是个体农户，流通规模相对较小，农产品产量也相对较小；在农产品流通统购包销时期，农产品流通主体随着流通体制的发展，从以私营为主导逐渐发展为由国家统购统销为主导的流通，国家将农产品统一收购、再统一销售，因此，流通规模比自由流通时期要大。在农产品流通统购包销时期（1954—1978 年），我国水果产量有显著的增加，从 1954 年的 297.75 万吨到 1978 年的 656.97 万吨，增加了 1.206 倍。

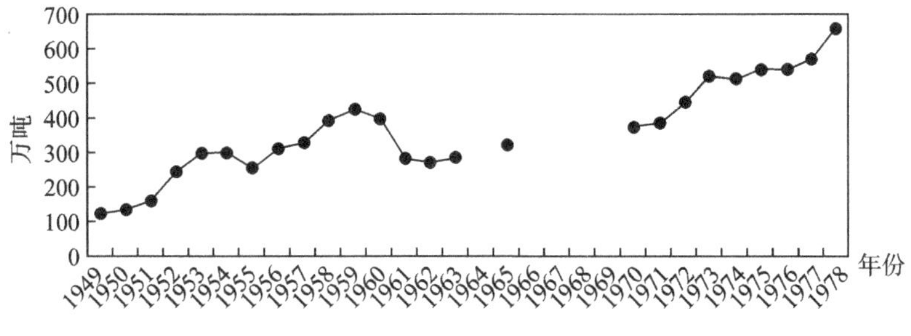

图 3.1 1949—1978 年我国水果产量趋势

数据来源：1949—1978 年《中国统计年鉴》。

（3）流通载体

在中华人民共和国成立初期，我国实行了计划经济体制，农产品基本上由国家统购包销，农产品以集贸市场为主要载体进行现货交易，同时兼有庙会及各级物资交流会。集贸市场是由市场经营管理者经营管理，在特定的地点、特定的时间买卖双方聚集起来进行现货商品交易的固定场所。城乡集贸市场是我国社会主义大市场不可分割的重要组成部分，也是较早出现的农产品交易市场。在寺庙周围，由于寺庙周边烧香拜佛者众多，小商贩在寺庙周边摆起各式小摊赚钱，渐渐地成为定期进行商品交易的场所。物资交流会是集市贸易中的一种特殊形式，它的间隔时间长，交易时间短，规模大，影响面广，参与交易的不仅有本地的人，而且有来自外地的人，如邻县和邻省。随着农产品流通体制的不断改革以及计划经济的实行，农产品流通载体逐渐转变为以国营商业组织为主，流通载体非常单一，实质上是一种指令性交易，农产品生产者按国家规定的数量和价格上交农产品，完成任务后剩余的少量农产品可以自由流通。

（4）流通模式

中华人民共和国成立初期，农产品流通模式，以私营商业自由流通为主，国营商业所占比重较少，主要有三种模式。第一种为“农民 + 消费者”模式，第二种为“个体经营者 + 商贩 + 消费者”模式，第三种为“国家收购 + 统一调拨 + 销地批发 + 零售 + 消费者”模式，如图 3.2 所示。

“农民 + 消费者”模式：农民直接将农产品卖给消费者，不经过商贩这个环节的流通模式。这种模式没有商贩、零售等中间环节，流通渠道短，流通主体少。由于农户是小规模经营，其农产品产量和种类较少，运输设备、保鲜等基础设施薄弱，所以这种模式只适用于交易量少，且短途运输的流通。

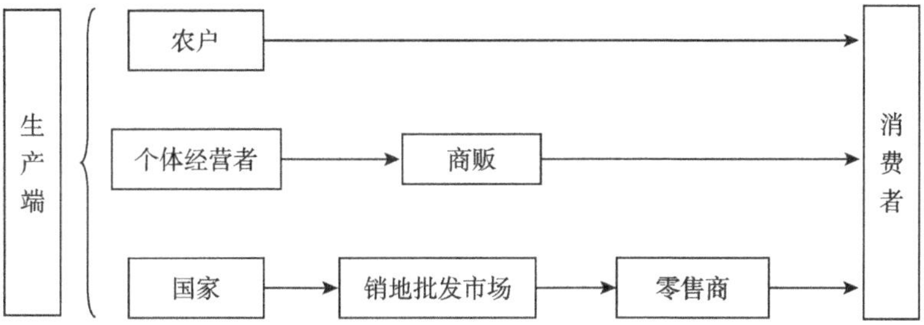

图 3.2　计划经济时期我国农产品流通模式

“个体经营者＋商贩＋消费者”模式：个体生产者将农产品卖给商贩，再由商贩销售给消费者的流通模式。这种模式与“农民＋消费者”模式相比较，多了一个中间环节，以商贩为媒介实现农产品交易，其中商贩可以赚取一小部分利润。前两种流通模式的共同点为，流通规模小而分散、流通环节较少、流通距离短。

随着计划经济体制的加深，农产品流通模式转换为，主要由国家收购、统一调拨，销地批发、零售并存，直至消费者的模式。这种模式是国家用统一价格收购农户或者农业生产经营者的农产品，再经过销地批发和零售商最后到消费者手中的流通模式。特点为国营商业和供销社垄断经营，流通环节较固定。从 1953 年至 1978 年改革开放，我国农产品流通主要采取了这个模式。

这一时期农产品流通总体上有如下特点。

中华人民共和国成立初期，农产品流通中虽然有国营商业和供销社，但主要由个体生产经营，实行自由流通和自由购销。然而统购包销政策的实行，使得农产品流通逐渐演变为国家干预性强、高度垄断的流通主体和扭曲的商品价格的局面。在推进工业化建设且不能抬高农产品价格的情况下，国家干预农产品生产、经营和流通，实行计划购销制度；对大部分农产品先后实行了统购、派购政策，不允许买者与卖者直接交易。国营商业和供销社垄断经营，关闭了城乡集贸市场；农产品价格基本上由国家制定，不能反映市场上的真实价格，不符合价格围绕价值波动的一般规律。计划价格不能反映市场的供求状况，又近一步导致了农产品供应短缺或剩余的问题。[1]

农产品流通计划经济体制时期的统购包销政策，导致生产者没有自主生产经营的权利，缺乏生产经营的动力和积极性，国营企业垄断经营、渠道单一、农产品价格由国家制定等，使生产经营者的利益受到了严重冲击。这一时期国营商业仍占很大比重。

3.1.2 改革开放后的农产品流通分析（1979—1992 年）

3.1.2.1 农产品流通体制演进

在统购包销时期实施的国家统一收购、统一销售的政策，阻碍了生产者生产经营农产品的积极性，形成了价格扭曲和流通死板的模式。自改革开放以来，为适应经济发展的要求，对国营商业进行了一系列改革。国有商业和集体商业机构从 1978 年的占比近 90%，下降到 1992 年的 15.4%；而个体商业机构则由 1978 年的占比 10.3%上升到 1992 年的 84.6%（姚今观 1996）[2]，个体和私营商业

---

[1] 王振富．我国二元经济结构与农产品流通模式的选择［J］．财贸研究，1992（1）：9－13.

[2] 姚今观．农产品流通体制与价格制度改革的新构想［J］．财贸经济，1996（5）：54－56.

机构的比重显著上升。

1984 年 7 月 19 日，国务院批准原国家体改委、原商业部、原农牧渔业部《关于进一步做好农村商品流通工作的报告》，继续减少统购、派购的种类。将一类和二类农副产品中的品种由 21 种减少到 12 种减少了 9 种。推行产销直接挂钩联营，从而逐步形成一个固定的产销关系。同时，开放集贸市场，允许部分农产品进行议购议销和自由交易。

1984 年 7 月，国家对鸡蛋实行自由购销。国营蔬菜公司发挥其主渠道作用，其他渠道包括专业运输户、专业合作社、乡村兴办的农工商公司以及其他商业组织等迅速崛起的乡镇商业组织，改变了国营商业垄断农村市场的格局，形成了多渠道互相竞争、多元主体并存的格局❶。

1985 年以后，我国对农产品流通体制进行了重大的改革，开始实行“双轨制”，即计划与市场共同发力，计划流通与市场流通共存。这一时期的农产品流通中，国营、集体、个体多种经济成分并存，彻底打破了国营蔬菜公司垄断经营的局面。

这一时期批发市场发展迅速，蔬菜市场开放后，自发形成了许多交易市场。水果实行放开经营、自由购销政策，流通渠道越来越多元化，并且这种发展趋势一直延续到现在。

由于农产品的自然属性（如易腐易烂、较强的季节性等），常出现需求大于供给的情况。为缓解我国副食品供求不均衡的矛盾，1988 年农业部提出建设“菜篮子工程”。“菜篮子工程”一期工程建

---

❶ 姚今观，纪良纲．中国农产品流通体制与价格制度［M］．北京：中国物价出版社，1995.

立了中央和地方的肉、蛋、奶、蔬菜生产基地，以及优良品种繁育、饲料加工等服务体系，以保证居民不受季节的限制，一年四季都有新鲜蔬菜吃。到 1992 年年底，全国农产品批发市场已达 1 858 个，城乡集贸市场已达 7.92 万个，农产品批发市场成交额为 223.57 亿元，初步形成了全国大市场、大流通的新格局。

3.1.2.2 农产品流通体系特点

（1）流通主体

随着农产品流通体制改革的逐渐深入，我国农产品流通，与计划经济体制时期相比，出现了很多新的流通主体。除农民、个体商贩、国营商业，随着农产品流通中市场经济成分的增加，流通主体还出现了运销商、批发商、专业运输户及其联合体、超市、农产品经纪人、专业合作社等。在计划经济时期，农产品流通主体从私营转变为国营，流通主体主要是国家。随着我国实行改革开放，农产品的主要流通主体，即国有商业和集体商业所占份额明显减小。此外，还出现了把小农户集中起来进行大规模流通，并为农户争取更多利润的专业合作社；在农户与消费者之间起中介作用，为农户联系客户，为客户保证货源的农村经纪人；随着流通规模的扩大还出现了专业运输户及其联合体；在零售端出现了给消费者带来购物便利的超市等新型主体。虽然国营商业和集体商业的所占份额有所减少，但依然占一部分比例，因此，这一时期，形成多种经营主体并存、相互竞争的局面。

（2）流通客体

1979—1992 年这一时期，我国农产品流通相较于计划经济时期，市场中的经济成分增加了。在农产品流通统购统销时期，我国农产品基本上由国家统一收购，再统一销售，国家统一定价，违背了价格的一般规律，降低了农产品生产者的生产经营积极性。针对这些问题，国家实行了在宏观调控下的市场经济政策，逐步放开了对蔬菜、水果、肉、蛋、奶等农产品的统购包销，逐渐改变了统购太死、流通渠道单一的农产品流通模式。1985 年，我国农产品流通体制进行了一次重大改革，实行了计划流通与市场流通并行的“双轨制”流通体制，使我国农产品播种量和产量都明显增加。我国蔬菜播种面积和果园面积（图 3. 3）从 1979 年的 3 229. 6 千公顷、1 755. 93 千公顷增加到 1992 年的 7 031 千公顷、5 818 千公顷。分别增加了 3 801. 4 千公顷和 4 062. 07 千公顷。从图 3. 4 可知，我国肉、蛋、奶、水果的产量也明显增加，肉类产量从 1979 年的 1 062. 4 万吨到 1992 年的 3 430. 7 万吨，增加了 2 368. 3 万吨；禽蛋产量从 1982 年的 280. 85 万吨到 1992 年的 1 019. 9 万吨，增加了 739. 05 万吨；奶类产量从 1980 年的 114. 1 万吨到 1992 年的 503. 1 万吨，增加了 389 万吨；水果产量从 1979 年的 701. 455 万吨到 1992 年的 2 440. 093 万吨，增加了 1 738. 638 万吨。其中，水果和肉类产量与禽蛋和奶类产品的产量相比明显多很多，不同的农产品产量上的增长有明显的差距，但是这一时期，我国农产品的产量整体呈上升趋势。我国农产品集市贸易成交额增长（图 3. 5）非常显著，从 1979 年的 56. 4 亿元增加到 1992 年的 1 585 亿元，1992 年的成交额是 1979 年的 28. 1 倍，增加了 1 528. 6 亿元。农产品成交额在 1979—1984 年增长非常缓慢，但是从 1985 年开始增长非常显著，从 1985 年的 214. 4 亿元增加到 1992 年的 1 585 亿元。这是因为当时我国实行计划价格与市场价格同时存在的“双轨制”流通。

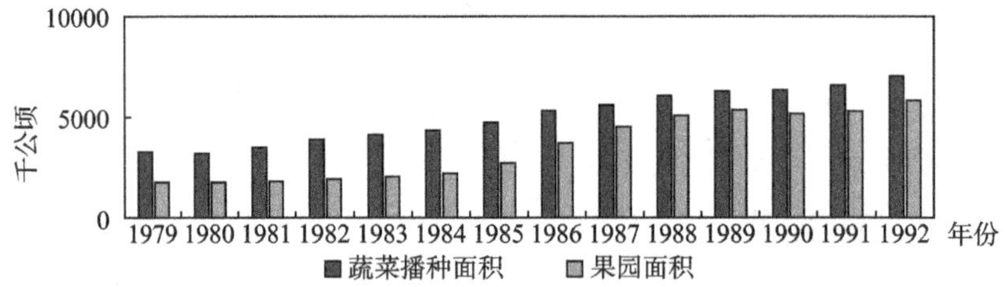

图 3.3　1979—1992 年我国蔬菜和果园播种面积趋势

数据来源：1981—1993 年《中国农村统计年鉴》。

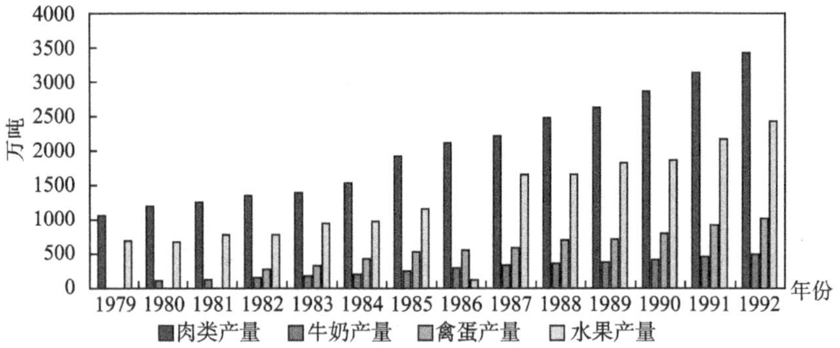

图 3.4　1979—1992 年我国肉、蛋、奶、水果的产量趋势

数据来源：1980—1993 年《中国农村统计年鉴》。

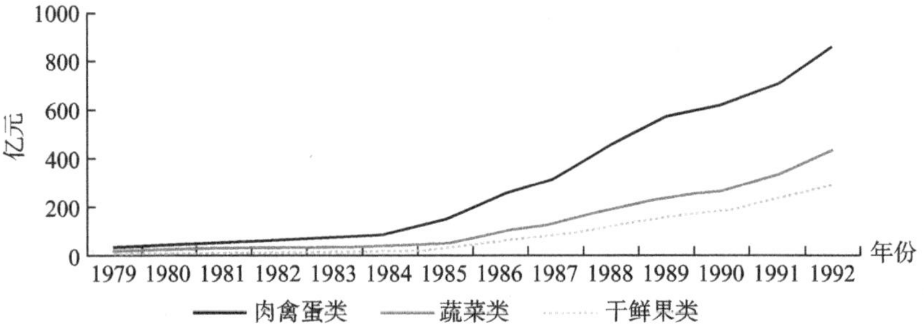

图 3.5　1979—1992 年我国农产品集市贸易成交额变化趋势

数据来源：1981—1993 年《中国统计年鉴》。

（3）流通载体

1979—1992 年，这一时期农产品流通的主要载体是农贸市场，集市贸易也进一步发展。如图 3.6 所示，我国城乡集贸市场成交额从 1979 年的 183 亿元，增加到 1992 年的 3 530 亿元，发展飞速，尤其是实行计划流通和市场流通并行的“双轨制”流通以后，即从 1985 年开始，交易额增加极为显著。1992 年的城乡集市贸易成交额是 1985 年的 5.58 倍，不到十年的时间，成交额增加了 2 897.7 亿元。我国城乡集贸市场个数从 1979 年的 38 993 个到 1992 年的 79 188 个，从图 3.7 中可知，我国农村集贸市场在城乡集贸市场中占很大比例。随着逐步放开统购包销的农产品的产量和种类，我国农产品流通的市场经济成分有所增加，除了农贸市场以外，随着居民对农产品的需求增加，流通规模也相应增加，原有的农贸市场已经无法满足消费者的需求，经过对农贸市场进行改造和升级逐渐形成了批发市场。批发市场是我国农产品流通的主要载体，为交易双方提供长时间的、固定且公开的批发交易设备，并有商品集散、信息披露、结算、价格形成等功能的交易场所。农产品批发市场具有集散农产品，形成价格，为买卖双方提供交易场所，保证了农产品的供应，促进农业生产的积极性。

此外，农产品流通载体还出现了超市等流通载体，超市是随着居民生活水平的提高，为满足消费者购买方便的需求而产生的一种交易场所，消费者可以自行选购所需的商品，有效节省了之前普通小商店的人力和物力成本。超市这一流通载体在这一时期属于发展的初级阶段。宏观调控下的计划经济流通体制时期，我国农产品流通载体以农贸市场为主要载体，逐渐转变为以农产品批发市场为主导的农产品流通。相较于农贸市场的基础设施陈旧、效率低下，批发市场具有集散农产品，为买卖双方提供多渠道信息，调节供求平衡，使小规模生产集合起来形成大规模流通交易等优势。因此，农产品批发市场通过其特有的优势，逐渐成了我国农产品流通的主渠道，我国70%以上的农产品均经过批发市场最终到达消费者的菜篮子。

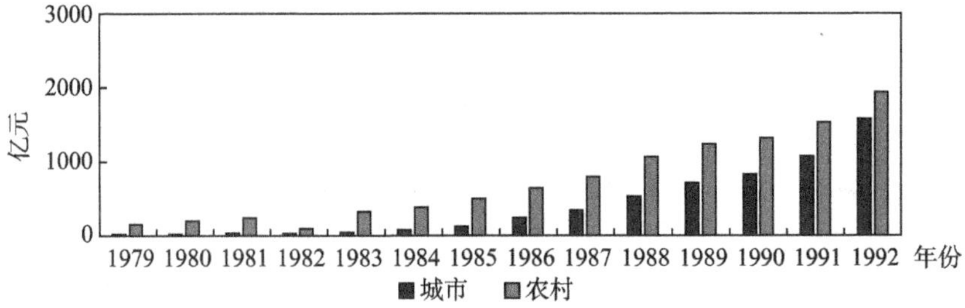

图 3.6 1979—1992 年我国城乡集贸市场成交额趋势

数据来源：1981—1993 年《中国农村统计年鉴》。

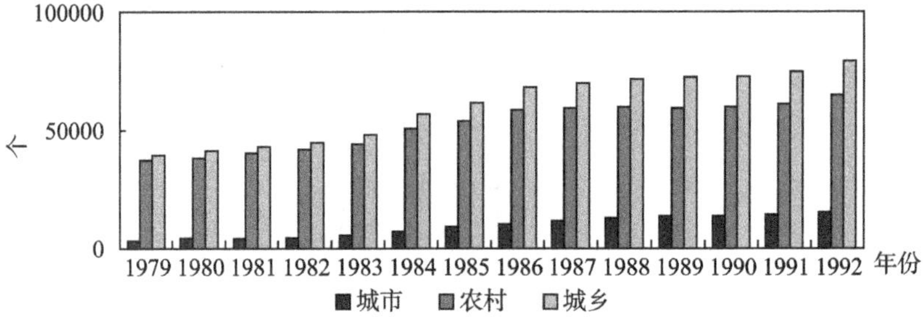

图 3.7 1979—1992 年我国城乡集市贸易数量趋势

数据来源：1979—1993 年《中国统计年鉴》。

（4）流通模式

这一时期，流通模式相较于计划经济时期呈多样化发展的趋势，逐渐形成以批发市场为主导的农产品流通模式。1985 年，我国实行农产品“双轨制”流通政策，农产品的种类和数量显著增加，流通规模也随之不断扩大。为克服农产品流通中跨区域流通难的问题，许多产地批发市场依托集市贸易发展起来，批发市场逐渐成为农产品流通的主渠道。我国农产品流通模式从农村集贸市场为主要载体的流通模式逐渐转变为以批发市场为主要载体的流通模式。而以批发市场为中心的流通模式一般是经过三级市场体系，即产地批发市场、销地批发市场、农贸市场。[1] 这一阶段，我国农产品流通模式有如下几种，如图 3.8 所示。

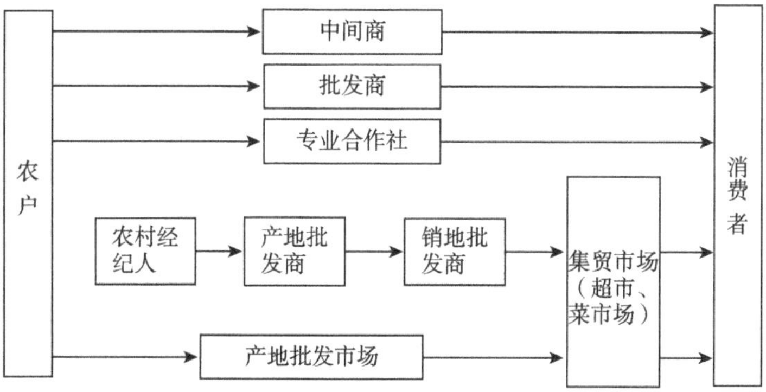

图 3.8　宏观调控下的市场经济体制中我国农产品流通模式

①“农户＋消费者”模式。

“农户＋消费者”模式是农产品生产者将农产品采摘后直接到集贸市场上销售，不经过任何中间环节，农户与消费者直接面对面进行交易。这种模式，虽然流通环节少，但因流通主体是个体农户，其生产规模小且分散，农产品质量也参差不齐。因农产品有易腐易

[1] 刘刚．鲜活农产品流通模式演变、动因及发展趋势研究［J］．农业经济，2015（1）：119－120.

烂性，个体农户的运输、包装技术薄弱，所以不能进行长途运输。因此，这种模式无法实行大规模的流通。

②“农户 + 中间商 + 消费者”模式。

这种模式是指农户将农产品采摘后销售给中间商，再通过中间商转卖，最终到消费者手中的一种流通模式。与“农户 + 消费者”模式相比，多了一个中间环节，但其优缺点基本上一致，均不能进行大规模流通，且存在小生产、大市场的弊端。

③“农户 + 批发商 + 消费者”模式。

这种流通模式是应用最普遍的农产品流通模式，即农户将农产品卖给产地批发商，由批发商将农产品运至批发市场，再销售给消费者的一种流通模式。这种模式中农户与批发商之间没有签署固定的合同，两者关系比较松散、自由。因此，农产品市场上存在信息不对称，农户无法估计农产品的市场价格，批发商掌握的信息较多，处于优势地位，为追求自身利益最大化，通过压低向农户购买农产品的价格，从中获利。

④“农户 + 专业合作社 + 消费者”模式。

这种模式由农民专业合作社，集中大量的小农户，小农户自愿加入合作社，并遵守合作社制定的相关规定。由合作社对当前农产品市场进行供求分析，并指导参与合作社的小农户种植，种植后，由合作社为所有合作社成员的代理人与其他采购主体进行谈判，为农户争取更多的利益。

⑤“农户 + 农村经纪人 + 产地批发商 + 销地批发商 + 集贸市场 + 消费者”模式。

这种模式由农村经纪人在农户与其他采购商之间进行协调和沟

通，起中介作用，农户通过农村经纪人将农产品销售到产地批发市场，再通过集贸市场，最终到达消费者手中。该模式的流通环节较多，但通过农村经纪人为农户联系客户、组织货源，避免了农户卖不出农产品的局面。

⑥“农户 + 产地批发市场 + 销地批发商 + 超市/菜市场 + 消费者”模式。

在这种流通模式中，农户先将农产品销售到产地批发市场，再转售给销售地批发商，而后销售给超市或菜市场，最后到达消费者手中。该模式主要依赖于产地批发市场，由农户直接将农产品运到市场，销售给产地批发商，再销售到其他地方。该模式的流通环节多、流通渠道长、流通主体也较多。

3.1.3　市场经济自由流通体制时期（1993 年至今）

随着我国经济体制改革进入市场经济时期，农产品进入了市场经济自由流通时期，各大中城市停止了对农产品的计划管理，纷纷转向自由流通。从“菜篮子工程”的提出到 1994 年，“菜篮子工程”重点解决了农产品市场供不应求的问题，从根本上改善了供求矛盾突出的局面。除奶类和水果外，“菜篮子”产品的人均占有量均已达到世界人均水平。

1995 年，国务院纠风办、交通部、公安部为落实国务院提出的“菜篮子工程”，组织实施设立专用通道，对合法运输农产品车辆给予优惠政策，具体包括“不扣车、不卸载、不罚款”和减免通行费等。自 2002 年开始，建立有区域特点的农产品公路运输“绿色通道”。其全称是农产品公路运输“绿色通道”。交通部会同相关部门联合发布了《全国农产品流通“绿色通道”建设实施方案》，极大缓解了流通中乱查乱罚、地方保护等问题。

“绿色通道”网络是由两条横向、五条纵向通道构成的。绿色通道网络贯穿全国31个省、自治区、直辖市，覆盖了全国重要农产品生产基地和销售市场，为农产品的流通提供了快速有效的流通条件。自2010年12月1日起，绿色通道范围进一步扩大，减免品种也进一步增加，主要包括蔬菜、水果、水产品，活畜禽，肉、蛋、奶等。“绿色通道”的开通促进了农产品的流通效率，弥补了农产品本身具有的易腐烂的特性，减少了流通成本，提高了农民的收入，进一步发展了农村经济。

此阶段，中国农业的主体仍然是小农户而不是大的经营生产组织单位。小农户、小商贩仍然是农产品流通的主要主体，但是，流通体系也在不断完善，有供销社、农产品经纪人、产地批发商、销地批发商等多种形式的流通主体共同竞争。生产经营规模不断扩大，生产者的组织化程度不断提高、基础设施不断改善，集约化生产水平不断上升。对于流通载体而言，主要还是以各类批发市场为主，农贸市场为辅，还出现了新型的流通载体如生鲜超市等；对于农产品流通模式而言，出现了农超对接模式、农校对接模式、农企对接模式等，减少了农产品的流通环节，促进了流通的效率；从流通方式而言，从单一的现货交易逐渐出现了订单交易等方式。

进入21世纪以后，随着科技的不断发展，手机、电脑、网络已成为人们不可或缺的生活工具。手机微信和支付宝可以随时支付，网上购物已成为居民的一种常用的购物方式，人们可以不出家门就能买到自己需要的各种商品。各种菜蛋奶等农产品也可以在网上购买，极大地便利了人们的生活，节省了时间，提高了效率。2015 年 3 月 5 日，李克强总理在第十二届全国人民代表大会第三次会议上正式提出了“互联网 +”一词，将互联网技术包括电子平台、信息网络运用到传统行业，从而创造一种新的生态模式（石岿然，孙玉玲，2017）❶。中国互联网络信息中心（China Internet Network Information Center，CNNIC）发布的第 43 次《中国互联网络发展状况统计报告》显示，截至 2018 年 12 月，我国网民有 8.29 亿人，占全国人口的 59.6%，其中通过手机接入互联网的比例高达 98.6%。截至 2018 年年底，我国网络购物用户同期达 6.10 亿人，网民使用率为 73.6%。比第 32 次《中国互联网络发展状况统计报告》显示的中国网络购物用户规模 3.02 亿人，使用率为 48.9%，网络购物用户规模增加了 3.08 亿人，网民使用率增加了 24.7%。互联网的快速发展从技术上保障了我国农产品流通领域的电子商务化。

3.2　我国农产品流通体系特点

3.2.1　流通主体

这一阶段的流通主体，除农民、个体商贩、运销商、批发商、

❶ 石岿然，孙玉玲. 生鲜农产品供应链流通模式 [J]. 中国流通经济，2017，31 (1)：57-64.

专业运输户、超市、农产品经纪人、专业合作社，随着我国总人口数的增加、人民生活水平的提高，出现了便利店、生鲜专营店等新的流通主体。从图3.9可知，1993年至2018年我国人口总体上是增长趋势，并且1993年至2009年，我国乡村居民多于城镇人口，但自2010年开始我国城镇人口超过了乡村人口。2000年以后，随着城乡居民生活水平的提高，城镇人口的增加不仅使其对农产品的需求增加，在计划流通时期和宏观调控下的市场经济自由流通时期的农产品流通主体也已不能满足现实的需求，生产规模小，需求大的问题依然显著。这些都使得农产品的流通面临新的挑战。因此，绿色农产品、有机农产品成为我国居民消费的新向导。

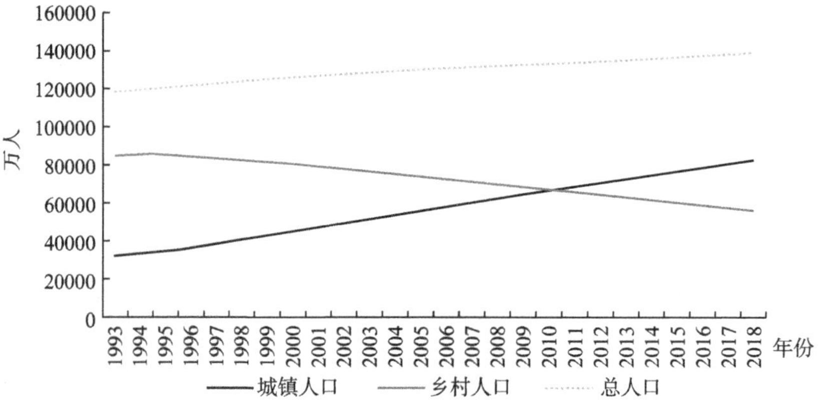

图3.9　1993—2018年我国城镇、乡村人口增长趋势

数据来源：国家统计局。

3.2.2　流通客体

自20世纪90年代以来，即我国农产品流通体制进入市场经济自由流通以来，市场经济的优势充分凸显。农产品的播种面积和产量呈增加的趋势。我国蔬菜、水果的播种量（图 3.10）分别从 1995 年的 9 515 千公顷、8 098 千公顷增加到 2016 年的 19 553.14 千公顷、10 902.81 千公顷，而蔬菜和水果的产量分别从 1995 年的 25 726.71 万吨、4 214.6267 万吨增加到 2016 年的 79 779.71 万吨、24 405.24 万吨。从我国蔬菜、水果的产量趋势图（图 3.11）可知，我国蔬菜、水果产量总体上升，水果的产量和播种面积增长缓慢。而蔬菜产量的增加非常明显，虽然蔬菜播种量在 2007 年和 2010 年有所下降，但产量一直处于增长趋势，只有 2006 年有稍微下降。从我国肉类、牛奶和禽蛋产量趋势图（图 3.12）可知，我国肉、牛奶和禽蛋产量总体上是上升的，其中肉类产量增长迅速且比禽蛋和牛奶的产量要高，牛奶和禽蛋的产量在 1995—2005 年增长较快，自 2006 年以后增长趋向平稳。

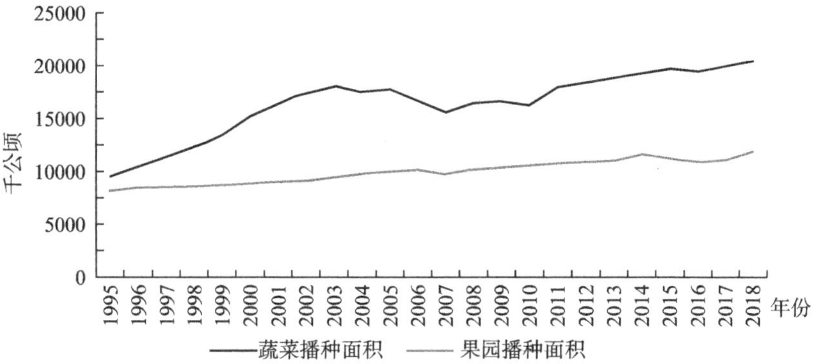

图 3.10　1995—2018 年我国蔬菜、水果播种面积趋势

数据来源：国家统计局。

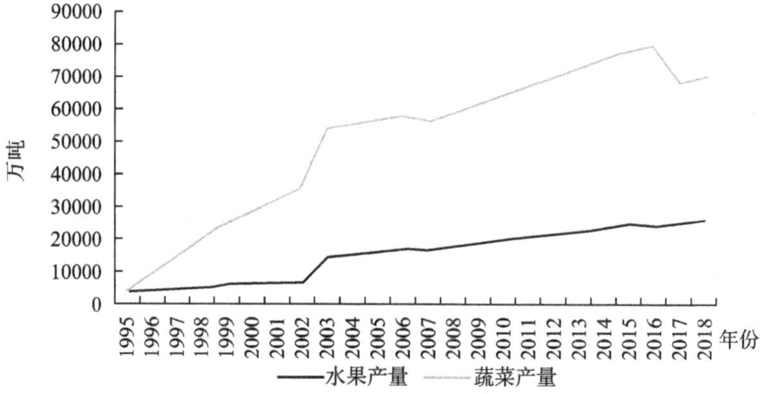

图 3.11　1995—2018 年我国蔬菜、水果产量趋势

数据来源：国家统计局。

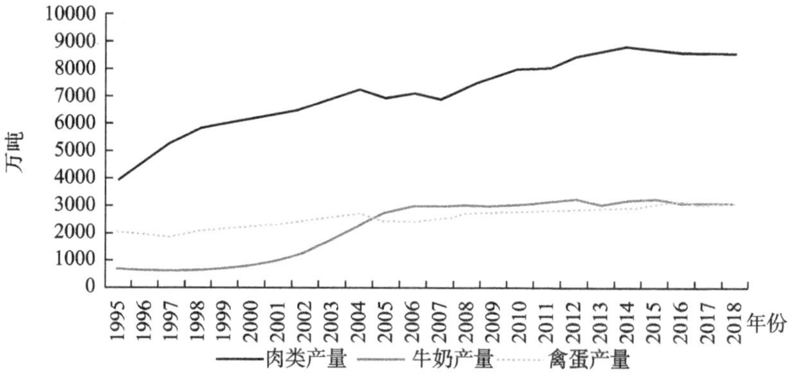

图 3.12　1995—2018 年我国肉类、牛奶和禽蛋产量趋势

数据来源：国家统计局。

3.2.3　流通载体

这一时期的农产品集市贸易成交额比宏观调控下的市场经济体

制时期（1979—1992 年[1]）有显著增加，1979 年我国蔬菜、水果、肉蛋等农产品集市贸易成交额[2]为 56.4 亿元，而 2017 年为 19 054.176 亿元，是 1979 年的 337.84 倍。2004 年蔬菜、干鲜果以及肉蛋等农产品的批发市场贸易成交额占城乡集市贸易成交额的 91.2%、零售市场成交额仅占 8.8%；到 2017 年农产品批发市场成交额占城乡集贸市场成交额的 90.4%，零售市场成交额占比 9.7%。由此可知，目前，批发市场在我国农产品交易中一直处于主导地位，仍是主要的流通载体。

随着科技、经济以及互联网的发展，新型流通载体也随着实际的需求开始出现，比如电子商务平台、生鲜超市这些遵循现代超市经营理念，主要经营农产品的连锁店或专卖店[3]等。而我国互联网以及运输业的发展为新型流通载体，即电子商务平台的出现提供了基础。

首先，由中国互联网信息中心发布的《中国互联网络发展状况统计报告》数据显示（表 3.1）可以看出，随着科技的发展，我国网民规模和互联网普及率在 2013 年至 2018 年短短几年中具有显著发展，2018 年的互联网普及率比 2013 年增加了 13.6%。互联网对农产品的生产、流通、营销、交易具有重要而积极的作用。比如，电子信息系统有助于信息对接，简化沟通程序，提高沟通效率，有利于开拓市场，减少中间商，使一体化供应链的操作更具可能性；

[1] 数据来源：《中国统计年鉴》。

[2] 数据来源：《中国农村统计年鉴》（1980—2017）。

[3] 陈耀庭，蔡贤恩，戴俊玉．生鲜农产品流通模式的演进——从农贸市场到生鲜超市［J］．中国流通经济，2013，27（3）：19－23．

物联网技术可用来跟踪运输动态，执行最优路线规划，采用先进保鲜技术，降低流通损耗；网络互联科技可用来推广宣传产品信息；电子商务平台可促进交易数量和金额的提高，优化服务水平。

其次，我国运输业不断发展，从图 3.13 和图 3.14 可以看出，我国公路、铁路、航班航线、内河航道里程以及公路、铁路、民用航空和水运货运量的发展非常迅速，运输里程分别从 1993 年的 108.35 万公里、5.86 万公里、96.08 万公里、11.02 万公里发展到 2017 年的 477.35 万公里、12.7 万公里、748.3 万公里、12.7 万公里；货运量分别从 1993 年的 840 256 万吨、162 794 万吨、69 万吨、97 938 万吨增加到 2017 年的 3 686 858 万吨、368 865 万吨、706 万吨、667 846 万吨。运输里程中，发展最为显著的是公路里程和航班航线里程；而货运量中，发展最为显著且占绝大比重的是公路运输量，究其原因可能是公路与水路和铁路相比有速度快、灵活的优势，与航运相比有低成本优势，因此，公路运输量最大。互联网以及交通运输业的快速发展也极大地促进了网络零售市场的快速发展。

表 3.1　2013—2018 年中国互联网络发展状况

时间	网民规模（亿人）	互联网普及率（%）	手机网民规模（亿人）
2013.06	5.91	44.1	4.64
2014.06	6.32	46.9	5.27
2015.06	6.68	48.8	5.94
2016.06	7.10	51.7	6.56
2017.06	7.51	54.3	7.24
2018.06	8.02	57.7	7.88

数据来源：中国互联网信息中心，http：//www.cnnic.net.cn/hlwfzyj/。

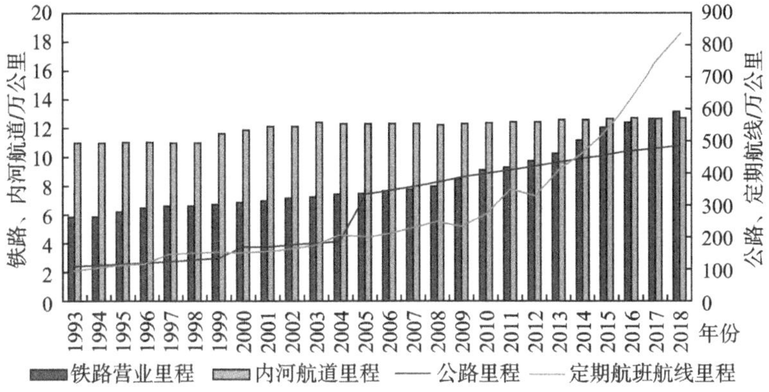

图 3.13　1993—2018 年我国运输里程发展情况

数据来源：2018 年《中国统计年鉴》。

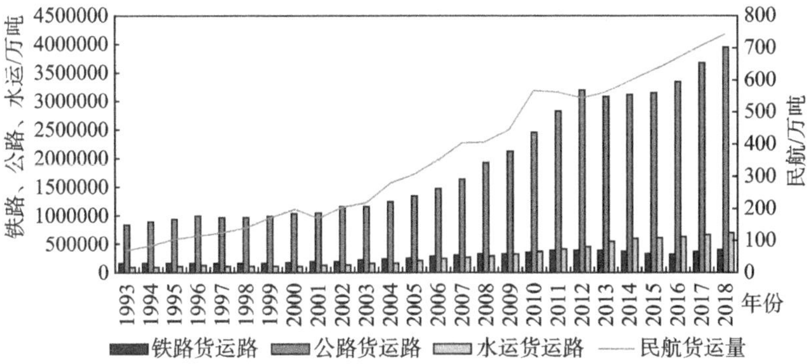

图 3.14　1993—2018 年中国公路、铁路、航运以及水运货运量变化趋势

数据来源：国家统计局。

3.2.4　流通模式

目前，我国农产品流通模式除了传统的流通模式以外，还出现了新型流通模式，提高了流通效率，对农产品流通体系的发展具有重要作用。目前，我国农产品流通模式主要有如图 3.15 所示的几种形式。

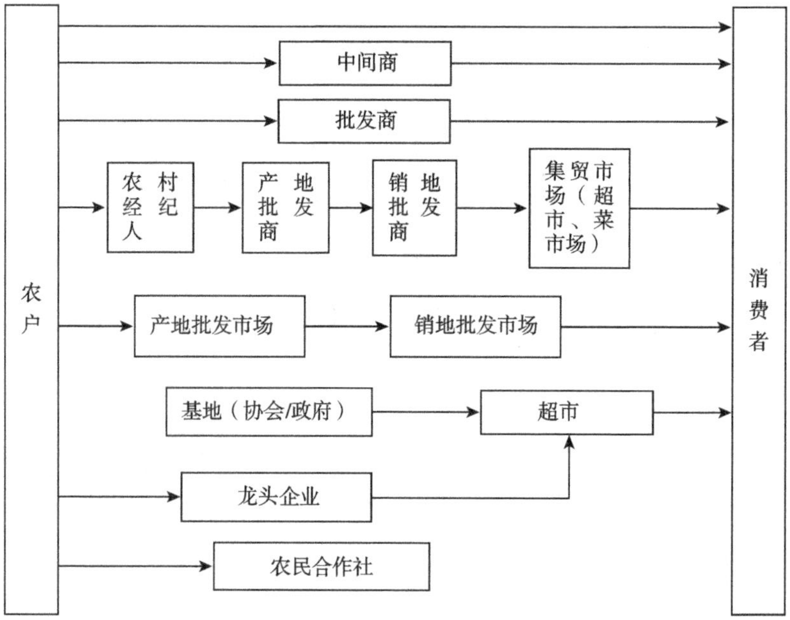

图 3.15　自由经济时期我国农产品流通模式

（1）传统的流通模式

①“农户＋消费者”模式

这种模式是指农产品生产者将农产品采摘后直接到集贸市场上销售，不经过任何中间环节，农户与消费者直接面对面进行交易。这种模式虽然流通环节少，但因流通主体是个体农户，其生产规模小且分散，农产品质量也参差不齐。但因农产品有易腐易烂性，个体农户的运输、包装技术薄弱，所以不能进行长途运输。因此，这种模式无法实行大规模的流通。

②“农户＋中间商＋消费者”模式

这种模式是指农产品采摘后销售给中间商，再通过中间商转卖，最终到消费者手中的一种流通模式。与“农户＋消费者”模式相比，多了一个中间环节，但其优缺点基本上一致，均不能进行大规模流通，还存在小生产、大市场的弊端。

（2）以批发商为主导的流通模式

①“农户＋批发商＋消费者”模式

这种流通模式是应用最普遍的农产品流通模式，即农户将农产品卖给产地批发商，由批发商将农产品运至批发市场，再销售给消费者的一种流通模式。这种模式中农户与批发商之间没有签署固定的合同，两者关系比较松散、自由。因此，农产品市场上存在信息不对称，农户无法估计农产品的市场价格，批发商掌握信息较多，处于优势地位，并为追求自身利益最大化，通过压低向农户购买的农产品的价格，从中获利。

②“农户＋农村经纪人＋产地批发商＋销地批发商＋集贸市场＋消费者”模式

这种模式是农村经纪人在农户与其他采购商之间进行协调和沟通，起中介作用。该模式的流通环节较多，但通过农村经纪人为农户联系客户、组织货源，避免了农户卖不出农产品的局面。

③“农户＋产地批发市场＋销地批发商＋超市/菜市场＋消费者”模式

这种模式主要依赖于产地批发市场，由农户直接将农产品运到市场，售给产地批发商，再销售到其他地方。该模式的流通环节与流通主体均较多。

（3）以零售超市为主体的农超对接模式

石岿然，孙玉玲（2016）[1] 通过对美国、日本等国外的流通体系的研究发现，在农产品流通中，不管是美国流通体系还是日本的流通体系，以零售超市为主体的流通模式都具有显著的优势；荷兰等国家实行的拍卖模式适合那些较小的国家，并不适合我国这样的农产品市场分散的国家；最终，笔者认为农超对接模式才是我国农产品流通模式的发展方向。

由于信息不对称、农产品价格波动大、小农户生产的农产品质量参差不齐，容易导致质量好的先被卖出，剩下质量差的卖不出的局面，这些因素都使得农产品生产者面临着巨大的风险。而想要减少这些弊端，农超对接可以有效减少流通环节，统一农产品质量标准，规范农户的生产，进而减少这些弊端。农超对接模式即农业生产者或组织将农产品直接向零售终端（超市）供应的一种流通模式。主要参与主体是农产品生产者和超市，与传统的流通相比有流通环节少，流通主体也少的特点[2]。电子商务、农超对接、城市配送等新型流通模式发展非常迅速，产销衔接改革这一举措成了农产品流通模式创新的重点。除此之外，传统的流通模式也在不断地改进，现已形成了以多渠道流通为特点的农产品大流通格局[3]。

目前，我国有三种不同的农超对接模式，分别是以政府或协会

---

[1] 石岿然，孙玉玲．生鲜农产品供应链流通模式［J］．中国流通经济，2017，31（1）：57－64.

[2] 汪长球．鲜活农产品“农超对接”流通模式研究——基于食品安全视角的分析［J］．山东社会科学，2016（S1）：93－94.

[3] 刘刚．鲜活农产品流通模式演变、动因及发展趋势研究［J］．农业经济，2015（1）：119－120.

主导的家家悦模式、以龙头企业为主导的麦德龙模式、以农民合作社为主导的家乐福模式。如表 3.2 所示。

表 3.2　我国三种农超对接模式

模式	举例	具体做法	主要优点
农户 + 基地（协会/政府）+ 超市	家家悦	超市与镇政府和村委会合作，共建种植和养殖基地 有三种合作方式分别为：①紧密型合作，指超市一般会免费提供种子，规划种植面积以及种植品种等；②半紧密型合作，指镇村两级牵头，采用联户形式，引导农民种植；③松散型合作，主要是由镇村组织牵头，针对容易运输、但运输距离较长的农产品展开的与超市公司的合作	协会和政府起到中间协调的作用
农户 + 龙头企业 + 超市	麦德龙	由于面向的是对农产品的质量和安全特别重视的宾馆、饭店、食堂、酒吧等客户，所以由龙头企业进行专业培训，安全问题得到保障	龙头企业本身实力很强，经验丰富，能提供有保障的产品
农户 + 农民合作社 + 超市	家乐福	“农民直采”，由合作社为家乐福采购农产品	农民合作社将很多分散的农户聚集起来，使之自愿参加农民合作社，并遵守合作社的相关规定，加强农户在谈判过程中的话语权，激发农户的积极性

农超对接模式与传统的流通模式和以批发市场为主导的流通模式相比，具有如下优点。第一，流通环节短。超市可以不经过批发

环节，直接与生产端进行联系，能够相对准确掌握农产品销售的各种信息，并与生产端共享信息，减少由于农户对农产品的信息掌握不足而导致的盲目生产。第二，流通效率高。在传统流通模式和以批发市场主导的流通模式中，流通环节较多，农产品从生产者到消费者手中的整个过程中由于信息不对称，导致价格不稳定，也由于反复搬运，导致农产品的损耗率高。而农超对接模式，却可以跳过诸多中间环节，使农产品只需通过超市，就可以到消费者手中，有效提高了流通效率。第三，农产品安全有保障。在传统的流通模式或以批发市场为主导的流通模式中，流通主体多，如个体农户、流动商贩等，对农贸市场很难进行有效管理与规范。在经销方面，因无法追溯农产品的准确来源，很难对其进行安全监测。而农超对接，有效地避免了这一现象，由于对农产品统一采购、统一配送，严格把控每一个环节，有完善的监测手段，从而保证了农产品的质量安全。[1]

我国农产品流通体系的演变及发展过程基本上是随着我国经济体制改革和农产品流通体制改革的实施发展起来的。其经历了计划经济时期、宏观调控下的市场经济时期和市场经济时期三个时期，现已初步形成了以市场价格引导产销的新型流通体系。从农产品流通主体看，随着改革的逐步深化和经济的飞速发展，流通主体从个体农民和国营商业为主，逐渐转变为兼有农民、农产品经纪人、个体商贩、专业运输户、运销商、批发商、专业合作社、超市、便利店、生鲜专营店等多个流通主体。从农产品流通客体看，从中华人

[1] 陈耀庭，蔡贤恩，戴俊玉．生鲜农产品流通模式的演进——从农贸市场到生鲜超市［J］．中国流通经济，2013，27（3）：19－23．

民共和国成立初期，以水果的产量为例，1949 年水果产品为 120 万吨，发展到 2017 年水果产量增加到 24 288 万吨，增加了 202.4 倍。从农产品流通载体而言，从中华人民共和国成立初期的集市贸易为主要载体，发展为兼有集贸市场、批发市场、超市等新型流通载体，为农产品的有效流通提供了便利性。从农产品流通模式而言，从“农民 + 消费者”的传统流通模式，演变为以批发商为主导的流通模式、以零售超市为主体的流通模式等新型流通模式。

3.3　京津冀农产品流通体系演变特点

自 1992 年起我国农村改革进入了全面向市场经济体制过渡的转轨时期。1993 年 11 月召开的党的十四届三中全会明确提出“要使市场在国家宏观调控下对资源配置起基础性作用”[1]。随着市场经济体制改革的不断深入，流通中的统销政策逐渐被取缔，最终经过 1991 年到 1993 年的改革后，我国彻底告别了统购统销时代，进入了市场配置农产品资源阶段。1995 年，北京农产品中央批发市场正式成立，作为北京市兴办的大型农产品批发市场，该市场是北京市繁荣农产品市场的重要举措。在此基础上，为了更好地激发农民的生产积极性和农村的生产力，党的十五届三中全会通过了《中共中央关于农业和农村工作若干重大问题的决定》，强调“要进一步搞活农产品流

[1] 刘岩．改革开放 30 年来我国重要涉农政策演进［J］．中国特色社会主义研究，2008（5）：86－93.

通，尽快形成开放、统一、竞争、有序的农产品市场体系，为农民提供良好的市场环境是农业和农村经济持续稳定发展的迫切需要”。

3.3.1 流通主体多元化更加明显

随着我国农产品流通体制改革的深化，京津冀地区农产品的流通主体多元化更加明显。20 世纪 90 年代以来，大型连锁超市开始出现并迅速增加，通过超市销售的农产品数量不断上升。2002 年我国开始试行“农改超”，直接催生了生鲜超市这一新型流通主体的兴起。此外，个体农户、农业合作组织、农村经纪人、农业龙头企业、农贸市场和农产品零售商也逐步形成了以批发市场为核心的流通主体体系。

3.3.2 流通客体种类丰富

自 1999 年起，国家对京津冀三个地区的禽蛋类农产品进行了统计，由于河北省的禽蛋产量显著高于北京和天津，因此采用双坐标轴表示，以更好地反映京津冀三个地区禽蛋产量的变化特征，从而方便对这一阶段的变化进行合理的分析。

图 3.16、图 3.17、图 3.18 所示为 1992 年以来京津冀农产品产量变化图。

由图 3.16 可以看出，1992 年北京市水果、牛奶、肉类产量分别为 32.87 万吨、24.5 万吨、35.87 万吨，截至 2016 年，上述数据分别为 78.97 万吨、45.7 万吨、30.37 万吨。蔬菜类农产品自 1995 年开始统计，在此阶段，北京市的蔬菜产量由 1995 年的 397.3 万吨下降到 2016 年的 183.58 万吨。从图 3.16 可以看出，自 1998 年开始，北京市各类农产品的产量都呈现出快速增长的态势，除蔬菜类农产品，其他三类农产品产量的增长一直延续到 2004 年，这主要归功于 1998 年 10 月 14 日党的十五届五中全会通过的《中共中央关于农业和农村工作若干重大问题的决定》，全会总结了农村改革 20 年来的经验与教训，提出不仅要减免甚至要取消农业税，还要逐步加大对农民的各种补贴，由此我国正式进入“以工补农，以城带乡”阶段，农民生产积极性大幅度提高，农产品在政策的激励下产量也开始连年攀升。但在 2005 年，肉类食品业受到了牛染口蹄疫、猪链球菌感染等事件的冲击，产量出现下降的趋势，直到 2019 年肉类和牛奶产量基本保持在 1992 年的水平。2000 年，由于降水量减少，我国许多省份出现大面积干旱。北方地区受灾严重，并且主要集中在春夏两季，其中受旱面积较大和受灾较重的有河北、山东、内蒙古自治区和陕西等省份。干旱对此后两三年蔬菜类农产品产量造成了影响，北京市的蔬菜产量在 2002 年之后开始一路下滑，直到 2006 年，但又因为 2007 年再次发生的全国性干旱而继续下降，并在 2018 年降到 130.6 万吨。

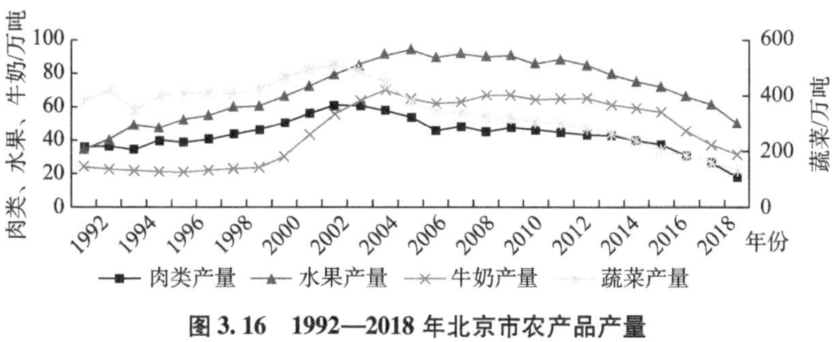

图 3.16　1992—2018 年北京市农产品产量

数据来源：1993—2019 年《中国统计年鉴》。

由图3.17可以看出，天津市1992年水果、牛奶、肉类产量分别为14.12万吨、9.1万吨、11.31万吨，截至2018年，上述数据分别增长到62.5万吨、54.06万吨、29.21万吨。蔬菜产量在经过大幅度的波动之后维持在260万～350万吨。从图3.17可以看出天津市农产品的产量基本上与北京市的相仿，在1998年国家政策的大力支持下，各类农产品的产量都开始明显增长，但在2004年前后，肉类产量出现下降的趋势，其他农产品则保持平稳波动，这与当时全国范围内暴发的牛染口蹄疫、猪链球菌等牲畜疾病有关。除蔬菜类农产品，天津市其余三种农产品的产量相较于1992年的产量都有了很大的提升，尤其是水果产量和牛奶产量。受2000年以来的旱灾影响，天津市蔬菜产量在2002年开始出现减少，一直持续到2006年。与北京市不同的是，自2007年开始，天津市的蔬菜产量开始回升，并连续数年维持在接近300万吨的水平。

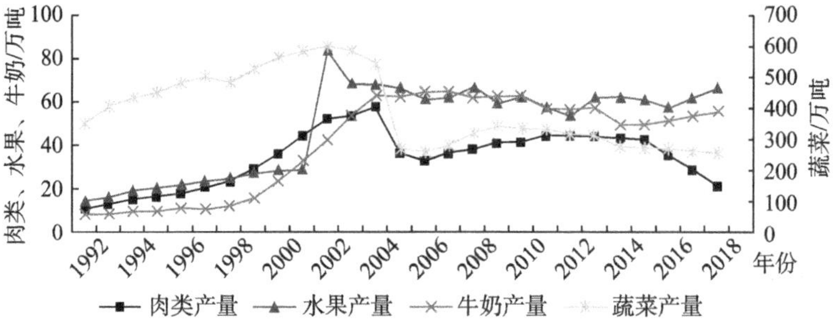

图3.17　1992—2018年天津市农产品产量

数据来源：1993—2019年《中国统计年鉴》。

由图3.18可知，河北省1992年的水果、牛奶、肉类产量分别为226.62万吨、18.62万吨、157.49万吨，截至2018年，上述数据分别为1 347.9万吨、395.67万吨、472.5万吨。蔬菜产量则从1992年的

1 553.56 万吨增长到了 2018 年的 5 078.8 万吨。可以看出，河北省在 1992—2018 年，肉类和牛奶产量一直平稳上升；水果产量大致维持上升趋势，并自 2003 年开始上升到另外一个梯度，但自 2017 年开始出现下降；蔬菜产量出现较大浮动，2006 年以前一直处于增长趋势中，2007 年因为播种面积下降出现较大波动，之后产量逐年增加。总体而言，河北省这四类农产品不仅产量巨大，而且有显著的增长趋势，这对于发挥河北省在京津冀三地农产品流通中的作用具有重要意义。

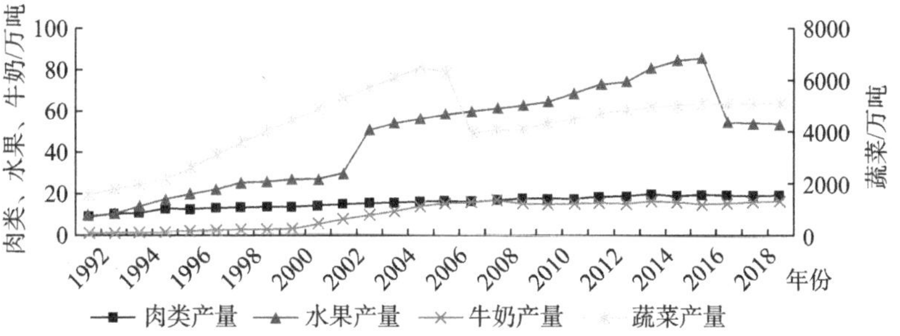

图 3.18　1992—2018 年河北省农产品产量

数据来源：1993—2019 年《中国统计年鉴》。

从图 3.19 可以看出，北京市的禽蛋产量几乎一直处于下降趋势，从 1992 年的 30 万吨下降到 2018 年的 11.2 万吨。天津市的禽蛋产量有先上升后下降的过程，大致在 15 万 ~25 万吨之间波动。但是北京市和天津市两地的禽蛋产量相对来说较低。河北省的禽蛋产量相较于北京市和天津市而言，不仅产量非常大，而且波动也更加明显，从 1992 年最初的 112.84 万吨增长到 2018 年的 371.85 万吨。从 2005 年开始，全国各地暴发了禽类高致病流感，致使 2006 年的禽蛋产量出现较大波动，天津禽蛋产量明显下降。自 2009 年开始，三个地区的禽蛋产量增长多年趋于平稳。

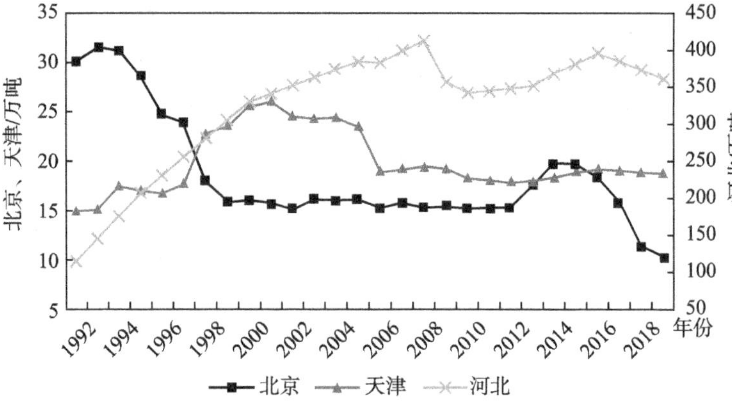

图 3.19　1999—2018 年京津冀三地禽蛋产量

数据来源：2000—2019 年《中国统计年鉴》。

3.3.3　流通载体更加多元，电子商务新型流通载体迅速兴起

3.3.3.1　交易市场

1992 年到 1998 年，我国共建成近 3000 多个农副产品批发市场，涉及粮食、蔬菜、肉类和水产品等多个种类，由于农产品价格的放开，农副产品价格的市场化也得到了进一步促进，至此，农产品市场体系的框架初步形成。这一阶段，京津冀农产品流通载体由集贸市场、批发市场、专业市场和零售网点演变为以各类批发市场为中心，城乡农贸市场为基础，直销配送和连锁超市为补充，产地、销地和集散地市场相结合的流通载体体系❶。其中，河北保定、唐山、

❶　戴化勇．我国农产品流通体制的历史、现状及改革措施［J］．物流工程与管理，2009，31（4）：33－36.

承德、石家庄、张家口、秦皇岛、邯郸 7 个市已建成农产品直销超市 207 个，发展直采基地 352 个，年销售额过亿元。

图 3. 20、图 3. 21 和图 3. 22 分别展示了北京市、天津市和河北省专业农产品市场在 2007 年到 2018 年之间的变化趋势。根据《中国商品交易市场统计年鉴》，整体而言，京津冀三地亿元以上农产品综合市场和专业农产品市场占全国的比重都在不断提高。另外，根据 2019 年《中国商品交易市场统计年鉴》，京津冀地区有 6 家农产品综合市场位列我国前 20 位，分别是北京新发地农副产品批发市场中心、北京大洋路农副产品市场、北京锦绣大地农副产品批发市场、北京顺鑫石门农产品批发市场、天津王顶堤批发市场和北京京丰岳各庄农副产品批发市场中心。这表明京津冀地区农产品市场功能不断完善，综合化发展趋势明显，并且形成了以大型批发市场为主的农产品流通体系。其中 5 家属于北京地区，说明北京农产品市场规模大，专业性强，具有规模效应。

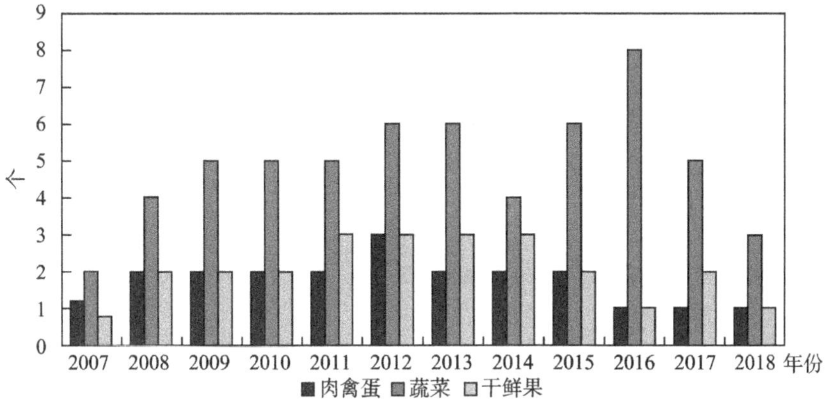

图 3. 20　北京市专业农产品市场发展情况（2007—2018）

数据来源：《中国商品交易市场统计年鉴》（2008—2019）。

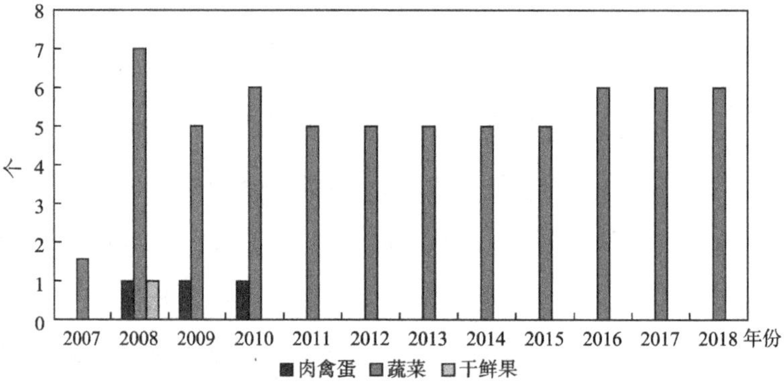

图 3.21　天津市专业农产品市场发展情况（2007—2018）

数据来源：《中国商品交易市场统计年鉴》(2008—2019)。

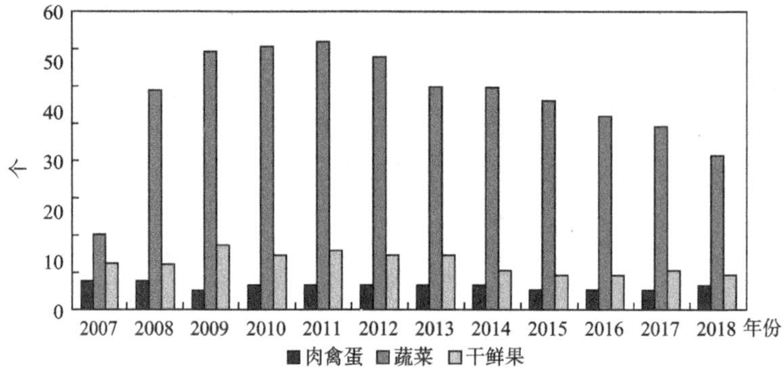

图 3.22　河北省专业农产品市场发展情况（2007—2018）

数据来源：《中国商品交易市场统计年鉴》(2008—2019)。

3.3.3.2　物流和交通基础设施

自 1992 年开始，随着蔬菜、肉类、蛋类和果蔬等农产品的价格放开，农产品流通的关键环节也转向了物流领域。根据《中国物流年鉴》统计，2018 年我国冷链物流市场总规模为 2 886 亿元，比 2017 年增长 336 亿元，同比增长 13.2%，且依然保持稳定增长态势，其中生鲜电商增长潜力巨大。鉴于当前冷链物流的巨大需求，2017 年 4 月国务院办公厅印发《关于加快发展冷链物流保障食品安全促进消费升级》，明确提出要依据食品安全法、农产品质量安全法和标准化法，率先研究制定对鲜肉、水产品、乳及乳制品、冷冻食品等易腐食品温度控制的强制性标准并尽快实施。图 3. 23 和图 3. 24 分别是京津冀三地铁路营业里程和公路线路里程在 1992 年到 2018 年之间的变化趋势，可以看出，河北省的铁路和公路里程最大，这是因为河北省占地面积为 18. 88 万平方公里，而北京和天津占地面积分别为 1. 641 万平方公里和 1. 1946 万平方公里，远远小于河北省。北京和天津作为直辖市，铁路和公路里程数虽然不及河北省，但是线路密集，且等级更高。此外，根据《中国物流年鉴》的统计，截至 2018 年，河北省建成通车 748 公里，位居全国第一，河北省高速公路建成通车总里程达到 7 279 公里；普通干线公路建成 639 公里；新建成农村公路 7 005 公里，这些公路的建设覆盖了更多的农村农产品产区，对于加强京津冀地区农产品的流通具有重要的意义。

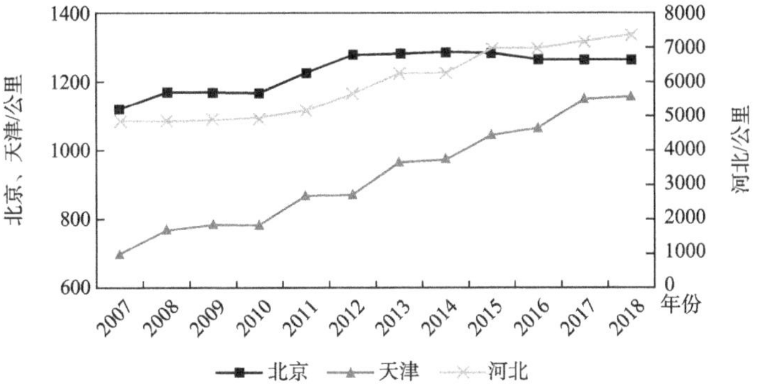

图 3. 23　京津冀铁路营业里程

数据来源：1993—2019 年《中国统计年鉴》。

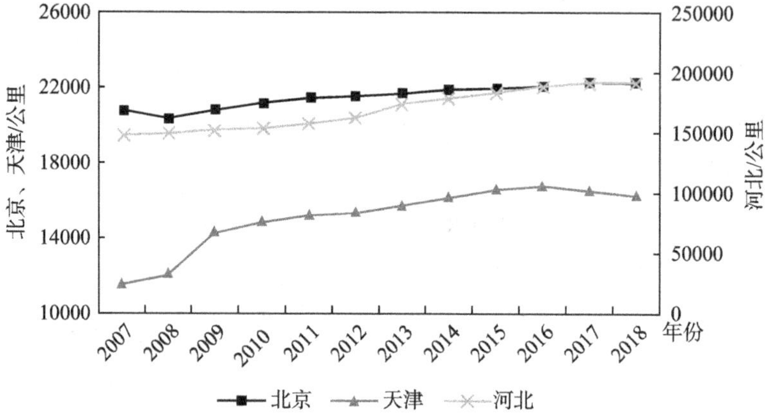

图 3.24　京津冀公路线路里程

数据来源：1993—2019 年《中国统计年鉴》。

3.3.3.3　新型载体

随着批发市场、集贸市场、大型超市的普及，农产品在流通中形成了一条完整的产业链，农户将农产品生产出来，通过中间商将产品配送至消费者，与此同时，消费者也可以将需求反馈给中间商，通过与中间商的合作，生产农产品的农户可以更好地安排生产。这一产业链以信息为载体将整个环节紧密联系起来，不仅生产者和中间商之间信息共享，而且政府还可以充当信息收集和发送者的角色，从而更好地促进农产品的流通。鉴于这一阶段互联网的快速发展，电子商务也迅速兴起与发展。

据《中国统计年鉴》统计，京津冀三地移动互联网用户数量近几年在不断增加，如表 3.3 所示。2018 年北京市、天津市和河北省的移动互联网用户数量分别为 3 291.1 万户、1 352.5 万户和 6 505.3

万户，同时通过互联网平台产生的快递业务量分别为 227 452.1 万件、501 99.02 万件和 119 389.3 万件。此外，据有关学者调查，近几年城镇居民在线购买农产品的意向明显加强，对于大都市来说更是如此，利用电子商务平台来促进农产品的流通尤其合理。以北京市为例，快递网络基本上覆盖了市内所有区域，覆盖率高达 90%，快递网络已相当成熟，能够为农产品电子商务提供强有力的配送支撑。❶

表 3.3　2014—2018 年京津冀三地移动互联网用户数

（单位：万户）

年份	2014	2015	2016	2017	2018
北京市	2 785.37	3 251.7	3 594.04	4 639.72	3 291.1
天津市	805.69	958.11	1 125.42	1 309.56	1 352.5
河北省	4 034.11	4 588.67	5 518.33	6 211.8	6 505.3

数据来源：2014—2019 年《中国统计年鉴》。

总体而言，由于这一阶段市场化改革的深入、各方面基础设施的完善以及科学技术进步，京津冀地区农产品流通载体更加多元，并朝着效率提升的方向不断发展。

3.3.4　多渠道的流通模式已经形成

这一阶段中，京津冀农产品流通模式由“长而宽”变成了“长

❶ 杨浩雄，王晶．大都市鲜活农产品电子商务体系构建研究［J］．广东农业科学，2012，39（7）：221－222.

而广”，多渠道的流通模式已经形成，一体化、联盟化、直接渠道、电子虚拟渠道的方式开始出现并迅速发展，形成了“农户—收购商或批发商—消费者”“农户—农产品加工企业或批发商—消费者”“龙头企业—批发商—消费者”“农户—连锁超市或生鲜超市—消费者”“农户、企业—电商平台—消费者”五种形式并存的流通局面。但主要的农产品流通模式还是以各类批发商为中间商的形式实现的。通过电商平台的模式尚处于起步阶段，但是发展较快。而农产品依靠超市渠道销售出去的仅占17%左右。[1]

在彻底告别农产品统购、统销之后，农产品的流通逐渐依赖批发市场，并且形成了以批发市场为主导的流通格局，如图3.25所示。农产品经由农产品经纪人和批发商运送至超市、生鲜加工企业、餐饮食堂和消费者，使流通多元化向纵深方向发展。此外，电子商务兴起并迅猛发展，经营电商平台的管理者上联系农产品生产者、收购产品并在网上出售，下衔接消费者，将农产品交由配送中心，配送至终端消费者。这种新模式有效地将信息流和物流结合起来，大大促进了农产品的流通。在这一阶段中，技术进步还表现为冷链的出现，尽管这种技术上的进步不表现在流通模式中，但是自1992年起，冷链物流开始逐步在农产品流通中广泛覆盖开来，各种形式的流通模式在冷链物流的保障下，使农产品的质量得到了保证，既实现了增收又为消费者提供了新鲜的产品。

京津冀地区农产品流通体系的演变对农产品的产量，流通中的

---

[1] 王娟娟．鲜活农产品电子商务流通体系构建探析［J］．商业经济研究，2018（7）：133-135.

主体、载体和模式都有显著的影响，而且农产品政策在促进流通更加高效、更加便捷上起到了重要的作用。

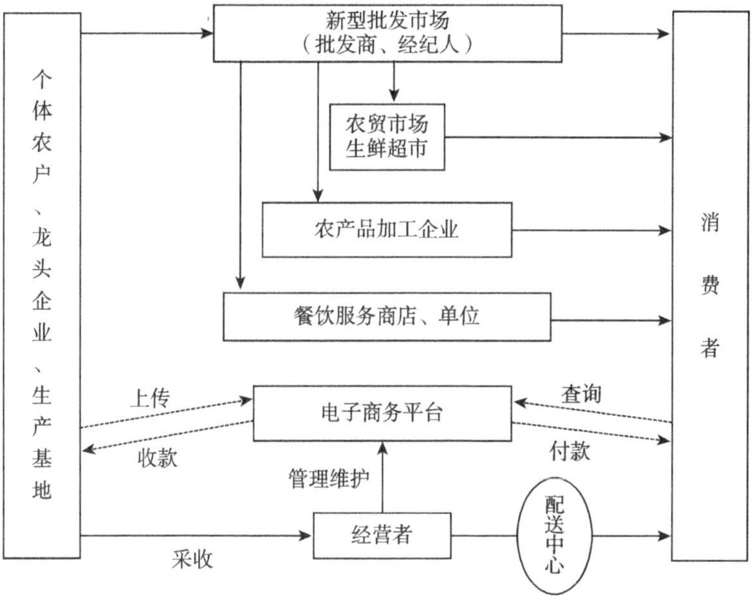

图 3.25　现代化的多元流通模式

3.4　京津冀农产品现状分析

3.4.1　京津冀农产品生产的基础条件

京津冀地区第一产业从业人口规模如表 3.4 所示，截至 2018 年年底，全国从事农林牧渔业的总人口数为 20 258 万人，京津冀三地从事第一产业的人口数分别为 45.5 万人、60.95 万人、1 356.24 万人，各占全国从事该行业总人数的 0.22%、0.30%、6.69%。北京市、天津市从事第一产业生产的人数较少，河北省从事第一产业的人数多，为发展农产品种植养殖业提供了便利条件。在京津冀农业协同发展框架中，农产品的自主供给地为河北省。

表 3.4　2014—2018 年京津冀地区第一产业从业人口规模

（单位：万人）

年份	2014	2015	2016	2017	2018
北京	52.4	50.3	49.6	48.8	45.5
天津	67.98	66.17	65.1	62.71	60.95
河北省	1 398.88	1 387.83	1 380.33	1 366.9	1 356.24

数据来源：《中国统计年鉴》《河北省统计年鉴》《北京市统计年鉴》《天津市统计年鉴》。

根据近四年来的第一产业从业人员数量统计不难发现，京津冀地区从事农林牧副业的人数逐年下降。但是由于河北省的第一产业从业人员基数很大，依然有大量人员从事第一产业的活动。京津冀三地的农业发展定位分别为：北京发展都市型现代农业，天津发展沿海外向型农业，河北打造基地型农业。

3.4.2　京津冀农产品产量状况

（1）京津冀地区水果的生产

如图 3.26 所示，在果园面积和水果产量方面，河北是京津冀地区水果生产的主力军，占非常大的比重，其水果的种植面积与产量远高于北京、天津两地。

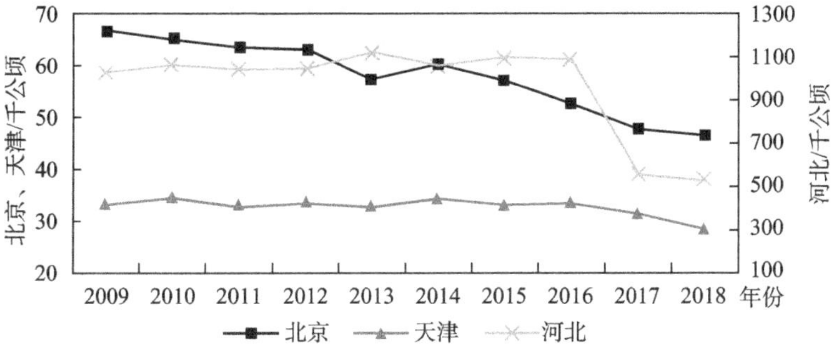

图 3.26　2011—2018 年京津冀地区果园面积

数据来源：《中国农村统计年鉴》。

如图 3.27 所示，2016 年是近年来京津冀地区水果产量的最高峰，京津冀三地园林水果产量达 2 278.97 万吨，其中河北的园林水果产量达到 2 138.5 万吨，相比 2009 年增长了 35.47%，其水果生产量占 2016 年京津冀地区总水果生产量的 93.84%，约是北京或天津水果产量的 27 倍。

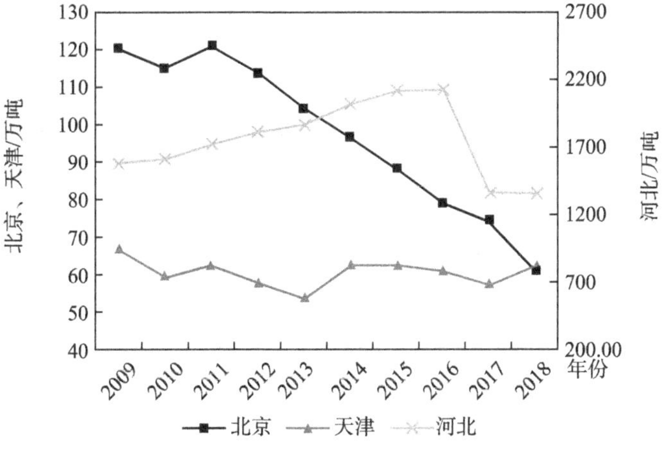

图 3.27　2011—2018 年京津冀水果产量

数据来源：《中国农村统计年鉴》。

由此可见，河北在水果的供应方面对于整个京津冀地区来说举足轻重。虽然2017年京津冀的水果种植面积大幅缩减，导致产量同步缩减，但因为生产技术的进步，平均每亩产量相较于2016年有所提升。

（2）京津冀地区肉类产品的生产

由表3.5和图3.29可以看出，从2009年到2018年北京、天津的肉类总产量远远低于河北，且近十年来北京和天津的肉类产量逐年下降，河北省的肉产量不断上涨。在2018年中，河北省的肉类产量占京津冀三地总产量的90.08%，北京和天津的肉类产量分别占三地总产量的3.38%和6.54%。在多种肉类产品中，猪肉的产量占肉类总产量的61.96%，猪肉的供给量占所有肉类产品的最大比重。河北省的人均肉类产量也高于京津两地，再次证明，河北省为京津冀地区的肉类产品主要供给地。

表3.5　2018年京津冀地区肉类总产量　（单位：万吨）

	肉类总产量	猪肉	牛肉	羊肉
北京	17.5（3.38%）	13.5（2.61%）	0.9（0.17%）	0.6（0.12%）
天津	33.9（6.54%）	21.2（4.09%）	2.9（0.56%）	1.2（0.23%）
河北	466.7（90.08%）	286.3（55.26%）	56.5（10.91%）	30.5（5.89%）
合计	518.1（100%）	321（61.96%）	60.3（11.64%）	32.3（6.24%）

数据来源：《中国统计年鉴》。

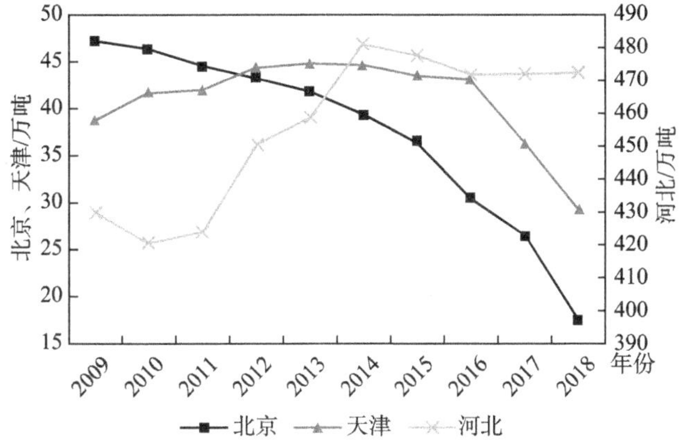

图 3.28　2009—2018 年京津冀地区肉类总产量

数据来源：《中国农村统计年鉴》。

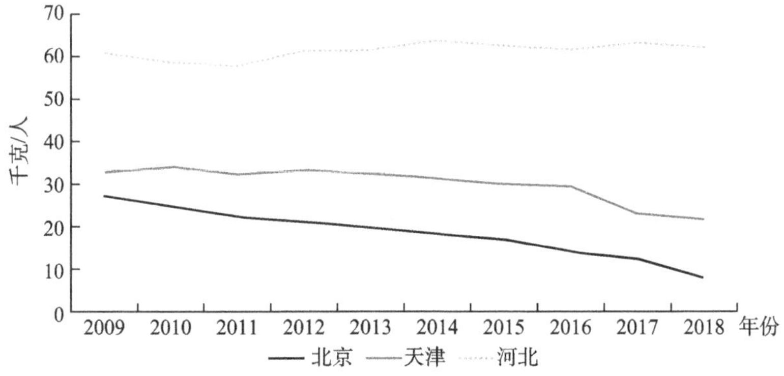

图 3.29　2009—2018 年京津冀人均肉类产量

数据来源：《中国统计年鉴》。

（3）京津冀蔬菜的生产

随着京津冀三地发展的定位和重心的确立，三地在蔬菜的产量上也有着明显的变化。由图 3.30 可以看出，北京的蔬菜产量呈一个不断下降的趋势，由 2009 年的 317.11 万吨下降到 2018 年的 130.60 万吨，下降了 58.82%。而天津和河北蔬菜产量趋势为先上涨后降低，分水岭为2017年。

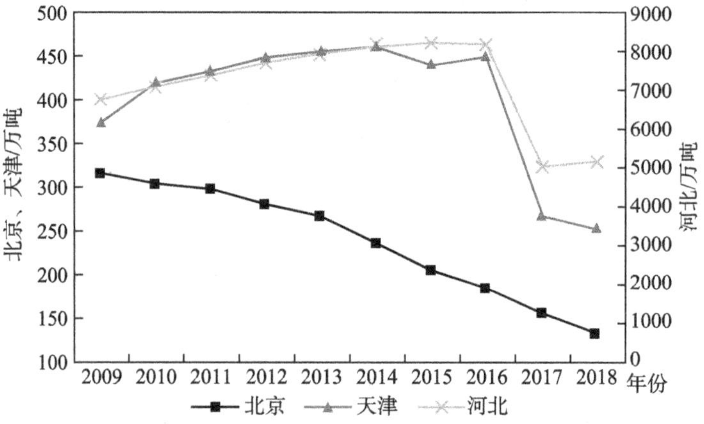

图3.30　京津冀蔬菜产量

数据来源：前瞻数据库。

根据《中国农村统计年鉴》，自2009年至2018年，河北的蔬菜产量一直居于全国前列，是名副其实的蔬菜大省。由表3.6可以看出，虽然2017年河北省的蔬菜种植面积同比下降了60.51%，产量下降了近62.00%，但是在2018年依然排名全国第四。对于京津冀蔬菜供应，河北省具有产量优势。

表3.6　河北省蔬菜产量　　（单位：万吨）

年份	2005	2010	2015	2016	2017	2018
产量	6 467.61	7 073.6	8 243.7	8 193.4	5 058.5	5 154.5

数据来源：《中国农村统计年鉴》。

（4）京津冀地区禽蛋类生产

蛋品属于传统产业，中国的蛋品行业市场规模每年超过2000亿元。中国是全球最大的蛋品生产国，占世界总产量的43%，且蛋品生产成本大大低于其他国家。近年来，在我国禽蛋产品中，鸡蛋产量占禽蛋总产量的比例稳定在85%，其他禽蛋产量稳定在15%（其中鸭蛋为12%，鹅蛋和鹌鹑蛋等其他禽蛋产量比例稳定在3%）。由表3.7可知，河北省2018年禽蛋的产量占京津冀三地总产量的92.52%，为京津冀三地禽蛋输出地。

表3.7　京津冀地区2018年禽蛋产量　（单位：万吨）

	北京市	天津市	河北省	总计
禽蛋	11.2（2.79%）	18.85（4.69%）	371.85（92.52%）	401.9

数据来源：《中国农村统计年鉴》。

3.4.3　京津冀农产品消费状况

如表3.8所示，京津冀地区除河北外，城镇居民收入均高于全国水平，其中北京地区人均可支配收入最高，远高于全国水平，其次是天津。河北省的人均可支配收入低于全国平均水平，这也证明京津冀三地农产品主要消费地为京津两地，收入越高，对于食品品质要求就越高。

表3.8　2015—2018年京津冀地区城镇居民人均可支配收入　（单位：元）

年份	北京	天津	河北	全国
2015	52 859.2	34 101.3	26 152.2	31 194.8
2016	57 275.3	37 109.6	28 249.4	33 616.2
2017	62 406.3	40 277.5	30 547.8	36 396.2
2018	67 989.9	42 976.3	32 977.2	39 250.8

数据来源：《中国统计年鉴》。

（1）京津冀地区水果消费

如表 3.9 所示，京津冀三地的水果消费量远超于全国水平，表明京津冀地区居民对水果需求量较大。

表 3.9 2015—2018 年京津冀地区家庭人均干鲜瓜果类食品消费量（单位：千克）

年份	北京	天津	河北	全国
2015	68.9	72.7	53.8	32.3
2016	63.2	80.8	59.3	58.1
2017	63.9	85.3	60.8	59.9
2018	74.7	86.2	66.8	52.1

数据来源：《中国统计年鉴》。

京津冀地区人口众多，其水果市场有着较好的发展前景。天津的家庭人均干鲜瓜果类食品消费量是京津冀地区最多且增长幅度最大的，北京和河北的家庭人均干鲜瓜果食品消费量近年来变化幅度不大。由于京津冀大部分居民收入较高，对生活品质有较高的追求，从而对水果的需求不断增加，对数量和质量的要求不断提高，因此河北对北京和天津两地的水果供给显得尤为重要。随着京津冀一体化的相互联系与发展，水果流通体系亟待完善，因此，要实现京津冀水果市场供需平衡、稳定，促进农业现代化发展，必须优化农产品流通体系，探寻适合的流通政策，加强京津冀农业产业一体化的集约程度。同时应普及新型生产技术，提高农业生产效益，加强安全检测，确保食品安全，增加其附加值，降低流通成本，最终保障农民和消费者的利益，提高京津冀地区农业的整体效益。

（2）京津冀地区蔬菜消费

根据表 3. 10 可知，河北省居民家庭人均蔬菜消费量为 95. 5 千克，小于北京的 106. 3 千克和天津的 116. 8 千克。截至 2018 年，河北省蔬菜的外销率已达 90% 以上。其中，京津地区占河北省外销蔬菜的 9% 左右。河北省蔬菜占北京市场的 50% 左右，占天津市场的 40% 以上。河北省蔬菜在北京八大农产品批发市场占有率达 41. 8%。

表 3. 10　2018 年京津冀三地居民家庭人均蔬菜消费量　（单位：千克）

	北京	天津	河北	全国
蔬菜	106. 3	116. 8	95. 5	96. 1

数据来源：《中国统计年鉴》。

（3）京津冀地区肉类产品消费

由表 3. 11 数据和表 3. 12 数据可以看出，首先，京津冀三地居民对肉类的平均消费量小于全国平均肉类消费量。京津冀三地居民对猪肉的消费量以及消费需求远高于牛肉和羊肉，因此确保猪肉的质量安全和有效供给成了首要任务。以北京市新发地批发市场为例，批发市场中从事牛肉批发的商户有 28 家，从事羊肉批发的商户有 28 家，从事猪肉批发的有 60 家，进一步表明，猪肉是肉类消费中占比最大的一部分。

表 3. 11　2015—2018 年京津冀人均肉类产品消费量　（单位：千克）

年份	2015	2016	2017	2018
北京	26. 0	24. 2	23. 1	25. 9
天津	25. 2	26. 3	27. 5	26. 9
河北	19. 0	19. 2	23. 0	23. 0

续表

年份	2015	2016	2017	2018
三地平均	23.4	23.23	24.53	25.3
全国	26.2	26.1	26.7	29.5

数据来源：《中国统计年鉴》。

表 3.12　2018 年京津冀地区居民家庭人均肉类消费量　（单位：千克）

	肉类	肉类分类		
		猪肉	牛肉	羊肉
北京	25.9	16.3	3.3	2.7
天津	26.9	16.8	2.9	2.7
河北	23.0	15.8	1.5	1.4
京津冀三地平均	25.3	16.3	2.6	2.3
全国	29.5	22.8	2	1.3

数据来源：《中国统计年鉴》。

其次，可以看出京津地区居民收入较高，是优质肉类产品的主销区，但由于资源、政策等限制，肉类产品的自给率较低，绝大多数依靠河北肉类市场的供给。

最后，2018 年，京津冀三地猪肉消费也低于全国平均水平，而牛羊肉的销量高于全国平均水平，这与京津冀地区有大量回民有关，也与京津冀地区居民食物消费多元化及习俗有关。总体而言，京津冀地区相对生活水平较高，对肉品的要求较高。

（4）京津冀地区禽蛋类消费

京津冀消费区的鸡蛋主要来自东北、河北、山西和内蒙古等地区。以北京为例，北京市鸡蛋需求量约为 37.5 万吨，其中鲜蛋消费约为 32.5 万吨，加工品消费为 5 万吨。北京市一年中每月鲜鸡蛋需求量整体呈上升趋势，每年 7—8 月鲜鸡蛋需求量达到高峰，1—2 月鸡蛋需求量位于低谷。北京市场鸡蛋自给率约为 40%，大于 60% 的鸡蛋需要外埠供应；63% 通过大型农产品批发市场进行流通，批发价格是核心价格；批发市场中 88.66% 为外埠鸡蛋交易，批发价格主要由外埠供给与本市需求决定。北京市鸡蛋交易主要集中在 7 个批发市场（新发地、回龙观、大洋路、石门等），7 个市场交易量占总量的 96%。

3.5　京津冀农产品流通体系现状分析

3.5.1　京津冀农产品流通主体

（1）农户是农产品的生产者，是农产品流通的起点。自古以来，小农经营的自给自足生产模式在我国农业生产中占据主要地位，从中华人民共和国成立初期的合作社经营，到之后的家庭联产承包责任制等，农户始终是我国农产品生产的主体。农户既是生产者又是流通者。当农户仅种植养殖农产品时，充当生产者角色；当他们将猪牛羊直接以肉的形式，或将蔬菜水果直接在集市上售卖，则充当流通者的角色。

（2）加工企业。位于生产环节的下一个环节，可以延长农产品产业链。

（3）农业合作社。农业合作组织以农民为主体，以提高组织成员收益为目标，按照自愿原则组合起来，由较为专业的人员负责技术、生产、产品质量控制、市场销售和市场开拓等职能，进而实现资金、技术等资源优化配置。农业合作组织可以较好地解决农户个体生产的一些弊端，促进农业生产发展，增加农民收入，对内提高服务质量，对外参与市场竞争，实现专业化与市场化的农产品流通。

（4）农产品流通龙头企业。2018 年 6 月，京津冀农业产业龙头企业联盟正式成立，预期实现以点带动面全面发展。

（5）批发商可以对商品进行集散，形成农产品价格，保障农产品质量，满足城市农产品供应，引导农户进行种植养殖生产。

（6）零售商是流通的最终环节。

3.5.2　京津冀农产品流通客体

农产品流通客体是指农产品流通的标的物，也就是农产品中作为商品的部分，包括农、林、牧等各方面的产品。水果消费的客体以鲜食为主，以果汁、水果沙拉、水果拼盘消费为辅；肉类产品可以以鲜肉产品和肉制品的方式进行流通；蔬菜消费的客体以鲜食为主，以蔬菜沙拉为辅；禽蛋类产品以鲜蛋消费为主，以加工熟食蛋为辅。

3.5.3　京津冀农产品流通载体

3.5.3.1　京津冀交通基础设施

为了提高京津冀三地来往效率，减少农产品的流通时间，充分发挥河北省的地域优势，加快京津冀一体化的发展，2017 年京津冀三地商务部门在天津联合发布《环首都 1 小时农产品流通圈规划》，意在建设“一核双层、五通道、多中心”的环首都农产品流通网络。其中，北京的 15 个建设项目中，核心区主要是生鲜配送中心、末端菜店和信息服务平台；内层建设项目主要是大型农产品流通中心和农产品批发市场；外层建设项目分别在天津滨海新区、河北张家口、廊坊和保定。

交通基础设施是农产品流通的重要载体，是连接农产品生产和消费的重要纽带，近年来，我国不断加大对交通基础设施建设的投入力度。其中，河北的运输路线长度和货运量均远多于北京和天津，承载着农产品运输的主要职责。河北省公路里程由 2011 年的 15.7 万公里增长到 2018 年的 19.33 万公里，增长率为 23.12%；铁路营业里程同样由 2011 年的 0.52 万公里增长到 2018 年的 0.74 万公里，增长率达到 42.31%，充分体现了政府对于交通基建建设的决心。

高速公路的发展使区域时间可达性显著提高，其中，高速公路给周边区域带来的时间可达性提升 10 ~ 15 分钟，高速铁路给周边区域带来的时间可达性提升 5 ~ 10 分钟。产业园区布局与高速公路和高铁站点密切相关。

3.5.3.2　京津冀农产品批发市场

批发市场为农产品的流通提供平台，为生产者和消费者搭建桥梁，同时也可以对农产品进行质量把控，规范市场行为。

以北京本地农批市场发展现状为例，目前北京农产品流通格局较为明显，基本形成以“大型、综合性市场为核心，专业性和产地批发市场为特色，以小型区域性市场为补充”的空间格局。据统计，在北京市已有的26家农批市场中，大型综合性、小型区域性以及产地和专业性批发市场的数量比为9：8：4：5。经过多年发展，多数已进入稳定期并逐渐形成了自身特色。北京市的农产品批发市场优势在于地理位置，市场活跃且交易量大，但存在导致交通拥堵、环境变糟糕的风险。另外，北京市进行疏解腾退空间工作也对批发市场产生了一定的影响。

3.5.3.3 京津冀农产品销售终端现状

对于蔬菜的销售终端而言，随着生活水平的不断提高以及生活节奏的加快，人们对蔬菜的品质提出了更高的要求。为了满足消费者的要求，增加蔬菜产品的附加值，自2016年起，有“京城菜篮子”之称的新发地农副产品批发市场开始力推“净菜进京”。消费者购买这类产品后，不需要做进一步处理，可直接食用或烹饪。

对于肉类产品的销售终端而言，农贸市场和早市原来作为肉类流通的重要途径，如今随着北京市疏解腾退空间工作的进行已逐渐消失。一种新型的终端销售——超市开始占据主导，居民习惯在超市购买鲜肉类产品，同时以专业销售肉类产品的商店作为补充。

对于水果的销售终端而言，中国居民消费水果主要以鲜食为主，果汁等加工制品消费量很低。随着中国水果生产力和消费水平的提高和生活方式的逐渐变化，中国水果消费市场除总量呈上升趋势，需求结构也向多层次和多样性的质量型消费结构演变。水果消费一般分为家庭消费、在外消费和其他消费。中国水果消费主要以国产水果为主。

加工成熟食形式销售或者直接进行生猪牛羊肉售卖，从而形成产销纵向一体化价值链，使每一个加工环节赋予更高的价值。近年来，京津冀不断深化农业区域合作，加强河北省的畜产品生产基地建设，如北京二商集团、北京首农集团等农业巨头企业也在石家庄、张家口等地投资建设标准化的畜牧业养殖基地，不仅带动了河北省当地的畜牧业产业升级，同时也保障了北京市人民对畜产品需求。

对于禽蛋市场而言，“产销一体化”流通模式是未来发展的主流模式。以美国、日本等发达国家的禽蛋流通体系为目标，未来我国蛋品企业应该从传统走向专业、从“批发市场+农户”向“产销一体化”的集约方向发展。目前，一些禽蛋类企业已经开始自建流通渠道，向实现产销一体化发展，如北京德青源已经实现了鸡蛋的生产加工一体化。

（4）大型农产品生产基地与超市或批发市场直接对接

在河北、山东等地均有大型的专业化水果生产基地，由于这些大型水果基地产量较大，且专业化和集约化程度高，有较强的品牌输出意识，往往与批发市场或超市通过协议等稳定方式紧密合作，形成了高效且流通环节较少的流通模式。

3.5.5.2　京津冀农产品创新流通模式

（1）电商平台直接对接消费者

随着互联网的发展，此种方式越来越受到消费者青睐，其中主要分为专业运营果蔬生鲜等商品的大型电商自营平台，如每日优鲜、本来生活等；入驻 O2O 平台的线下水果店，如美团、饿了么中生鲜水果频道内的商户。前者通过与产地对接，将农产品运输至其仓储中心，大批量采购降低了进货成本，而且运输和储存上均为高保鲜度的运输方式，保鲜程度大大提高；后者则是从销地批发商采购农产品到店内进行销售活动。二者均是消费者线上下单后，再通过骑手送至消费者手中。电商提供的消费选择更多样化，农产品分级更明确，提供切洗、包装等服务，提高了农产品附加值，为消费者提供了更好的服务，更广泛地扩大了流通规模，更加保质保量地将水果送至消费者的手中，但价格上比农贸市场有些许增幅。虽然这种方式目前不是主要的流通渠道，但由于其服务的优越性和区别于传统线下购买渠道无可比拟的便利性，正在高速发展且被越来越多的消费者接受和习惯。

（2）农超对接模式

得益于京津冀一体化发展政策，京津冀地区正在着力建设“环首都农产品 1 小时鲜活圈”，农超对接流通模式不断发展。超市与农户直接对接进行采购，省去大量中间环节，并且有完善的安全检测和农产品溯源保障，让消费者以较实惠的价格获得优质的农产品，是政策中构想的农产品理想的流通状态。但至今这种方式仍未推广开来，可能一方面与去掉了中间环节会减少大量工作岗位有关，原从事农产品批发行业的大量劳动人员将面临失业问题；另一方面是京津冀超市远比批发市场数量多，物流配送网重新规划困难，并且流通效率可能会大大降低。

（3）利用区块链技术对农产品供应链进行管理

区块链技术是通过物联网采集和传输信息，利用区块链存储和管理农产品供应链的相关数据。在供应商、生产商、分销商、零售商和消费者这一个个区块链的网络节点上，可以查询之前节点的相关数据。如种植业和养殖业中有关农作物生长的环境（水分、土壤、温度等）、动物的体检数据、生长数据、运输环节的运输路线（通过 GPS 定位）、车厢环境等都可以通过数字芯片将结果呈现在消费者面前。这样不仅可以避免激素和药物的滥用，违规使用劣质食材以及滥用化肥等情况的发生，而且可以使消费者获得真实的数据，消除由于信息不对称带来的不信任感。

由于传统农产品流通模式采用中心管理方式，各环节没有打通，供应效率也较差，消费者在经历多起食品安全事件后对农产品的安全性开始持怀疑态度，而区块链技术的出现很好地解决了这一问题。区块链的优点是去中心化、高透明度以及信息的不可篡改性。将区块链技术与农产品供应链相结合，可以保证京津冀地区农产品的安全性。

3.6　京津冀农产品流通存在的问题

新兴流通渠道的出现会对农产品的流通产生影响。农产品在面临传统流通渠道与新兴流通渠道融合的过程中，出现了以下问题。

3.6.1　京津冀三地农产品流通的融资渠道不畅通

北京市、天津市有资金、有市场；河北省有场地、有人力，但是北京市和天津市的资金没有很好地与河北省的生产养殖联系在一起，没有使生产效率达到最大。河北省的农户主要是小户、散户，缺乏资金支持成了扩大种植、养殖规模的障碍，这提示我们需要关注拓宽农产品流通领域的融资渠道，政府部门要支持金融、融资性担保机构，为农产品流通企业的发展提供融资服务，同时促进股权投资等市场化融资手段的发展，改善企业融资环境。可以采用PPP的模式，引进民营资本，和政府共同促进河北省养殖业的发展，提高河北省人民的收入水平。

3.6.2 京津冀农产品供应应急保障机制不完善

2018年，在北京市房山区青龙湖镇、琉璃河镇养殖场排查出非洲猪瘟疫情事件说明北京缺乏农产品供应的应急保障措施。政府需进一步完善农产品政府储备制度，探索建立京津冀农产品供应和应急保障联动机制，在发生食品安全的情况下，能及时打通其他商品流通链，保证日常肉类的供应。或者通过基地规模化发展和流通服务能力的提升，提高农产品的流通支撑功能，提高突发情况下农产品供应的应急保障能力和水平。

3.6.3 农产品组织化程度低，没有实现良好的产销对接

京津冀地区水果流通模式主要是以产地和销地的批发商为核心，流通环节过多，缺乏专业的组织化流通体系，农户较为分散且合作组织大多有名无实，缺乏强有力的组织效率。现有的农民合作社大部分是以追求“政策性收益”为目标而成立，相当数量的合作社只

是挂牌合作社，没有实质运营（潘劲，2011）[1]，农户对合作社的认可度低。目前的专业合作化组织与农民之间缺乏紧密联系，组织能力和销售能力不强，缺乏相应的政策环境支持，无法起到有力的带头作用。农民作为生产者却不是流通环节的主体，经过多重流通环节往往形成了“卖难买贵”的局面，因此很难达到农业增效、农民增收、民众实惠的目标。

3.6.4　流通环节中损耗率较高，产品附加值低

冷链物流发展缓慢，生鲜农产品生产后的预冷技术及在低温状态下进行的包装加工方法尚未普及，运输过程中损耗较高。事实上，我国超过 90% 的水果、蔬菜都是采用非标准且传统的冷藏保鲜措施进行储藏和运输，虽然损耗率相对较高，但由于具有明显的成本优势仍然被广泛采用。冷链体系的运营成本要比常温物流高 2 ~ 3 倍，但在零售端的价格上却得不到相应的利益补偿。为了节省成本，许多企业用恒温车或保温车来代替冷藏车进行运输（胡天石，2010）[2]。冷链物流只有部分大型批发商和电商采用，许多小型批发商未使用冷链物流或保护包装，且旧有冷库规模较小，造成运损率较高。同时，由于深加工技术不完善，水果保质期不长容易腐烂，出现滞销问题时没有很好的解决方案，加之缺乏相应的循环深加工回收利用的技

[1] 潘劲. 中国农民专业合作社：数据背后的解读［J］. 中国农村观察，2011（6）：2 – 11；94.

[2] 胡天石. 冷链物流发展问题研究［J］. 北京工商大学学报（社会科学版），2010，25（4）：12 – 17.

术，大型深加工企业数量不多等多方面原因导致了水果损耗率较高。根据相关研究发现，京津冀地区的新鲜农产品在生产、运输和储存过程中的损失率为20%～25%。而这一数字在欧美地区仅为1%～2%，说明我国在农产品流通环节中的保质措施方面还有很长的路要走。

3.6.5 农民在信息获取方面处于劣势地位，缺乏议价能力

一方面，影响农户农产品销售因素的调查结果显示，农户认为农产品价格低、信息不通，市场太远、运输成本高、只能在村市场交易等因素制约能力最强。其中，价格低排在第一位，占26.07%，信息不通排在第二位，占17.48%。京津冀地区生产水果的农户大部分生产规模较小，同时受限于文化水平及地域等因素，加上信息化建设滞后和农民自身的信息搜索能力不强，对价格走势和供需面的情况缺乏深入的了解和分析，往往对收购价格只能被动接受，造成农户生产积极性不高，农户利益没有得到最大化。

另一方面，农户往往比较分散，生产规模小，仅凭自身力量难以应对市场变化，对于价格只能被动接受，缺乏有能力的、统一组织的领导，没有合理和完善的商业计划，从而导致交易成本上升。

3.6.6 “互联网+”电商模式在蛋品市场推广受限

由于鸡蛋本身易碎的特性，对运输方式、配送时间等要求高，高包装费及物流成本限制了鸡蛋电商的快速发展。鸡蛋商品损耗率

在 10% ~30%，远远高于普通电商产品 1% 的损耗率。鸡蛋市场利用冷链物流推广电商，但真正形成规模的平台（如农业电商 B2B）或商家并不多。因此，采用什么样的“互联网 +”电商模式才是真正适合鸡蛋行业的流通渠道值得探讨。

3.7　本章小结

本章从计划经济时期、宏观调控下的市场经济体制时期和市场经济自由流通体制时期三个时期对京津冀农产品流通体系的演变进行了梳理和归纳总结。从流通主体、流通客体、流通载体、流通模式四个方面总结了京津冀农产品流通体系演变的特点。从流通主体、流通客体、流通载体、流通环境、流通模式五个方面分析了京津冀农产品流通体系的发展现状，并分析了京津冀农产品流通体系存在的问题。

第 4 章　国外农产品流通经验

4.1　美国农产品流通

物流与农业的结合令人耳目一新。农业物流是最年轻的物流领域之一，它涉及农业、园艺、果业和林业中优化各种流动，如信息、货物、农产品、金融手段的流动的解决方案的创建和实施。农业物流的主要目的是提高在上述领域运营的实体或连锁企业的生产力和竞争力。它还致力于降低成本，增加不同对象的价值，创造适应能力和采购、制造、分销的开发能力。研究和识别农业和食品供应链中的制约因素，制定和实施高效的物流服务，对于一个国家的整体经济增长和环境效益至关重要。在营销系统的全球化背景下，削减流通费用、增强企业竞争力是所有利益相关者的首要任务和当务之急。

农业加现代物流的这种模式可以定义为：集成工业活动的综合经营管理，依靠先进的计算机网络和信息技术，整合现代运输和储存设施的使用，通过大量商业信息的指示，从事农业输送、储存、深加工及信息服务。农业加现代物流是为了优化农产品流通路径，全面减少物流企业的经营费用，为第一产业需求者提供更优质的服务。因为农业自身的独特性，农业领域物流的特征主要有以下几点：第一，农业运输具有规模大以及多类型的特征；第二，农作物固有的生物特性使其难以输送、打理和存放；第三，农作物本身价格不高，利润空间有限，因此运输费用不宜过高；第四，农作物生长的时令性和地理不集中的特点，加大了农产品流通的经营风险。

近20年来，尽管货物数量保持稳定，但货物流量却大幅增加。商品种类的增加、准时交货制、低负荷率、生产系统的专业化和集中化、营销全球化和季节性变化是物流系统面临的主要挑战之一，因此，发展有效物流是必要的（Brimer，1995❶；Tarantilis等，2004❷）。高效的流通是生产者和销售者健康成长的关键因素（Aghazadeh，2004）❸。有效的物流需要在合适的状态下，在适当的时间，以可以接受的费用将需要的物品送达要求的地区，这对供应链合作对象的成功具有积极作用。

翟红红（2018）❹认为我国农业发展的特点是突出生产、不在

---

❶ Roy C B. Logistics networking [J]. Logistics Information Management, 1989, 8 (4): 8-11.

❷ Tarantilis C D. Operational Research and Food Logistics [J]. Journal of Food Engineering, 2004, 70 (3): 253-255.

❸ Seyed-Mahmoud A. Improving Logistics Operations Across the Food Industry Supply Chain [J]. International Journal of Contemporary Hospitality Management, 2004, 16 (4): 263-268.

❹ 翟红红. 发达国家农产品流通模式窥探与经验借鉴 [J]. 商业经济研究, 2018 (2): 113-115.

意流通，农产品流通渠道长，交易市场不健全，物流发展不成熟，时常遇到收获季节却卖不上好价钱的矛盾。王水平（2015）[1] 指出运距长、环节复杂、收费不低等只是流通成本高且效率低的表面因素，而实际上是受制于中国商业模式、经济管理体制，以及技术创新等深层次因素。2016 年 10 月 20 日，国务院印发的《全国农业现代化规划（2016—2010）》，指明“发展农业商贸物流，构建现代化农业流通”的中国农产品流通发展理念。

在全球范围内，第一产业正在慢慢形成类似工业化发展的特征。产业化的农作物生产与工业类似，农作物种植户、农作物加工销售商、物流支撑体系提供商互通有无。大规模市场范围内的快速扩张使销售者对农作物供给体系的作用更加深化。此外，在消费升级的情况下，质量要求和安全监管措施越来越受到重视。世界上先进地区出现的这些现象在中国也逐渐出现。在世界经济一体化的背景下，各国的农产品种植者、深加工者以及经销商必须积极地应对这些变化并采取措施，建设先进的农产品流通体系。

在类似美国这样的国家，农产品物流管理机制已经基本完备，这些国家的农产品流通体系是在依据自己国情的基础上一步步建立起来，这些宝贵的经验有很多可以直接为我国发展农产品流通所用，对发展现代流通更是有所指导；同时，不适合我国农业的或者有缺陷的部分，也可以借鉴经验教训。

---

[1] 王水平．我国流通成本的影响因素分析及对策思考［J］．商业经济研究，2015（25）：11－12.

4.1.1 美国农产品流通模式

余燕（2014）[1] 认为，21世纪农产品市场物流渠道模式将获得高效发展。如今，农产品流通受到世界农业发达国家和地区的高度关注，对农产品流通进行管理的各种措施和方式正在积极探索中。美国农产品流通模式主要有以下几种形式。

4.1.1.1 批发市场是其农产品流通的主要模式

（1）产地批发市场模式。在美国，这种模式是农产品批发的主要形式，占据重要地位，这是由美国农产品自身的生产经营特点所致。农产品集中交易得益于企业化的运作，自己名下的物流公司可以运输将近80%的农产品。

（2）销地批发市场模式。即批发农产品在农产品出售结束时的模式，这种批发市场主要位于美国大中城市的郊区，能够直接为居民提供农产品。随着城市化的发展，这一模式在批发市场模式中的地位在下降，所占比例越来越低。

4.1.1.2 生产者"产销一体化"模式

这种农产品流通方式是美国的一个特色，这一方式的形成与其独特的农业劳作模式有关。企业是美国主要的农业生产者，他们有

---

[1] 余燕．美国、日本农产品流通渠道管理模式及经验借鉴［J］．世界农业，2014（3）：72－75．

能力为自身农产品的出售寻找到最合适的客户，使农产品数量和类型让客户满意。

4.1.1.3 超市“直销”模式

连锁超市在美国的农产品流通中作用重大。大型超市和连锁零售商是基础流通模式，生产规模大、成熟度较高。生产、运输，以及销售终端的有效结合在美国的农产品流通模式中得以体现，为规模化生产和销售提供了强大后盾。生产者到消费者的直接销售方式是超市直销方式的核心，其他中间环节可以省略，这可以降低农产品流通费用。超市和连锁店能够建立自己的农产品配送中心和收购组织的原因在于资金和人才可以得到保障，因此农产品的收购可以在生产地直接进行，农产品中间成本得到大量削减。

4.1.2 美国农产品流通体系的特征

4.1.2.1 农产品质量等级划分具有严格的标准

对农产品的质量进行科学的管理，无论是肉类、谷物还是加工类农产品均规定了国家和地方两种分类模式。各种食品的不同级别划分，都是有据可依，有自己的相关程序，一种产品有几个级别是常有的事。待售的产品都应该以相应级别的商品特征进行销售。农产品的出售会受到大众和舆论的监督。

4.1.2.2 农业保护政策支持和社会服务体系做保障

第一，农民如果没有足够的自有资金，可以通过贷款的方式进行生产，不会影响到正常生产，从而使农作物的供应得到保障。第二，不同所有制形式和经营方式的共存，提高了农产品市场体系竞争力和市场调节作用。农业的生产和服务型组织互相合作，可以缓解农业生产抵御风险能力弱的问题，解决农民的生产顾虑。此外，农产品供应链的物流商、承包商，以及深加工企业能够为农产品的生产加工和农户获取信息提供支持。

4.1.2.3　现代化的交易方式

现代化的买卖方式在西方很多国家都可以看到，如竞价、衍生产品交易、代理买卖。相比而言，在我国，现货交易是农产品买卖的主要形式。在全球农作物交易中，农产品价格的确定受到衍生产品市场的影响，而现货交易在西方国家通常通过竞价买卖的形式进行。现代化的交易模式能够有效降低交易费用，同时可以避免暗箱操作，从而保证价格的公平公正。

4.1.2.4　农产品流通基础设施的建设

美国交通网络四通八达，城乡拥有纵横交错的公路网，海陆空一体化的交通网络在全国随处可见。便捷的铁轨沿线通常建有农产品生产厂、交易站和存储基地，发达的河网水系使得水路运输系统发挥着积极作用，消费者可以及时收到自己需要数量和质量的产品。农产品流通也离不开先进的通信网络设备和大型机器设备，如仅粮食装卸输送设备就有方便的输送机器、低负荷量的升降机等。先进的物流配送体系可以从著名的大型连锁超市沃尔玛看出，其可完成绝大部分商品的统一配送。

4.1.2.5 计算机网络系统普及

农业信息系统为农业物流提供服务。20 世纪 90 年代以来，美国政府投资数十亿元建设信息系统，计算机网络应用系统已成为世界的老大哥。该系统覆盖范围广阔，用户可以通过移动终端共享网络中的信息资源，可以对农产品物流过程进行实时掌控。据统计，为生产者提供农业信息服务的信息系统达到 300 个左右，从事农业信息服务工作在美国很受欢迎，可以长期追踪农作物的病虫害、长势等问题。

4.1.2.6 美国的流通省去了很多中间过程

美国的农业生产专业化程度高，逐步形成了相应专业的农产品流通区域，其市场生产并不分散，70% 的农作物产量甚至集中在三个州。批发市场的买卖中销售商交易的比重达 98.5%。零售商业服务体系在美国随处可见，通过自建物流中心进行自我服务已不稀奇，买卖的进行并不需要通过中间商进而减去了不必要的麻烦。美国农产品批发市场的另一个重要特征是拥有规模化的批发商。他们通常实力雄厚，能够完成很多生产和服务性工作。

概括来说，美国农产品流通模式特点有：一是大型超市和零售连锁企业是农产品流通体系的主体；二是批发商与零售商买卖占比很大，并不分散，便于规模管理，提高流通效率；三是大城市是农产品出售的主要区域，人口密集区的农产品需求得到满足；四是流通周期短、效率高。农产品通过物流体系来配送的比例达到了 78%，产品从地里通过运输最终到达消费者手中的过程省去了众多环节；

五是服务能够源源不断地供应，为农产品交易服务的部门多种多样，分布在各个环节。

4.1.3　美国农产品流通模式的运行条件

4.1.3.1　主体组织性强

农业合作组织、农产品批发零售企业等方式是美国农产品流通模式下的市场主体，规模较大、竞争力强是这些组织的要求。为了扩大规模，各种类型的农业合作社纷纷建立起来，如技术交流合作社、物资供给合作社、出售合作社、设备共享合作社等。这些合作社使农业生产能够抵御更大的风险，生产力更强。

在美国，农业产量如此之高，但我们并没有发现这些农产品出现卖不出去的现象，他们最终都能顺利到达消费者的手中，原因是什么呢？这一切可以从围绕农户合作组织为轴心的供应体系中找到答案。一个集产销、筹集与储存于一身的农户合作组织是其中的关键。合作社可以将农户运来的产品集体再出售，大规模的集中出售可以增强竞争力，有利于卖出更高的价格。

4.1.3.2　完善的农产品流通基础设施建设

交通网络、搬运机械以及储存基地是主要的农产品流通基础设施。农产品要求在较短的时间内运输，缩短农产品流通时间和环节是关键。而提升农产品流通效率，构建交通条件便利的生产基地和销售市场以及快速的交通网络体系是关键举措。十几年前，公路建设总里程在美国就达数百万公里，其中高速公路建设里程将近十万公里。发达的交通运输条件促使美国在农产品的主产区的批发市场快速建立起来，销地批发市场也在临近交通枢纽的地方建立。在农产品流通中，经常可以看到大规模的机器设备被运用其中，现代化的运输设施在农产品流通环节中处处可见。

4.1.3.3 先进的农产品流通技术

第一是冷链物流技术。冷链物流技术增强了农产品的竞争力，可以不断扩大农产品的出售范围。超过 20 万辆的保温汽车使得美国在农产品冷藏运输率方面比其他国家更胜一筹。而且，包装的要求在其农产品流通中地位也很高，整齐划一的包装成品不仅可以卖上好价钱，也可以使运输过程中的损耗降到最低。第二是物联网技术。物联网是互联网的进一步发展的产物，其使用终端通过计算机进行信息交换，然后发展成为任何物体之间都可以信息互换和通信。

在美国基本上每家农户都装有各式各样的大型农用设备，直升机进行种植打理已很常见，装有卫星导航系统的拖拉机还能够进行自动播种与施肥；几乎所有的农场均配有 GPS 系统，这种定位系统可以被用作监督农产品的种植和收获，甚至牲畜的识别和追踪也可以用到这种技术。物联网技术的现代化储存系统采用的技术主要有传感器、视频监控、射频识别技术、条形码技术、红外技术、语音技术等，如通过传感器监控仓库的温度和湿度，利用红外线等技术对库房的安全、货物的异常移动监测，对仓库中货物的出货和入货、是否要补货等进行监督，这样就能确保库房的安全问题能够及时被发现。

4.1.3.4 农产品市场信息获取顺畅

直接影响农产品流通是否高效的原因之一是农产品市场信息获取的快速性。美国农产品市场信息网络系统发达，可以通过电视、广播以及网络等途径将农产品市场信息及时传达给信息需求方，这些信息包括产品供求、价格波动以及农产品储备量等。众多农产品新闻办公室为人们提供咨询服务。美国也为其他国家的农产品市场提供信息服务，对数据信息进行研究。

4.1.4 美国农产品流通技术的创新与开发

基于美国农业从事人口较少、农田面积广大的特点，农产品在流通过程中会存在劳动力与技术不能满足农业发展要求的情况。为此，美国农业从业人员积极研发，为保证农民方便快捷地进行农事活动发明或引进了一系列科技，其中应用较为广泛的是射频识别（Radio Frequency Identification，RFID）技术和全球定位系统（Global Positioning System，GPS）技术。

4.1.4.1 RFID 技术

Marek Matulewski（2012）[1] 在其文章中对射频识别技术做了较

[1] Marek M. Modern Logistic Strategies in Agriculture [J]. Research in Logistic & Production. 2012，2（3）：295－302.

为详尽的分析与研究。Heiskanen（2007）❶ 的研究也表明，RFID 技术对农业仓储等活动进行了彻底地重新设计，并促成了一些新概念的出现，如智能过程、通信对象，这些实体能够与其环境进行通信甚至交互。这项技术被应用于各项领域，它在农业流通方面的作用有：集装箱、托盘等移动的识别和跟踪；供应链中的库存管理；收集和存储信息；动物识别、传染病如口蹄疫、疯牛病的传播预防；动物养殖过程的优化；设备、机械、车辆的识别和定位；森林资源管理；动物定位和追踪；对干草、谷物、种子等湿度的最新监测；农场动物标识；防盗保护等。此外，单个标签的成本（由于该技术的实施规模）已经显著降低。2000 年，制造一个标签的成本约为 1 美元（Prater，Frazier，2005）❷，现在则是以美分计算的。

根据研究，射频识别技术的实施能够提高所采取行动的准确性，提高已采取行动的效率，提高竞争优势，优化（缩短）交付时间，改进自动化系统的集成，降低所有库存水平，降低犯错率，降低仓储成本，提高客户服务质量（Schmitt，Michahelles，2011）❸，将运营成本降低 1% ~3% 。

射频识别技术的实施导致技术和组织的创新在时间和空间上不

---

❶ Heiskanen E，Hyvonem K，Niva M，et al. User Involvement in Radical Innovation：Are Consumers Conservative? [J]. The European Journal of Innovation Management，2007，110(4)：489 -509.

❷ Edmund P，Gregory V F，Pedro M R. Future Impacts of RFID on E-Supply Chains in Grocery Retailing [J]. Supply Chain Management：An International Journal，2005：135 -142.

❸ Frédéric T，Thorsten S，Patrick S，et al. The rise of the "Next-Generation Bar Code"：An international RFID Adoption Study [J]. Supply Chain Management：An International Journal，2011：328 -345.

断增加。Gogan（2007）❶ 进行的研究表明，对许多公司来说，射频技术是一种新的做法。RFID 技术是实施协作实践的推动者，如协作规划、预测和补充或按订单生产。此外，射频技术实现的新效果在其他方面也是可见的。

4.1.4.2　全球定位系统技术

根据欧洲全球导航卫星系统机构开展的研究结果，应用基于全球定位系统的解决方案能够获得以下好处：提高驾驶和操作不同类型机械和车辆的精度，不断追踪可用资源，如水、饲料和饲料、杀虫剂、肥料等及其更合理的使用；以非常精确的方式进行所有气象预报和测地线测量，如完成农田识别，即所谓的地理跟踪，机器、车辆和设备、栽培作物、动物等的精确定位和提高已采取行动的精确度。

全球定位系统主要具有以下几点好处：将获得目标所需的时间、燃料和种子或谷物减少 2.36%，化肥用量减少 14%，作物收成平均增加 3% ~13%，所需杀虫剂和作物保护产品数量减少 23%（Doruchowski，2008）❷，所需工作时间节省 20% ~30% 以及每公顷节省成本 100 ~300 欧元（Aucrnhammer，2001）❸。

---

❶ Gogan J L，Williams C B，Fedorowicz J. RFID and Interorganisational Collaboration：Political and Administrative Challenges［J］. The International Management，2007，33（8）：9 -12.

❷ Doruchowski G. Postęp i nowe koncepcje w rolnictwie precyzyjnym［J］. Ynieria Rolnicza，2008，12（9）：19 -31.

❸ Auernhammer H. Precision Farming — the Environmental Challenge［J］. Computers and Electronics in Agriculture，2001，30（1—3）：31 -43.

4.1.5 美国农产品流通高效率的经验借鉴

茹永梅（2017）[1] 认为现代化的流通模式能够有效改善农产品流通环境，农业要想持续增长，农民生活要想持续改善，流通现代化的发展意识和思想意识要真正扎根在人们心中。王方（2008）[2] 认为美国的农产品流通体系是一个高效率、领先的农产品流通体系。通过学习其在实践中探索并逐渐发展起来的高效的农产品流通体系，打造我们自己的现代农产品流通体系，提高农产品流通效率，将我国农业进行产业化发展，能够增强我国第一产业的竞争力，提高人民幸福感和获得感，保障粮食安全。

4.1.5.1 提高农产品流通渠道信息化水平

Ratnasingam 等（2006）[3] 指出传统的农产品流通是通过集市或市场进行的。这种方法适用于小区域，而大区域内的循环信息往往滞后。先进的农业信息系统为美国农产品的高效流通提供支撑，及时获取市场信息是保障流通顺利进行的关键保障。美国的农业生产者能够获取农业信息的途径有很多，有数百个农业信息系统为农业信息的获取提供服务，同时各种信息咨询公司以及农业网站也在为

---

[1] 茹永梅．差异化流通模式的农产品流通效率对比分析［J］．商业经济研究，2017（2）：152－154．

[2] 王方．美国经验对中国农产品市场体系建设的启示［J］．当代经济研究，2008（3）：47－49．

[3] Pauline R. Perceived Risks in Supply Chain Management E-Collaboration［J］．Journal of Internet Commerce，2006，5（4）：105－124．

农民提供信息支持。期货交易市场的农产品价格往往会影响现货农产品价格，全球农产品流通主体通过芝加哥期货交易所时刻关注市场上农产品价格的变化，从而为其生产和销售提供参考。我们从美国农业信息网站的数据可以看出，大多数的农民均可以自主上网，超过16%的农民在网上进行交易，电子商务也是农产品交易的重要途径，每年农产品在电子商务网站上的交易都会占据一定的比重。多样化的农产品信息获取途径，以及现代化的电子商务交易系统，为农产品流通实现规模、集成运作提供了有力保障。

4.1.5.2　完善农产品流通配套设施系统

宋路平（2019）[1] 认为基础设施状况对农产品流通效率影响很大，尤其是一个地区的交通网建设情况决定该地区农产品运输的便利性以及可到达性，影响着流通效率，尤其是落后地区的流通现状令人担忧，基础设施建设不可懈怠。刘天祥、赵恒（2017）[2] 认为我国当前落后的农产品流通基础设施、农产品流通过程错综复杂、信息不畅等相关状况，造成农产品运输困难、运输成本高且运输过程损耗大，农村以及区域经济发展受到很大影响。因此加快建设农产品流通配套设施系统已成为发展高效流通的一个硬性指标。

Ping L. 和 Suo Z.（2010）[3] 指出，对于中国这样一个幅员辽阔

---

[1] 宋路平．我国农产品流通效率影响因素实证分析［J］．商业经济研究，2019（9）：127－130.

[2] 刘天祥，赵恒．构建公共服务体系，提升农产品流通效率：文献综述［J］．湖南商学院学报，2017，24（1）：12－18.

[3] Ping L，Suo Z. Restrictions and Countermeasures Discussion on the Construction of Agricultural Logistics Infrastructure Platform in China［J］. International Conference on Logistics Systems & Intelligent Management，2010（2）：965－968.

的国家，农业物流基础设施的总体布局和规划直接关系到资源配置的效率。农业物流是一个复杂的系统，农业物流基础设施布局的关键是如何将各个子系统的不同类型和功能有效地统一为一个完整的通用系统，从而更充分、更全面地发挥作用。对于农产品经营者来说，要想节约交易成本和流通成本，就必须建设现代化的流通体系，提高流通效率、缩短流通时间，保证农产品的运输安全质量和供应；对于消费者来讲，现代化的流通体系不仅可以加快农产品的流通，而且可以享受到高水平的服务。流通配套设施实体体系的基本物质支撑是内陆交通基础设施建设以及内河航运等基础设施建设，它们构成了物流系统的运输网络，是发展快速高效运输的物质基础。与此同时，我们应该建立一个能够互动的信息媒介，整合初始农产品、农产品进一步处理机构、农业运输中心，整合各方优势，将仓储运输和配送公司作为一个链接。

4.1.5.3 提高政府管理和政策保障，健全法律法规

美国市场经济发达，但对农产品物流并未任其自由发展，而是对其进行积极地干预。美国政府积极加强物流基础设施的建设，大批配送中心在农业生产地区成长起来，与此同时大型销售网点与农户保持积极联系。物流和配送领域加大对外开放力度，积极“走出去”。农业的生产流通活动很大程度上需要依赖政府提供的信息。

我国农产品流通的建设完善离不开政府部门的支持，农产品物流的健康发展离不开良好的政策环境，应不断完善交通网络、大型专业储存基地等基础设施的建设，完善乡村交通网络的建设，缓解乃至彻底解决目前农产品产地交通不便、运输条件有限的情况。应

不断完善相关法制建设，规范流通主体的市场行为，保证农产品市场竞争更加公平有效。

4.1.5.4　构建先进技术为基础的农产品流通体系

我国农业生产过程还比较落后，农业生产在很多方面无法实现机械化生产，甚至有些地方还是最原始的手工生产操作。我们要加大对农业生产的支持力度，加大农产品技术和农业方法的推广力度，使我国更多的省区利用现代技术实现全自动、精确施肥和应用。

在农作物仓储方面，不仅增加了人工成本的投入，而且容易出现误操作、低成本效率。要提高我国仓储业的效率和效益，必须加大科技的应用，即信息技术和物联网技术等的应用，实现仓储作业智能化、科学化、先进化，从而降低人工成本，提高作业的准确性和效率。

就农产品运输而言，农产品的易腐性增加了运输的难度。此外，我国冷链体系建设不完善，增加了成品在物流过程中的耗散和输送成本。因此，我们要改善和发展自己的农业运输业务，加强和促进自身冷链体系的发展和完善。

4.1.5.5　培育并增强生产者组织化水平

在美国，是由较强组织纪律性及具有生产能力专长的企业来承担美国农产品的生产任务，物资供给社、技术服务组织等支持性机构也在政府的支持下成立起来。我国应借鉴美国这一经验，同时基于自身实际情况，从以下几个方面完善、培养自己的流通主体。

（1）完善个体农民流通主体。选出农产品生产能手，领导农户共同种植和销售，实现农产品生产和销售信息以及技术共享，提高个体农民的生产积极性和流通专业程度，降低经营风险。

（2）组建相关合作社。建设农业生产流通合作组织，促使大型商超、批发市场或集中零售商与农户建立契约合作关系，实现互利共赢；加强农产品生产的系统化，让农民以更高的组织形式进入市场，缓解小打小闹式的生产与大消费市场、物流需求之间的矛盾。

（3）提高国有流通组织的竞争力。国有流通组织通常规模较大，在农产品流通中占据着举足轻重的作用，要充分挖掘国有流通组织发展潜力，关键在于将竞争机制有效引入市场。加强监督，改善经营，重新焕发其为农产品物流服务的活力和积极性。

（4）优化流通主体的利益分享机制。农产品商贸流通并不局限于投入和产出，还包括流通主体之间的利益配置。商品贸易流动的各环节中，各方参与者的合法利益都应该得到应有的保障，使供应链各个参与者都能获得自己应得的份额，共享劳动果实。弱势群体的利益要得到保护，杜绝利益分配的不公平现象。如此才能调动农户的生产积极性，使得流通主体共享增值的好处，拥有更多的获得感。

4.1.5.6　生产区域化分工协作，利用地区比较优势

我国中西部地区的农产品市场发展滞后，部分市县的农产品产地市场甚至举足不前。应当遵循交通运输条件和农产品商品集散规律，培育一批具有地方特色的杂粮鲜果、有机养殖、反时令蔬菜等产地专业批发市场。规模化的农产品批发市场建设应该随着区域化中心城市的建设逐渐配置起来，顺应地区发展的需要。农产品生产的专业化以及流通渠道的完善依赖于区域集中，我国可以根据各地

区特点，发挥地域的优势，根据各自的情况来发展流通。同时应支持销地农产品市场建设，农产品集散市场可选在城市周边建立，有利于提高农产品流通和交易效率。

4.1.5.7　促进交易方式的多元化发展

在人口稠密的大城市中，可以考虑开发直营店的方式，即农户可以直接将成熟的农产品直接拉到销售的前沿阵地出售，减少不必要的流通过程。这种模式可以让生产量较小的农户能够及时将需要出售的产成品运送到市场，避免产品烂在自己手中。

农业物流的快速发展需要借助电子商务平台。农产品电子商务平台具有三层主要功能：一是最基础的服务，进行信息交换、线上结账、产品输送及销售；二是中间功能，提供财务分析、市场调研及商业计划；三是最终高级功能，有力地促进了有关的附属服务和其他产业的发展。

产品交易应严格实行农产品分级标准化管理。首先，农产品的标准化分级使交易有标准可循，更好地维护了交易双方的权益；其次，农产品的质量标准使买卖双方都能接受、简单明了；最后，分级标准化后的产品，便于依据产品级别来定价，提高了农民和加工厂商提高产品质量的积极性。

4.2　日本农产品流通

日本人口众多，但土地总面积只有 37.8 万平方公里，其中可耕地面积约占12%，土地和耕地面积相对较少。为了充分利用现有的耕地，日本将零碎的土地进行了系统化耕作，这种方法推动着日本的单位土地产量升至世界第一。其独特的地理条件造就了独特的农产品物流模式即海岛模式。对日本农产品物流模式的研究探讨能够给我国农产品物流提供一定的参考和借鉴。

4.2.1 日本农产品流通业发展背景分析

4.2.1.1 经济发展水平

“二战”后日本的经济实力开始快速增长，并且持续时间极长，逐渐成了“黄金年代”的主要代表之一。但自20世纪80年代开始，由于国内外诸多因素的影响，日本的资本市场逐渐展现出了一片“非理性”繁荣，经济泡沫不断扩大。认识到股市和房地产市场泡沫严重性的日本政府立即调整了宏观经济政策，在其他因素的协同作用下泡沫终于被刺破，日本经济也由此陷入了长期萧条阶段。即使是在21世纪初，日本的市场信心和国民情绪仍处于一片阴霾之下。2000年日本的GDP达到4.89万亿美元，2012年GDP为6.2万亿美元，到了2017年日本GDP却又变成4.87万亿美元，在过去20年间日本GDP的变化一直起伏不定。

2019年2月，日本内阁府发布了初步数据：2018年日本GDP的实际增速是0.7%，名义增速是0.6%，约4.968万亿美元。不论是0.7%还是0.6%，都普遍低于IMF和世界银行预测的0.9%的增速。2018年以来，日本经济因内需不振、全球贸易紧张以及自然灾害等原因出现了一定的起伏，并且美国自特朗普执政以来开始奉行贸易保护主义，全球的经贸前景都充满了风险和变数，伴随着中美贸易战的打响，世界各国都陷入了全球性的大旋涡之中，特别是出口导向型的日本经济可能会遭受重大损失。此外，中美贸易摩擦加剧使得有避险特征的日元升值压力不断加大，这对日本的贸易出口更是雪上加霜。

虽然日本的 GDP 经常处于动荡之中，但作为世界第三大经济体，日本强大的经济实力仍是毋庸置疑的，坚实的经济基础也为其农业、农产品流通业的发展奠定了基础。表 4.1 为 2008—2018 年日本的 GDP 数据。

表 4.1　日本 2008—2018 年 GDP 及增长率

年份	GDP 总额（万亿美元）	增长率（%）
2018	4.968	0.20
2017	4.872	-1.56
2016	4.949	12.61
2015	4.395	-9.38
2014	4.850	-5.93
2013	5.156	-16.88
2012	6.203	0.75
2011	6.157	8.02
2010	5.700	8.97
2009	5.231	3.83
2008	5.038	11.58

4.2.1.2　农业发展水平

由于日本的农业生产在“二战”中受到严重破坏，粮食危机逐渐在日本国内出现，土地所有制成了工业和经济发展的绊脚石。在美国的指示下，日本发动了包括农田改革在内的三大民主化改革，事实上自20世纪80年代中期开始，历届日本政府都会对农业政策进行一定程度的调整，但效果甚微。直到20世纪90年代初经济泡沫破裂以后，日本才开始进一步加快改革的步伐。

日本虽然耕地面积有限、人口密度大，并不具备发展农业的先天条件，但是日本的农业却处于世界上的领先水平，为其他国家的发展提供了参考借鉴。图4.1为日本2000—2016年农作物耕作面积，我们可以看到日本的农作物耕地面积在不断减少，与顶峰时期的1961年相比，2016年农作物的耕地面积已经减少了约153.9万公顷。

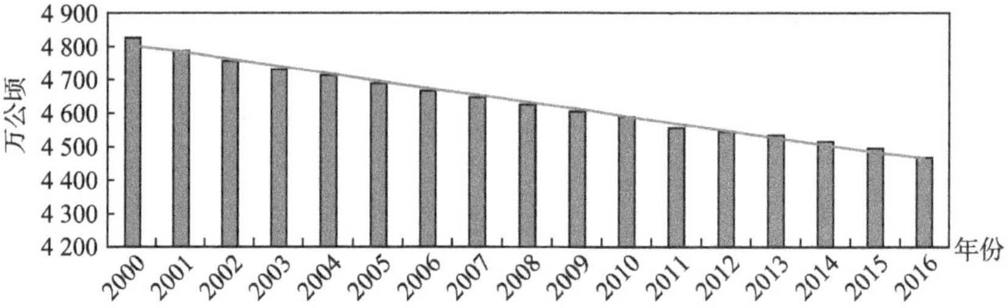

图4.1　2000—2016年日本农作物耕地面积

在这种形势下，日本的农业经济日益衰退，到2010年日本的农业产值仅占国内生产总值的1.0%，比1970年下降了3.2个百分点，而与1960年相比更是下滑了8个百分点，2017年日本农业生产总值400亿美元，占日本GDP比重仅为0.82%，不足1%。

表4.2为日本2008—2017年的农业总产值表，从表中可以看到，虽然农业耕种类生产总值不断增加，农业生产收入增加，但是

农业生产收入在农业生产总值中的比重仅为 30% ~40%。

表 4.2　日本农业总产值表　　　（单位：亿日元）

年份	农业总产值	耕种类	畜牧类	加工农产品	农业生产收入	农业生产总值中农业生产收入的比例（%）
2008	84 662	58 204	25 852	606	27 604	32.6
2009	81 902	55 899	25 466	537	25 946	31.7
2010	81 214	55 127	25 525	562	28 395	35.0
2011	82 463	56 394	25 509	560	27 800	33.7
2012	85 251	58 790	25 880	581	29 541	34.7
2013	84 668	57 031	27 092	545	29 412	34.7
2014	83 639	53 632	29 448	559	28 319	33.9
2015	87 979	56 245	31 179	555	32 892	37.4
2016	92 025	59 801	31 626	598	37 558	40.8
2017	92 742	59 605	32 522	615	37 616	40.6

在经济全球化、智能化、信息化以及国际市场竞争不断加剧、农业产业链不断延伸、国家和地区不断提高农产品科技含量的整体趋势下，2012 年年底日本开始推动结构性改革，其中农业为改革的主要内容，意在加大改革的步伐和力度。2013 年之后日本农林水产品的出口额屡创新高，2017 年已经达到 8 071 亿日元，同比增长了 7.6%，较 2012 年增幅更是超过 80%。值得一提的是，食品加工在日本农林水产品即食品出口增加值中占的比重较大，其食材以进口为主，这说明出口额的增加并不主要是因为农业产出的增加，而政府扩大出口的政策确实有利于促进经济增长。

日本农作物的发展还得益于物联网的发展和普及。目前日本半数以上的农民都使用了农业物联网技术，这一选择不仅大大提高了农产品的生产和流通效率，对于解决农业人口老龄化、劳动力短缺等问题也提供了一种全新思路。与此同时，日本政府提出了一个短期目标：2020 年农作物出口额增加到 1 万亿日元、农业信息技术的规模达到580 亿～600 亿日元、农业云技术的国民使用率达到 75%以上。此外，日本政府还推出“十年计划”来推广农用机器人，预计 2020 年的市场规模将达到 50 亿日元。

日本政府还积极发展科技，提高农业的机械化水平。经过 20 多年的不断发展，日本农用无人机的规模已从 2015 年的 307 架扩充到当前的 2400 多架，操作人员更是超过 1.4 万人。2016 年，日本启动了无人机试验来监测水稻和松树林，并预测收割水稻的最佳时间，日本也由此成为世界上农业无人机应用的第一大国。

随着农业机械化、农民兼业化以及农村人口老龄化进程的加快，农业就业人口占日本总就业人口数的比重呈下降趋势，特别是青壮年劳动力数量明显缩水。表 4.3 为日本 2009—2018 年的农林渔业从业人员数，从表中可以看到，农业从业人员的数量是不断减少的。

表 4.3　2009—2018 年日本农业从业人员数

年份	2009	2010	2011	2012	2013
人数（万人）	263.00	253.00	246.00	237.00	229.00
年份	2014	2015	2016	2017	2018
人数（万人）	225.00	223.00	217.00	217.00	222.00

4.2.1.3　流通业发展水平

在日本经济的发展过程中，流通以价值转移的方式实现了生产与消费的循环，也平衡了国民收支。流通者先从生产者这里获得（购买）商品的所有权和使用权，再通过多级中间批发商和零售商将其转移给消费者。这种转移并不是一个简单的、机械的过程，它在生产者和消费者之间进行流通的过程本身就浓缩并创造了新的价值，而且推动了信息在生产者和消费者之间的双向流动，进一步对双方的行为造成影响，这巩固了流通在国民经济中的重要地位。整体来看，流通已经成为日本国民经济的重要组成部分，承担着促进日本经济增长的重任。

（1）按日本实际 GDP 来看，流通业占比超过 10%，已成为仅次于制造业和服务业的第三大产业。根据表 4.4 计算，在 2000 年、2005 年以及 2011 年三个年份中，制造业、服务业和流通业占日本 GDP 的比重分别为 31.39%、22.78%、14.66%，流通业位居第三（总务省产业分工中流通业仅包括狭义的流通专门产业，即商业和交通运输业）。此外，随着日本国内生产总值的扩大，流通产业的产值也出现了波动，从 2000 年的约 136.2 万亿日元上升到 2005 年的约 147.7 万亿日元，然后下降到 2011 年的约 133.9 万亿日元。

表 4.4　日本各产业名义产值　　（单位：百万日元）

年份	2000	2005	2011
农、林、水产	13 879 122	12 490 285	12 035 962
矿业	1 376 138	1 004 822	759 980
制造业	300 691 610	304 543 429	288 721 417
建筑业	77 936 240	63 174 812	52 514 485
电力/煤气/水管	24 450 685	24 222 827	25 754 673
商业	95 920 546	10 5013 106	94 551 377
金融/保险	36 619 264	41 593 112	32 093 913
不动产	65 852 662	66 205 935	71 187 533
运输邮件	40 276 109	42 687 319	39 301 367
信息通信	41 797 901	44 503 896	46 160 257

续表

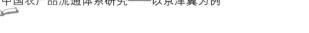

年份	2000	2005	2011
公务	37 316 593	41 963 627	39 405 194
服务业	209 941 832	215 647 684	222 958 231
分类不明	4 212 331	3 968 019	5 010 275
合计	950 271 033	967 318 873	930 454 664
流通业合计	136 196 655	147 700 425	133 852 744
流通业比重（%）	14.33	15.27	14.39
服务业比重（%）	22.09	22.30	23.96
制造业比重（%）	31.64	31.49	31.03

数据来源：日本总务省平成 12－17－23 年接续产业连关表。

注：流通业按商业和运输业之和计算。

（2）从日本各产业的企业数量来看，如表 4.5 所示，2012 年之前流通业比重一直在 45% 左右，2012 年最高，流通企业数占比超过 50%，其比重在所有行业中排首位。主要原因就是批发、零售及餐饮行业的企业数量太多，这就需要同样数量的、众多的批发商和零售商来将不同地区、不同生产者的商品逐级传递给消费者。但是 2014 年流通业的占比低于 40%，各种类型的流通企业数量开始减少，一方面可能是因为企业之间的合并重组行为，减少企业数量，提高市场集中度；另一方面可能是因为信息技术和互联网技术的发展，企业的生产效率不断提高，造成市场上供过于求，因此生产效率低的企业则遭到市场的淘汰。

表 4.5　日本各产业企业数量　（单位：个）

年份	2004	2006	2012	2014
农林渔业	18 518	22 000	30 717	26 624
矿业	3 287	3000	2 286	1 541

续表

年份	2004	2006	2012	2014
建筑业	564 352	549 000	525 457	456 312
制造业	576 412	548 000	493 380	417 932
电力/煤气/供热/自来水	3 073	9 100	3 935	1 127
信息通信	54 462	59 000	67 204	46 398
运输邮件业	130 056	131 000	135 468	74 854
批发零售业	1 626 443	1 605 000	1 405 021	907 857
金融保险	85 573	84 000	88 831	32 200
不动产	316 471	320 000	379 719	322 573
学术研究和技术服务业	0	0	219 470	196 116
住宿餐饮服务业	802 707	788 000	711 733	546 717
生活服务业	0	0	480 617	385 656
教育	164 333	232 000	161 287	120 204
医疗	275 499	351 000	358 997	300 706
综合服务业	30 587	49 000	33 357	6 278
其他	1 076 719	1 119 000	356 156	255 189
合计	5 728 492	5 869 100	5 453 635	4 098 284
流通业合计	2 613 668	2 583 000	2 800 043	1 961 482
流通业比例（%）	45. 63	44. 01	51. 34	47. 86

数据来源：日本政府总务省统计局。

注：鉴于总务省的产业划分，此处流通业合计由“运输/通信”与“批发/零售/餐饮”相加算得，由于分类逐渐细化，为了保证前后统计维度的统一，2012 年、2014 年流通业仍涵盖了生活服务业。

（3）从日本各产业就业人数来看，如表 4. 6 所示，流通业就业人数除了 2006 年低于 40%，在 2004 年、2012 年、2014 年的占比都在 40% 以上，其中主要是批发零售业就业人数较多，尤其是零售业。这与日本零售业店铺规模较小但为数众多有着密切的关系，再加上批发零售业属于劳动力密集型产业，对劳动力的素质要求较低，能够提供大量的就业岗位。2012 年之前从业人员数都在 1 000 万人以上，但是 2014 年低于 1 000 万人，原因可能是一方面随着流通业企业数量的减少，所需要的从业人员数也相应减少；另一方面是随着科学技术、大数据、人工智能等技术的发展，许多物流岗位被机器自动化取代，劳动力得以释放。

表 4.6　日本各产业从业人员数　（单位：人）

年份	2004	2006	2012	2014
农林渔业	222 216	248 000	356 000	236 941
矿业	37 549	34 000	21 000	19 112
建筑业	4 382 413	4 144 000	3 877 000	2 882 105
制造业	9 940 449	9 922 000	9 248 000	9 214 123
电力/煤气/供热/自来水	188 914	283 000	201 000	198 397
信息通信	1 382 316	1 593 000	1 627 000	1 480 124
运输邮件业	2 822 174	2 914 000	3 302 000	2 908 951
批发零售业	12 218 819	1 2401 000	11746000	9 443 912
金融保险	1 431 140	1429 000	1 589 000	1 414 519
不动产	965 827	1015000	1 474 000	934 445
学术研究和技术服务业	0	0	664 000	1 299 294
住宿餐饮服务业	4 816 722	4 875 000	5 421 000	4 018 193
生活服务业	0	0	2 546 000	1 783 981
教育	1 367 742	2 940 000	1 722 000	1 625 494
医疗	4 156 236	5 588 000	6 179 000	6 108 096
综合服务业	355 781	707 000	342 000	675 637
其他	7 779 098	8 690 000	4 522 000	3 855 743
合计	52 067 396	58 783 000	54 837 000	48 099 057
流通业合计	21240031	21 783 000	24 642 000	19 635 161
流通业比例（%）	40. 79	37. 06	44. 93	40. 82

随着现代科学技术的发展，日本流通业的企业数和从业人员数开始呈现减少的趋势，但是流通业创造的价值在日本经济中仍有着举足轻重的地位。它在各产业之间发挥了桥梁和纽带的作用，维持着日本经济系统的正常运转，并且对其他产业的发展也产生了至关重要的影响。同样，其他各产业也会促进流通业的进一步发展。

4.2.2　日本农产品生产分析

4.2.2.1　日本农产品供给分析

农业对其他产业甚至是经济社会的发展都起着决定性作用，因此农业生产受到政府的高度重视并且得到政府的大力扶持和保护。经过几十年的不懈发展，日本农业目前已经全部实现了机械化作业，农产品的产量和质量也日益得到增强。随着日本经济增长和农业机械化的发展，日本生鲜农产品在生产方面表现出“生产机械化、作业标准化、本国总产量逐年减少，自给率持续下降，进口量增加”的特点。表4.7显示了日本2005—2014年的生鲜农产品的产量，从中可看到，21世纪以来日本的生鲜农产品产量除肉类和蛋类产品产量略有上升，其他种类的生鲜农产品总体上呈现下降的态势。以蔬菜为例，2005年日本蔬菜的产量为1 249.2万吨，与2014年仅为1 195.6万吨，较2005年相比降幅达到4.3%。生鲜农产品产量的减少，一方面与日本的农产品耕地面积的减少密切相关，另一方面与日本人口老龄化而造成的劳动力不足也紧密相关。

表 4.7 日本生鲜农产品总产量 （单位：千吨）

年份	2005	2006	2007	2008	2010	2013	2014
蔬菜	12 492	12 356	12 527	12 554	11 730	11 781	11 956
水果	3 703	3 215	3 444	3 436	2 960	3 035	3 108
肉类	3 045	3 119	3 131	3 184	3 215	3 284	3 253
蛋类产品	2 469	2 514	2 587	2 535	2 506	2 519	2 501
奶类产品	8 293	8 091	8 024	7 946	7 631	7 448	7 331
水产品	5 152	5 131	5 102	5 031	4 782	4 289	4 303

伴随着日本消费量的增加，本地生产远远不能满足居民消费需求，农产品主要依赖进口，近几年日本生鲜农产品自给率处于波动略有下降的状态，各年的生鲜农产品自给率如表 4.8 所示。由表 4.8 中的数据可以看出，由于人体对于蛋类产品物质的日均摄取量是有限的，尽管蛋类产品的产量仅为 250 万吨左右，但是其自给率达到了 95%，自给率一直以来处于较高的水平；蔬菜的产量达到了 1 200 万吨左右，但是无法实现完全自给，仍然存在 20% 左右的供给缺口；肉类产品产量在 300 万吨以上，也仅能够满足日本国内近一半居民的消费需求；奶类产品的产量仅次于蔬菜的产量达到 730 万吨以上，但是仍然仅能满足近 60% 的居民需求，即自给率在 60% 以上，可见居民对于奶类产品的需求量是非常大的；而水果的自给率最低，在 40% 左右，2006 年和 2010 年仅为 38%。水果自给率的变化一方面可能是因为日本将国内有限的耕地用来种植蔬菜和谷类植物，留给水果的种植面积有限；另一方面是因为日本居民饮食习惯的变化，因为水果丰富的营养物质，人们更加注重绿色和健康，加大了对水果的消费量，导致对水果的需求增加，因此国内生产的水果仅能满足四成人口的需要。作为一个海岛国家，日本居民的水产品消费量

非常大，一方面可能是因为海洋环境的变化使得能够捕捞的海产品有限；另一方面可能是因为不可持续的消费水产品方式，使得国内水产品产量不断减少，导致自给率一直以来处于较低的水平，加大了日本国内对于水产品的需求。

表4.8 日本生鲜农产品自给率的变化 （单位:%）

年份	2005	2006	2007	2008	2010	2013	2014
蔬菜	79	79	81	82	81	79	79
水果	41	38	40	41	38	40	42
肉类	54	56	56	56	56	55	55
蛋类产品	94	95	96	96	96	95	95
奶类产品	68	67	66	70	67	64	63
水产品	51	52	53	53	55	55	55

注：蛋类产品主要指鸡蛋的产量，表中数据来源于2014年《日本统计年鉴》。

日本农产品的进口量是与日本国内的生产量和消费量相匹配的。在消费保持稳定的前提下，自给率高的产品则相应进口量就少，自给率低的产品则其进口量就多；而当消费增加时，进口量会随着自给率的降低而提高，随着自给率的提高而相应减少，三者是相互影响的。由于日本国内的蔬菜具有较高的自给率，所以进口量相对国产量来说较少；日本国内水果的产量较少的同时，需求量较高，所以进口量远超国内产量；肉类产品的进口量与国内产量相当；由于人体日均蛋类产品的摄取量是有限的，因此对于鸡蛋产品的需求量并不是非常大，在95%的自给率前提下进口量仅为10万吨左右；奶类产品的进口量虽然低于国内产量，但是总量也是非常大的，达到400万吨左右；由于日本对水产品的需求量非常大，因此进口量与国内产量相当。日本农产品的进口量除受到国内农产品产量的影响，还与本国居民的消费结构和消费习惯密切相关。

表 4.9　日本生鲜农产品进口量　（单位：千吨）

年份	2005	2006	2007	2008	2010	2013	2014
蔬菜	3 367	3 244	2 992	2 811	2 783	3 189	3 097
水果	5 437	5 130	5 162	4 889	4 756	4 711	4 368
肉类	2 703	2 416	2 443	2 572	2 588	2 635	2 757
蛋类产品	151	122	113	112	114	124	129
奶类产品	3 836	3 958	4 020	3 503	3 528	4 058	4 425
水产品	5 782	5 711	5 162	4 851	4 841	4 081	4 322

4.2.2.2　日本农业生产的特点

日本农业的生产特点与其国情密不可分，第一是人口众多并且耕地面积非常有限；第二是农业生产的机械化和精细化程度很高；日本政府还非常重视农业生产活动，对农业以及农产品流通产业进行了充分的扶持和补贴，在一定程度上干预了农业的发展。

（1）小生产、多渠道

日本农业生产是典型的以家庭为主的小规模经营，总体上是经营规模小而兼业农户比重大。由于日本特殊的自然资源禀赋，人多地少，户均面积远低于欧美发达国家，在这种极其不利的情况下，日本政府根据自身的实际情况及时调整了农业政策，形成了典型的以家庭经营为主的小农经济。据统计，2018 年日本总人口近 1.26 亿，有农户 116 万户，其中，主业农户 34 万户，第一类兼业农户 18 万户，第二类兼业农户约 64 万户；但耕地面积仅为 442 万公顷。世界银行官方统计数据显示，2016 年日本的人均耕地公顷数仅为 0.033 公顷。人多地少导致了日本农业生产的超小农经营为主、兼营化的特点。

随着工业化和城镇化的不断推进，日本农业生产的兼营化趋于稳定，呈下降趋势，但仍然比重过大。如表4.10所示，2005年的兼业农户为152万户，达总户数的77.4%，2018年，兼业户数占总农户数量的70.6%，比重依然高达70%以上。

表4.10　日本专业农户与兼业农户的数量变化　（单位：万户）

年份	农户数量		
		主业农户	兼业农户
2005	196.3	44.3	152.0
2010	163.1	45.1	118.0
2015	133.0	44.3	88.7
2016	126.3	39.5	86.7
2017	120.0	38.1	81.9
2018	116.0	34.0	82.0

资料来源：日本农林水产省。

由于生产细化，单个农户生产总量小，批发市场实现了农产品的集散功能，保障了大中城市对农产品的大量需求，解决了供需问题。日本的批发市场有中央、地方及小型三种：中央批发市场由中央政府出资建立，是为了实现大宗农产品的集散，有效协调农产品的供需平衡，满足重要城市及地区的生鲜农产品需求，实现农产品的有序流转而设立的从事生鲜食品交易的批发中心；地方性市场是由地方政府出资建设，小型批发市场由相应的组织和团体出资设立来保证小范围区域内农产品的供需均衡。在日本，基本上所有的农产品流通都需要经过批发市场的中转，不可避免地增加了农产品流通的环节，不同等级的批发市场也拓展了农产品物流的渠道。政府对批发市场拥有管理权，批发市场一方面为交易双方提供了准确的市场信息，减少了信息的不对称；另一方面也是对购销双方实行监督管理，保障了农产品的质量，既能拓宽农产品销售的渠道又能提高农产品的销量。

（2）农业生产基础设施完善

现代农业将工业发展中的新技术、新装备、新型管理方式应用于农业生产中，使得土地生产率得到了进一步提升，从而获得价格优势，提高了经济效益。此外，日本还通过加强农田、水利的基础建设、完善农业技术推广以及农民职业培训体系等方式极大地提升了国内的农业劳动生产率。同时，日本是一个劳动力不足的国家，2018 年日本农业就业人口的平均年龄为 66.6 岁，劳动力不足尤为突出。而且日本国土面积不大，农业用地更是有限，因此，日本能提高农业生产率和扩大生产规模，很大程度上得益于农业机械的大力发展。

“二战”后的 20 年，日本的许多家庭以妇女和老人为主要劳动力，为了加快农业的发展，在农协的支持下，农业机械的数量和种类得到充分发展，农业拖拉机从 2000 台迅速增长到 20 多万台。1970 年以后，随着步式拖拉机、水稻插秧机、联合收割机、水稻烘干机等机械数量的迅速增长，实现了量的飞跃。在 20 世纪 70 年代已全面实现农业机械化。

随着农业机械的快速增长，1990 年以后情况有了相当大的变化，以往的传统农业机械由于功能单一、性能低下已经无法满足当前农户扩大经营甚至是合作经营的需求，因此步式拖拉机、割捆机以及水稻干燥机等传统农业机械逐渐被淘汰，而轮式拖拉机、自动种植机等高性能农业机械由于能够适应多种经营活动开始得到普及。这些新型农业机械不仅能在平原地区用于水稻生产，还能在山区、水田等地形下进行多种类型的农作物生产，并且原本用于林业、畜牧业和水产养殖业的特定农业机械在政府的大力推广下也被大量用于农业生产活动。日本的农业机械化也从最初的两个量化扩张阶段开始转变为更加注重质量和效率，使农业逐渐走上了高品质的道路。

另外，日本农业机械化能够在短短几十年内有如此大的发展，离不开日本政府的高额补贴资金。政府的最高补贴比例达到 50%，而对购买技术先进的农业机械补贴比例更高。

（3）政府干预广泛

政府对农业进行干预一方面是为了保障农产品的供给，满足本国居民的消费需要；另一方面是为了提高农户们的生产积极性，提高生产效率。因此日本政府采取了多项措施来对农业进行适度干预。一是制定农业立法：日本政府根据不同时期的发展需要，通过立法来推动农业现代化的发展，如 1898 年的《肥料管理法》和 1899 年的《耕地整理法》。1940 年以后陆续推出的《农业协同组合法》《农村渔业重建完善法》《农林渔业组合联合会完善促进法》《农业基本法》“综合农业政策”以及“长期农业政策”。这一系列的法律法规促进了日本农业的持续稳定健康发展。二是制定农业政策：①财政补贴政策：自 20 世纪 70 年代以来，日本政府对农田基本建设的补贴约占农业总投资额的 90%，对扩大畜牧生产和开垦荒地的补贴约占 50%，购买农业机械和其他现代化设备及设施的补贴占 30% ~ 50%。②信贷支持政策：日本政府通过建立各种“贷款制度”来鼓励农民用投资改善农业的基础设施建设。③价格补贴政策：日本政府对农产品制定了“双轨价格”，比如会对一些农作物采取“高价买，低价卖”的方式，中间的差价则由政府来补贴。④制定农业发展规划：日本政府制定农业发展规划的目的在于有效提高农业生产率，确保农业生产能长期处于稳定发展之中。因此日本政府在1973年提出了“实行农业高效率10年计划”，1978年又推出“农业10年对策计划”。三是对农业的直接性投资：日本政府除了直接投资大型农业项目并建设基本设施，还对大型农业项目进行八成的补助。四是开发出一套教育、科研与推广相结合的农业科技体系：日本在全国范围内设立了数量众多的农业技术学院，建立起了一个科学、严谨的科技推广体系，同时日本还高度重视科技人才的培养，通过专业培训、进修以及留学的方式来提高科技人员的业务水平。

4.2.3 日本农产品消费分析

收入是决定消费的主要影响因素，图4.2为日本国民2000—2015年的人均可支配收入，从图中我们可以看出，2008年的金融危机之后，日本人均可支配收入经历了较大幅度的下降之后，开始以正增长率增长，在2015年基本恢复到了2007年的人均可支配收入水平。人均可支配收入的增加也相应地提高了日本国内居民的消费能力，增加了其对农产品的消费需求。

恩格尔系数，即食物支出占总支出的比重。以2007年和2008年的数据为例，2007—2008年的恩格尔系数由23.02%提高到了23.24%，上升了0.22个百分点。2008年日本人均月收入约53.42万日元，与2007年相比增加1.03%；而2008年日本人均月消费支出29.69万日元，与2007年相比减少0.3%，其中家庭人均食品月支出为6.9万日元，较2007年增加了0.7%。在这些食品消费支出

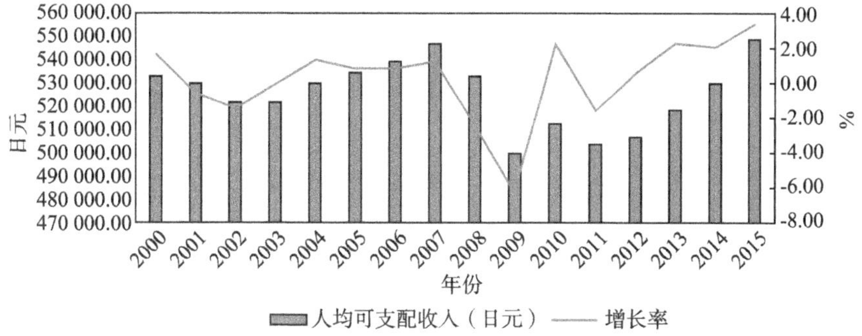

图 4.2　日本 2000—2015 年国民人均可支配收入

中，2008 年的水产品和蔬菜消费比例略有下降，水产品由 10.4% 降为 10%，蔬菜由 12.1% 降为 12%，而肉类的消费比例略有上升，从 9% 升为 9.4%。但从整体来看，生鲜农产品在日本家庭食品消费支出中还是呈现出下降的趋势。

在人均消费量上，如表 4.11 所示，从 2005—2014 年日本的生鲜农产品消费量变化中可以看到，除了蛋类产品的人均消费量变动不大，水果、蔬菜、奶类产品和水产品的人均消费量呈减少的趋势，肉类产品的人均消费量呈逐年增加的趋势。主要原因是与日本居民的饮食结构的调整有关。

表 4.11　日本人均生鲜农产品消费量的变化　（单位：千克）

年份	2005	2007	2008	2009	2010	2013	2014
蔬菜	96.3	94.5	93.6	91.7	88.1	91.7	92.2
水果	43.1	41.2	40.1	39.3	36.6	36.8	36
肉类	28.5	28.2	28.6	28.6	29.1	30.1	30.2
蛋类产品	16.6	17.1	16.8	16.5	16.5	16.8	16.7
奶类产品	91.8	93.3	86.3	84.8	86.4	89	89.6
水产品	34.6	32.0	31.5	30.0	29.4	27.4	26.6

注：蛋类产品主要是指鸡蛋的消费量，数据来源于日本农林水产省网站。

4.2.4 日本农产品流通分析

日本由于其高度的市场化组织程度和标准化、法制化的流通体系而成了世界上生鲜农产品流通强国之一，农产品物流各个环节的技术系统都相对完善并且发达。物流的形式一般以批发市场为核心、单个企业为主导。一方面，农协将分散的农户组织起来，将细化的产量集中起来，是连接生产者和批发商之间的桥梁，提高了农户在农产品物流中的地位和话语权；另一方面，日本政府设立了统一的行政管理体系，使得农产品物流的每个环节都有特定的机构和部门负责相关事务，具体物流流程如图 4.3 所示。为了提高农产品的附加值以及销售的合理性，大批的加工、运输、冷藏等设施与其相应的分支机构在日本政府的大力支持下开始建设起来。

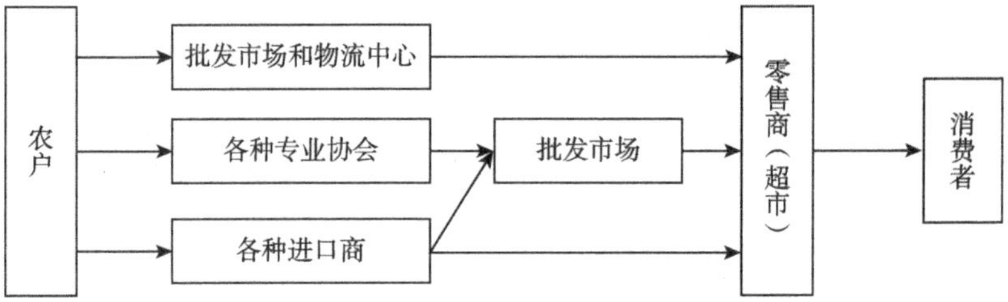

图 4.3 日本农产品物流示意

4.2.4.1 农产品流通要素

（1）农产品流通主体

在流通主体方面，由于日本地少人多，以家庭生产为单位，生产分散，因此日本设立了农业协同组合即农协（以下称农协）。在日本，基本所有的农户都加入了农协。一方面农协提高了农户在农产品流通中的谈判能力，提高了话语权，维护了农户的利益；另一方面，农协作为连接生产商和批发商的桥梁，扩宽了农产品的销售渠道和范围，帮助农户打开了销售市场。日本农民的受教育程度高，具有高中以上文化程度的约占75%，大学生占6%左右，并且农户都是自愿加入农协的，与此同时，农协还会根据自己在获得的市场信息，对农户的经营进行全面、长期的指导，这种方式能够有效弥补农民现代经营理念的落后与管理方面的不足，在一定程度上减少农户的信息不对称以及生产商在经营上的盲目性。

（2）农产品流通载体

在批发市场、零售商、超市等日本的主要农产品流通载体中，批发市场的销售总额占农产品销售总额的80%以上。批发市场主要分为中央、地方和小型三种类型。其中，中央批发市场和地方批发市场分别由中央和地方政府出资建设，政府对批发市场进行监督管理；小型批发市场主要是由农产品协会以及其他相关组织共同投资建设的，并且已经形成了一套相当完整有序的批发市场网络体系。批发市场不仅实现了集散地作用，还提高了农产品流通效率，进一步推动了日本农产品流通业的发展。表4.12为2010年日本中央和地方批发市场的相关经济指标。地方批发市场的数量非常多，虽然交易额相对于中央批发市场来说偏少，但是其涉及的批发商和厂家买卖人的数量非常大，能将众多小的农户和批发商连接起来。

表 4.12　日本 2010 年中央和地方批发市场的相关经济指标

	市场数量（城市数量）	交易额（亿日元）	批发商数量	中间批发商数量	参加买卖人数量
中央批发市场	72（44）	41 444	201	4 188	32 727
水果、蔬菜	58（43）	20 032	82	1 586	15 082
水产品、蔬菜	44（38）	17 597	73	2 405	5 883
肉类、蔬菜	10（10）	2 198	10	78	1 840
鲜花、蔬菜	21（17）	1 346	27	100	9 152
其他	7（5）	271	9	19	770
地方批发市场	1 169	30 295	1 376	2 377	131 678

（3）农产品流通渠道

日本农产品的流通环节较多，导致整体流通渠道很长，相应的成本也就层层叠加，但即便如此，日本的流通效率依然非常高。在日本，农产品大多都是通过批发市场转移到消费者手中，整体的流通模式呈现出中间大、两头小的特点。尽管较多的农产品流通环节会带来流通渠道的延长，但先进的农产品流通技术和科学的管理手段以及政府长期以来的大力支持，使得日本农产品的流通效率非常高。同时，日本政府还致力于对批发市场进行信息化投资改造，这使得日本农产品流通体系的信息化程度非常高并且逐渐实现全国网络化，进一步提高了流通效率。

（4）农产品流通环境

在流通环境方面，日本政府经过长年探索，建立了一套相当完整的农产品流通法律体系来规范农产品物流业的发展，如出台了《批发市场法》《粮食管理法》等来促进农业发展，同时相伴随出台了《物流法》《农产品物流条例》等来规范物流业的健康发展。日本政府对物流业的各个环节都以法律的形式进行了明文规定，强力支撑了日本农产品物流业的发展。与此同时，日本还着力构建在信贷、财政支持方面公平竞争的农产品流通环境，并出台了相应的扶持政策，进一步促进物流从业人员的积极性和解决物流业的融资难问题，提供优良的营商环境。

4.2.4.2　日本农产品流通的发展现状

日本农业的发展离不开流通业的发展，日本农产品流通业的发展则得益于政府的大力扶持，随着日本经济的日益发展，成为世界第三大经济体，其流通业也日益完善。

（1）法律法规与政策方面。日本政府通过长期探索，建立了一套完善的农产品物流法律法规体系，通过该套法律法规体系以立法的形式来促进物流业的不断发展。

（2）物流方面。日本的交通运输业也十分发达，城市大都设立了专门的农产品运输枢纽，如公路、港口、铁路及航空枢纽等。日本乡村公路发展较早，在 2007 年乡村公路密度就已经达到了 $3.16km/km^2$，排行世界第一；日本的铁路运输也十分便捷，许多大型的农产品收购站、仓库和加工厂都建有专门的铁路线来进行农产品运输。

（3）物流技术方面。日本农产品的物流技术长期领先世界，几乎每个环节的技术达到了世界一流水准，并且建立起了以物流专业技术为基础的现代物流体系，如包装技术、存储技术、运输技术等。

（4）农协组织发展方面。在日本，农协是由农户自发联合构成的民众经济组织，几乎所有农户都加入了农协组织，这也使得农协逐渐成为拥有强大经济实力、遍布日本全国的民办官助式经济团体，1947 年，日本国会正式通过了《农业协同组织法》。在提高内部组织化程度、完善批发市场结构、优化价格形成机制等方面，农协起着至关重要的作用。

4.2.4.3 日本农产品流通体制变革

日本政府对农产品流通业一直实行大力扶持政策，视流通业为“国家战略型产业”，对流通体制不断革新。因此，日本的农产品流通在政府大力推动下不断发展和完善，大致上可以分为三个阶段。

（1）成长阶段

这个阶段处于 19 世纪 40 年代到 20 世纪 50 年代之间。在明治维新之前日本还是一个农业国，但随着明治维新之后工业化的开始，日本的工业开始突飞猛进地发展，同时也促进了城市化的发展，早在 1940 年日本的城市化率就达到了惊人的 37.9%。1923 年《中央批发市场法》的颁布标志着日本批发市场步入现代化，开始建立起以批发市场为主体的农产品流通体系。日本的农民合作社从明治时期起就已经自发形成并得到了快速发展，1947 年出台的《农业合作社法》以法律形式确定了农协的地位，几乎所有的农户都自愿加入了农协。农协是农户参与流通过程的代表，提高了农户在农产品流通中的话语权，可以将生产集中化，有效缓解了日本小生产与大流通之间的矛盾。

（2）成熟阶段

这个阶段处于 20 世纪 60 年代到 70 年代之间，“二战”后日本不仅完成了经济复苏还超过了一众工业化国家，一跃成为世界第二大经济体。在日本政府的统筹领导下，日本仅用了短短三十年的时间就完成了农业现代化。其特色有以下几个方面：第一，多元化的农产品流通方式，当时的日本已经形成了农协集配流通、早市流通、消协组合流通和直销所流通四种流通方式并存的格局；第二，大型连锁超市的出现推动了日本农产品批发市场的转型升级，批发市场开始迎来现代化改造；第三，随着互联网络技术的发展，全国性的现代农产品线上物流网逐渐形成。

（3）提升阶段

这个阶段是从 20 世纪 70 年代一直到现在。在这个阶段的初期，世界各国正在面临着石油能源危机，全球经济增速都有所减缓，但日本的低能耗产品却因此迎来了重大商机。日本以国际贸易带动国内的经济发展，并开始对农产品流通业进行改革。主要表现在：第一，对传统的流通经营方式进行现代信息化改造，POS 机、EDI 电子数据交换得到了广泛应用；第二，直销的农产品比重在不断提高；第三，农协与现代农产品流通服务业更加紧密地结合；第四，政府推动大型农产品批发市场的发展并巩固其主导地位。

4.2.4.4　日本农产品流通模式的演变

虽然农产品流通的市场竞争体制一直存在，但始终受到日本政府在政治、经济以及法律方面的干预。因此，我们从日本农产品流通制度演变的角度来进一步分析其流通进程。

（1）20 世纪 50 年代，以保护型农产品价格流通制度为主

第二次世界大战刚刚结束的时候，日本出现了粮食短缺的问题，大米开始供不应求。因此，日本政府对农产品实行了“低价收购、

分配消费”的政策，1961 年后开始推出了“生产成本 + 收入补偿”政策。

（2）20 世纪 60 年代后半期至今逐渐转向市场型农产品价格流通制度

此时日本的农业生产能力开始逐渐恢复，政府也开始不断扩大市场机制在农产品流通中的效应，但并未完全放开市场，仍会对其有一定的限制和要求。

4.2.4.5 日本农产品流通渠道模式

日本生鲜农产品流通主要是有两种模式：一种是以中央批发市场为核心的渠道模式；另一种是“地产地销”渠道模式。在这两种模式中都存在——农协。农协的存在提高了农业生产者在农业产业链中的话语权，解决了生产者与销售商在市场地位上的不对等和信息不对称的现象。随着多年来农协不断的规范和自我完善，它在农产品流通中的作用也更加重要。

（1）以批发市场为核心的农产品流通渠道

日本的农产品批发市场是指以水果、蔬菜等生鲜农产品为批发对象，并设有批发场所、停车场等配套设施的市场。“保护生产者和消费者利益”是日本政府在建设农产品批发市场过程中始终秉持的思想。

①批发市场的分类

根据日本《批发市场法》的规定，日本的农产品批发市场可以分为三种。第一种是中央批发市场。主要开设在人口数量超过 20 万人的都道府县级（相当于我国的省级）城市，中央批发市场的开设者和批发商都需要获得农林水产大臣的官方授权，而中间商、相关从业者以及参加买卖的双方只要得到市场开设者的许可即可。第二种是地方批发市场，这是对中央批发市场的必要补充，按照规定此类批发市场的面积（以销售瓜果蔬菜来进行计算）必须在 330 平方米以上。地方批发市场的主要开设者一般为地方公共团体、农民协会等，开设者与批发商经营资格都须经都道府县知事认可；第三种是小型批发市场，这类市场规模较小，达不到法定规模标准，多数是由小公司或个人开设经营的。

②批发市场的特点

经过近一个世纪的发展，日本形成了独具特色的农产品批发市场体系，其特征主要有以下几个。第一，完备的市场体系。日本农产品批发市场的体系非常完善，不仅有流通于全国的中央和地方批发市场，还有很多小型批发市场予以补充。第二，较高的组织化程度。日本许多大型的农产品批发市场都是由政府投资而成的。日本的历史经验表明，仅靠分散的民间贸易渠道难以保证稳定的农产品供应。规模经济使得私人难以建立起大型农产品批发市场，而政府正好可以由此发挥作用，并且能利用政府监督机构（卫生、质量检查）来维护市场的信誉。第三，高效运行的竞争机制。在日本农产品批发市场，商家一般采用拍卖、预售、样品交易等竞争方式，这些方式都有助于形成一个相对公平合理的价格。其中最主要的就是拍卖制，它由市场管理人员主办，中间批发商以及买卖双方进行竞价，最后出价最高者拍卖成功。第四，严格的市场准入制度。该制度对批发市场的参与者有极为严格的要求，尤其是对交易主体，如生产者、批发商和零售商等，它们在进入市场交易之前都必须通过资格审查并获得地方政府的批准。为了保证适度的竞争，几乎所有批发市场的批发商数量都被限制在2~6家。第五，现代化的交易方式。在日本，一般都是通过采用现代化的电子信息设施来进行拍卖交易，它能快速、准确地处理交易金额的结算事务，然后买卖双方再把贷款结算业务委托给第三方。第六，有效的食品安全保障措施。首先是建立了农产品原产地追溯体系，开始实行包装分级策略；其次是不断推行农产品的质量认证，采用快速检测与化学分析检测相结合的一系列方法保障食品安全，树立起优质的农产品信誉和品牌；最后是加强生产管理，保证管理部门的职责明确、制度健全。第七，完善的信息服务体系。为了让社会各界及时准确地理解和把握市场信息、确保生产经营者可以根据市场供求和价格等要素调整经营策略，使政府有关部门通过供求关系变化等特征及时调整政策方向，农产品批发市场的开设者必须能每天及时地公布市场相关信息。第八，政府对建设的大力支持。1968年日本农林渔业金融金库建立了现代化批发市场的融资制度，对中央及地方批发市场的发展、市场设施的修建和完善给予了长期低息的贷款扶持。

③批发市场的主要功能

第一，组织集散商品的功能。一是从全国范围内聚集各类安全、新鲜的食用农产品，确保供应充足；二是准确把握农产品生产以及零售商订单方面的信息，在调整需求的同时运用价格竞争手段来引导原产地生产；三是充分利用市场的物流功能，通过商品的快速配送为消费者提供新鲜的农产品。第二，价格形成的功能。在公平交易的基础上及时发布市场的交易量和交易价格，根据市场供求情况形成高透明度的价格，从而维持市场整体的价格稳定。第三，交易结算的功能。通过快速、准确的资金结算功能来提高市场的可信度。第四，集中和发布信息的功能。通过汇总并发布农牧业生产以及相关零售渠道的各类信息，计算并公布农牧产品的附加值来加速推进农产品流通的现代化进程。

④批发市场发展现状

日本生鲜农产品，如蔬菜水果、水产品等。主要是通过批发市场来进行交易。批发市场是日本农产品流通的主渠道，大多数情况以拍卖的形式进行交易。日本的批发市场通常都是由政府统一建立的，如东京大田的农产品批发市场的果蔬交易额占东京中央批发市场的四成以上，占日本中央批发市场的份额也有一成多。日本农产品批发市场的综合性和全能性能在一定程度上缓解小生产和大市场之间的矛盾，提升农产品在批发市场中的流通率。同时，日本政府也将批发市场作为地方政府的公益事业来经营，全年至少需要营业 275 天。图 4. 4 和图 4. 5 分别为日本中央批发市场和地方批发市场及批发商的数量变化图。从图中可以看到，中央批发市场和批发商、地方批发市场和批发商的数量都是不断减少的，特别是地方批发商的数量减少了 33. 5%，地方批发市场减少了 32%。日本农林水产省的统计报告显示，减少的批发市场大多是由民营企业开设、规模较小的市场。由此也可以看出，批发市场正在进行着结构性调整，从而进一步提高批发市场的效率和资源的利用率。

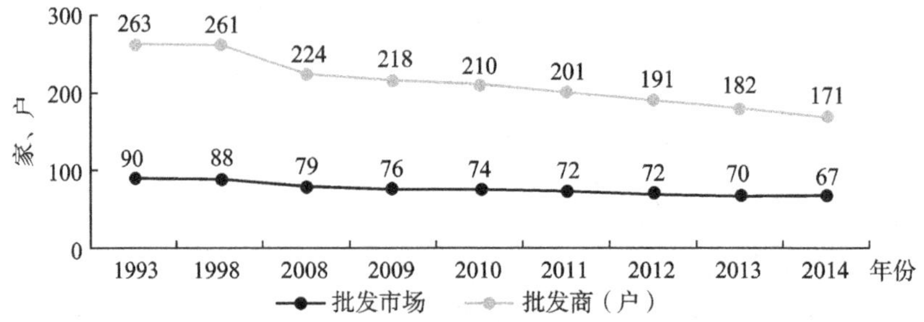

图 4.4　中央批发市场和批发商数量变化

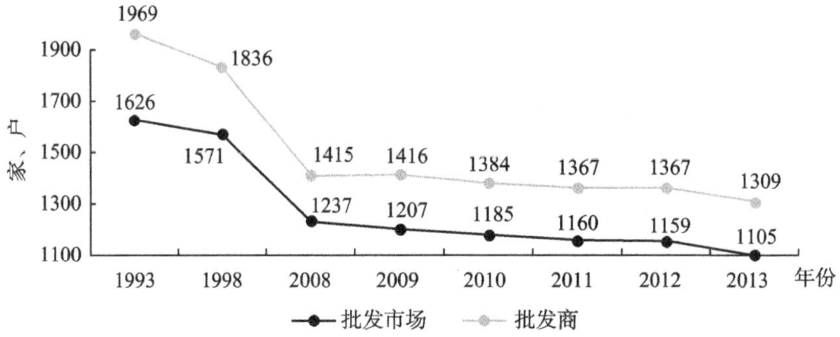

图 4.5　地方批发市场和批发商数量变化

图 4.6 所示为日本批发市场果蔬类产品交易量变化图，从图中可以看出 1988—2012 年批发市场的交易量出现明显下滑现象，如果蔬类农产品，交易量从 1988 年的 1 956 万吨减少到 2012 年的 1 340 万吨，缩水了约 31.50%。其中蔬菜交易量从 1 289 万吨减少到 985 万吨，下滑了 23.6%，而水果交易量从 667 万吨骤减到 355 万吨，下滑了 46.8%，由此可见，批发市场的流通规模呈现出不断缩小的趋势。原因可能是，虽然批发市场的流通效率非常高，但是批发市场的存在无疑增加了流通的环节和成本，因此随着经济的不断发展，以批发市场为核心的农产品流通体系也将不断优化。

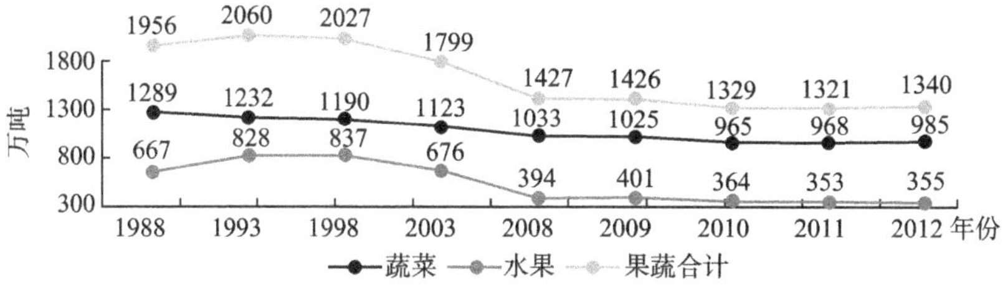

图 4.6　批发市场果蔬类产品成交量

图 4.7 所示为日本批发市场的经由率，批发市场经由率指的是批发市场的流通量在农产品流通总量中所占的比率，其计算公式为批发市场经由率 =（批发市场流通量/农产品流通总量）×100%。从图 4.7 可以看出，在 20 世纪末，批发市场承担了农产品流通的主要任务，但是之后批发市场的经由率开始逐年下降。

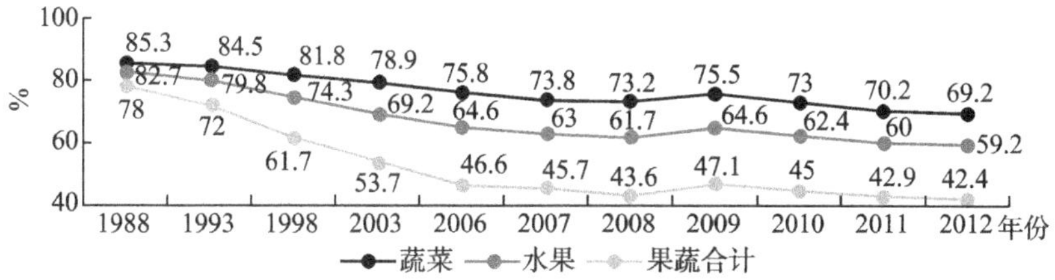

图 4.7　批发市场经由率

（2）“地产地销”渠道模式

①“地产地销”流通模式发展背景

日本政府在 1981 年出台了《地域内农业副业生产水平提高的对策指南》，该指南首次提出了农产品“地产地销”模式，进一步提高了农民的生产积极性和农产品的高效流通，促进了农业经济的稳定发展。21 世纪以来，随着日本经济的不断发展，技术的不断进步，日本政府对农产品的流通体系进行了更深层次的优化，从促进农产品多样性转向提高农产品附加值。而消费者也更追求绿色食品和健康饮食，倡导减少化肥使用量，提高农产品的新鲜程度。再加上日本国内的食品安全丑闻频繁被曝出，进一步刺激了消费者追求农产品“从农场到餐桌”消费模式的偏好，不仅能减少由运输时间带来的质量下降风险，还能有效控制长途运输带来的高成本，“地产地销”的流通模式开始得到人们的普遍认可和接受。因此，在2013年年底日本已经在全国范围内完成了“地产地销”流通体系的前期准备工作，各级地方政府纷纷出台相应的政策法规来引导该体系的健康运行及发展。此外，政府还鼓励消费者购买当地农产品，这样不仅能降低运输成本和能源消耗，还能进一步优化农业生产结构，从多方面提升当地农民的经济效益。2014年日本农林水产省正式宣布了农产品“地产地销”流通体系在全国范围内已经基本建成，并给出了该体系的官方定义：根据地域内消费者的需求进行农业生产，并将生产的农产品在当地进行消费，从而使生产者和消费者能够直接联系在一起的流通组织形式。

②直销所模式

日本农产品“地产地销”的流通体系中存在着多种组织形式，而占据主导地位的就是“直销所”模式。“直销所”的构成相对比较简单，只有“生产者—直销所—消费者”三个环节。直销所的作用是先把生产者聚集在一起，然后让消费者直接到直销所内进行面对面的农产品现货交易。另外，直销所的开办权和选址权等均归地方政府所有。

直销所在促进农产品本地销售、维持“地产地销”流通体系正常运行等方面发挥着至关重要的作用。值得一提的是，直销所采用的会员制经营模式，生产者只有成为直销所的会员才能获得直销所内的交易席位。根据日本政府的相关规定，为了确保直销所的会员具备交易资格，相关人员必须获得专业机构的入市许可方可授予会员证书，并且为了保证参与交易的农产品质量过关，相关农产品也必须要通过检测部门的食品安全质量测试。整个交易的过程都采用面对面的方式，既能提升交易效率还能节约交易成本。

“直销所”模式有许多优势。①运营主体多元化。目前日本直销所的销售主体主要是生产者和生产者联盟，政府相关部门也发挥各自职能来做好农产品的质量监督和直销所交易的秩序维护。②组织形式多样化。有些地区采用的是早市的形式，即每天早上要在固定位置上进行农产品交易；有些地区采用的则是消费者合作社的形式，这需要建立起专业的贸易市场来进行交易；还有一些是在超市或商场设立直营专柜。这些形式的共同之处在于它们都可以将供求双方进行集中，从而对交易进行有效管理。③种类繁多的交易产品。无论是果蔬还是大宗粮食商品，只要是本地生产的农产品都可以在直销所中进行交易，还有一些大型直销所会根据交易产品的类别进行专业区域划分。④经营产品当地化。随着农产品“地产地销”流通体系的不断完善，参与直销所交易的几乎都是本地农产品。从图4.8可以看出，2003—2013年，日本国内的本地农产品交易量在直销所总交易量中的比重不断提升。

③直销市场的主要特点

第一，投资以公司合资为主：日本目前有近3000家的地产直销市场，大多数都实行公私合营（政府补助实质也是公私合营）或者农协投资，如要建立一个直销市场就要先成立一个株式会社，株式

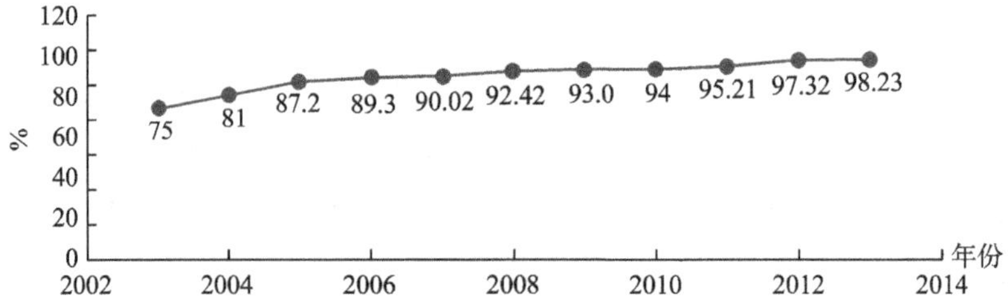

图 4.8　日本直销所本地产品比重平均值变动情况

会社的启动资金需要市里出资 2/3，再由当地农户以入股的形式筹集剩下的 1/3。

第二，运营模式以委托销售为主：绝大多数产品都是以委托的方式进行销售。操作流程非常简单，销售农户只要在“销售运营协议会”登记后就可以向所属市场发货了，但这只限于拥有该市居住证或者拥有室内加工厂的销售者。所有商品都严格遵守“地产商品”的销售原则，会员可以用自己的登记号码制成条形码标签贴在商品上，既让消费者放心也能展现出自身的信誉和责任。

第三，交易规则以自主定价为主：价格一般由发货者制定。当期的定价方式比批发市场价格高出一成左右，但在实际操作中基本上都是由市场经理通过“建议”的方式来代其定价。批发市场的价格会依据商品质量来进行定价，如白菜，贵的要 140 日元，便宜的只要 40 日元。由于在流通过程不消耗、无成本以及手续费又非常低，因此产品价格一般只是简单地叠加生产成本和利润，而经理也会站在买方的立场上将超市的价格定得比其略低二成到三成。即便如此，对农户来说也比卖给农协、超市或者批发商价格更高了。自主定价的同时还要上交委托手续费，费率一般为 13% 左右。另外，每生成一张条形码会自动收取 1 日元的费用，这与全国同类销售市场所平均 15% 的手续费相比还是较低的。

第四，消费群体以“1 小时车程”圈内客人的消费为主，如伊豆大仁真情直销市场位于县道附近，这条县道是伊豆中部到东海岸的主要道路，每天大约有 8 000 次的交通量，占地高达 2 700 平方米，场内面积也有 230 平方米，停车场可以放置约 70 辆车，还可以停放 3 辆大型车。虽然附近有很多大型超市，但顾客还是非常愿意到这样的直销市场买菜。数据显示，“1 小时车程”范围内的客人占总客流量的九成以上，其中主要是回头客，小部分是观光客。市场统计，在伊豆大仁真情直销市场每月平均接待客人 10 500 人次，每月销售产品 62 300 件，每位客人平均消费 1 300 日元，大概是 6 件商品的价值。

第五，直销产品须为当地生产的农产品和加工产品，如伊豆大仁真情直销市场看似规模不大但年销售额折算成人民币能达到 2 000 多万元，市场上除萝卜、西瓜、玉米等特产，甜瓜、菠菜、番茄以及一些时令商品如笋、蕨菜、无花果、香菇、板栗等都深受顾客欢迎。还有本地生产的“爱知之香”大米，不仅质量好而且价格优惠，平均每天可以销售 200 千克左右。不仅如此，镇上妇女协会制作的手工艺品，加工作坊制作的豆腐、面包、饼干、火腿、冰激凌等都会在市场上进行销售，值得一提的是，这些产品均为当地农民生产和制作。

4.2.4.6　日本农产品流通的特点

（1）农产品流通环节多、流通效率高

在日本，只有极少数的批发商可以直接从产地进行农产品采购，大多数想要完成交易还是需要通过多层级的批发市场，这无疑增加了交易双方的流通成本。虽然当前日本已经开启了农产品的直销模式，但主要形式还是多层次流通模式，这归功于日本先进的物流技术和科学的管理手段。

（2）组织化程度高，农协作用突出

日本“海岛模式”的主要特点就是地少人多，生产者以农户家庭为主并且分布较为分散。这种小而分散的生产规模使得农户单独进入市场的风险极大且交易成本高，因此，如何提高农产品流通的组织化程度、有效降低生产者的市场风险和交易成本成了农业发展面临的重大问题。在日本，农协是领导和管理农民进入流通领域的重要组织，全国有大约 97% 的农户都加入了农协，市场上流通的农产品有 90% 都是由农协进行销售，并且农协还负责采购农业生产资料，占比也达到了 80% 以上。日本农协是由政府依法设立的、具有非完全营利性的农民合作组织，不仅可以帮助农民生产、加工和销售农产品，还会为其提供技术支持和信贷服务等业务。农民协会通常组织农民进行联合购销，使得农民可以在原材料市场上获得更便宜的生产资料，并且在销售市场得到更合理、更有利的交易价格，从而维护农民利益。除此之外，农协还与各种交易市场进行合作，建立自己的加工、挑选、包装、冷藏运输机构甚至是一些批发市场、超市等，然后通过建立起来的信息网络和机构来组织农户统一购销，将农民的收益达到最大化。

（3）便捷的物流基础设施，先进的物流技术

日本发达的物流产业与其便利的基础设施是分不开的，日本对物流业在公路、港口、交通枢纽方面的基础设施进行了科学规划，

不仅大力发展高速公路，在全国各地兴建铁路，就连航空运输设施也建设得相当完善，还拥有世界第一密度的乡村公路。日本目前已经建立起了一个以储运、包装技术为支撑的现代化物流体系，不仅能减少农产品在储运过程中的损耗，还提高了产品的附加值。此外，日本的冷链物流技术也极为先进，有效提升了农产品的运输速度，从而降低了物流成本。

（4）信息化程度高，促进商物分离

农产品流通信息化受到了越来越多国家的重视，日本也不例外，如何提高生鲜农产品在流通过程中的信息化程度成为日本思考的一个重要问题。首先就是在拍卖交易中引进现代化的电子设备，在处理货款结算时既迅速又准确；其次就是非常重视农业的信息化建设；最后，日本批发市场的网络已经遍布全国甚至是全球，这种线上交易十分方便，因此吸引了来自全世界的买卖主体。

（5）拍卖交易为主要交易方式

拍卖是日本农产品市场交易最常见的一种形式，大多数生鲜农产品都是以这种方式进行出售的。市场的管理人员用电子显示板公布产品的产地、品种、质量、数量以及价格，然后由批发商和参与买卖的双方进行激烈的竞拍，出价最高者胜出。这种激烈的竞争会使得一批优秀的批发商脱颖而出，成为批发株式会社，但也会淘汰一大批能力一般的企业。虽然日本农业发展水平非常高，但受限于人多地少的国情，农业生产始终只能建立在小规模经营的基础上，这就导致了日本农业生产小规模与大流通之间矛盾的出现。可也就是在这种矛盾的背景下，日本农产品市场朝着拍卖市场的方向上走出了一条高效发展之路。

（6）完善的分级包装、质量检测制度

日本对于产品的质量和包装问题非常重视，为了应对广泛的市场需求，他们会依据农产品类型和质量的不同来进行分级处理，处置率达到100%。完成分级后再分别对其包装并直接推入市场，这也使得处在相同层级的农产品价格相对统一并且包装十分精良，各级农产品的包装上还会附带相应的标签说明如产地、类别等，为消费者带来了极大的便利。此外，日本的批发市场还推出了一种独特的管制措施——出口管制，即凡是不符合标准的农产品禁止进入消费市场。数据显示，在出口管制的限制下，农产品的质量和包装问题得到了有效解决。

（7）政府扶持力度大

日本政府对生鲜农产品流通的信贷政策、财政政策、农协立法、反垄断立法等方面支持力度很大，制定了各种一系列政策加以指导并监督，如《批发市场法》《蔬菜生产销售安定法》等，保障了生鲜农产品的流通规范。此外，政府还建立了综合性极强的农业管理体系，通过将生鲜农产品流通的相关部门集中管理、统一调配，形成一个跨部门的机构来解决各部门之间的问题。日本农业行政管理体制的健全以及机构配置的合理为生鲜农产品流通的发展提供了强力保障。这种管理体制非常符合市场经济条件下农产品生产和流通一元化的运行原理，遵循农产品商品化生产经营的市场规律，不仅能避免政出多门现象发生，还可以降低行政管理成本从而提高整体的行政效率。

4.3　本章小结

本章在第三章的基础上着重分析了美国和日本农产品流通的经验，其中包括美国农产品流通模式、流通体系的特征以及流通技术创新与开发，还有日本农产品的生产、消费和流通的具体情况等。研究国外发达国家农产品流通方面的经验能够为提高京津冀农产品流通体系的运行效率提供决策参考。

发达国家流通经验为京津冀农产品流通带来的启示：第一，要符合市场经济理论和市场演变的历史规律；第二，要适应京津冀农业生产经营和工业化发展的要求；第三，互联网与现代信息技术的发展为流通模式提供了技术支持。

第5章　京津冀农产品流通效率评价

本章对京津冀农产品流通效率进行实证考察。目前分析效率的方法较多，其中最常用的方法是基于投入—产出关系，测度农产品流通的技术效率或者综合效率，即衡量一个经营主体在一定要素投入下的实际产出与最大产出的差距，距离越大，则技术效率越低，距离越小，则技术效率越高。通过计算京津冀农产品流通市场中经营主体的技术效率的大小，能够较好反映京津冀地区的农产品的流通效率。对于技术效率的测算方法，目前学术界最常使用的方法为数据包络分析（Data Envelopment Analysis，DEA）与随机前沿分析（Stochastic Frontier Analysis，SFA）。数据包络分析能同时处理不同决策单元的多个投入产出项，其以线性规划方法求出决策单元的效率值介于0到1之间，不需要事先知道投入与产出之间的函数形式，从而避免了设定生产函数的误差。同时在处理比率与非比率的关系时，也能够给予决策单元最佳的加权值，进而帮助决策者找到改善效率值的方法。因此，本书使用DEA方法测度京津冀农产品流通主体的技术效率。

5.1　京津冀农产品流通体系运行效率整体评价

5.1.1　模型选择

前面已经分析过，常用的效率评价方法大致可以分为两种：一种是参数方法如 SFA，即采用先验的生产函数对参数进行估计，再通过把生产函数中的误差项分为随机误差和无效率两部分确定效率；另一种是非参数方法如 DEA，即通过投入产出数据生成生产前沿，再依据决策单元与生产前沿的距离确定该决策单元的效率。DEA 方法不需要知道具体的函数形式，可以进行多投入多产出分析，权重由模型依据最优原则计算得出，并不是人为主观决定，不受计量单位影响，所以本书采用以 DEA 方法为基础的 Malmqusit 指数分析法对京津冀农产品流通体系效率进行动态的评价研究，并对京津冀农产品流通效率进行对比分析。

根据 Fare 等人（1994）的相关研究，[1] 利用距离函数定义 Malmqusit 指数的公式为：

$$M(x^{t+1},y^{t+1},x^{t},y^{t})=\left[\frac{D^{t+1}(x^{t},y^{t})}{D^{t+1}(x^{t+1},y^{t+1})}\frac{D^{t}(x^{t},y^{t})}{D^{t}(x^{t+1},y^{t+1})}\right]^{\frac{1}{2}} \quad (5.1)$$

其中，$D^{t}(x^{t},y^{t})$、$D^{t}(x^{t+1},y^{t+1})$ 以第 t 期的技术为参考技术，

[1] Fare R, Grosskopf S, Norris M, et al. Productivity Growth, Technical Progress, and Efficiency Change in Industrialized Countries [J]. American Economic Review, 1994, 84 (1): 66 – 83.

$D^{t+1}(x^t, y^t)$、$D^{t+1}(x^{t+1}, y^{t+1})$ 以第 $t+1$ 期的技术为参考技术，以上都是 t 期和 $t+1$ 期决策单元的距离函数。如果 M 值大于 1，说明决策单元效率提高；M 值等于 1，则说明决策单元效率不变；M 值小于 1，则说明决策单元效率下降。

Fare 等人（1994）[1] 在固定规模报酬假设下，将 Malmquist 指数分解为技术效率变化（EC）和技术变化（TC），并指出在可变规模报酬假设下，技术效率变化（EC）可进一步分解为纯技术效率变化（PEC）和规模效率变化（SEC），即把上式公式可分解为如下公式：

$$M(\mathrm{x}^{t+1}, y^{t+1}, x^t, y^t) = \frac{D^t(x^t, y^t)}{D^{t+1}(X^{t+1}, y^{t+1})}\left(\frac{D^{t+1}(x^{t+1}, y^{t+1})}{D^t(x^{t+1}, y^{t+1})}\frac{D^{t+1}(x^t, y^t)}{D^t(x^t, y^t)}\right)^{\frac{1}{2}} \tag{5.2}$$

即为：$M(\mathrm{x}^{t+1}, y^{t+1}, x^t, y^t) = EC \times TC = PEC \times SEC \times TC$

$$\left(EC = \frac{D^t(x^t, y^t)}{D^{t+1}(X^{t+1}, y^{t+1})}, TC = \left(\frac{D^{t+1}(x^{t+1}, y^{t+1})}{D^t(x^{t+1}, y^{t+1})}\frac{D^{t+1}(x^t, y^t)}{D^t(x^t, y^t)}\right)^{\frac{1}{2}}\right)$$

其中，TC 表示由于技术创新等因素造成的前后期前沿面的移动，如果该值大于 1，说明技术进步，反之说明技术衰退；EC 表示相对技术效率变动，如果该值大于 1，说明相对综合效率提高，反之说明下降；PEC 表示在可变规模报酬下的技术效率变化，如果该值大于 1，说明纯技术有效率，反之则说明纯技术无效率；SEC 表示规模经济对效率的影响，如果该值大于 1，说明规模优化，反之则说明规模恶化。

---

[1] Fare R, Grosskopf S, Norris M, et al. Productivity Growth, Technical Progress, and Efficiency Change in Industrialized Countries [J]. American Economic Review, 1994.

5.1.2 指标选择与数据来源

本书的指标选择主要依据柯布—道格拉斯生产函数，资本、劳动力和技术是影响产出最主要的因素，但技术在现实中很难测算，因此在选择时，剔除技术因素，并借鉴戴欧阳（2015）[1] 等相关学者的研究成果，结合对农产品流通体系的要素分析，同时也考虑到数据的可得性和科学性。

投入指标主要从资本和劳动力两个方面进行选取。资本投入指标选取流通业中交通运输邮电业和批发零售业行业的全社会固定资产投资总额乘最终消费率，再乘居民消费占最终消费的比重，最后乘恩格尔系数来近似替代；劳动力投入指标选取农产品流通人力资本投入指标，用批发零售、交通运输仓储和邮政业从业总人数乘最终消费率，再乘居民消费占最终消费的比重，最后乘恩格尔系数，估算出流通业从业人员中与居民最终农产品消费匹配的部分，近似测算出农产品流通从业人员数量。

产出指标有二：一是农产品流通总量，用各地区农村居民平均出售的主要农产品，包括粮、油、蔬菜和水果，乘各地区农村人口总数来表示；二是农产品流通总产值，用流通业中交通运输邮电业和批发零售业行业的总产值乘最终消费率，再乘居民消费占最终消费的比重，最后乘恩格尔系数来近似替代。

---

[1] 戴欧阳．山西省农产品流通体系效率及其影响因素研究［D］．山西：太原科技大学，2015.

本书选取的是2006—2016年京津冀和河北省11个地市的面板数据，对相关数据进行分析研究。其中存在的缺失数据用三年的移动平均值进行计算得出。数据来源为《中国统计年鉴2007—2017》《北京统计年鉴2007—2017》《天津统计年鉴2007—2017》和《河北经济年鉴2007—2017》。

5.1.3 实证分析

5.1.3.1 京津冀农产品流通全要素生产率及分解指数分析

运用DEA方法进行运算，得出京津冀2006—2018年时间趋势上的农产品流通全要素生产率及其分解指标情况，如表5.1所示。

表5.1 京津冀农产品流通全要素生产率变动（2006—2018）

年份	全要素生产率	技术变化	技术效率变化	纯技术效率变化	规模效率变化
2006—2007	0.906	0.909	0.997	1.000	0.997
2007—2008	1.102	1.098	1.003	1.000	1.003
2008—2009	0.859	0.928	0.925	1.000	0.925
2009—2010	1.053	1.028	1.025	1.000	1.025
2010—2011	1.102	1.088	1.013	1.000	1.013
2011—2012	0.927	0.932	0.994	1.000	0.994
2012—2013	0.962	0.994	0.968	1.000	0.968
2013—2014	1.247	1.401	0.89	1.000	0.890
2014—2015	0.916	0.941	0.973	0.803	1.212
2015—2016	1.003	0.99	1.012	1.080	0.938
2016—2017	0.909	0.946	0.961	0.918	1.047
2017—2018	0.889	0.818	1.087	1.257	0.864
平均值	0.984	0.997	0.986	1.000	0.986

从表 5.1 可以看出，从全要素生产率整体来看，京津冀 2006—2018 年农产品流通全要素生产率的均值达到 0.984，表明京津冀农产品流通整体效率在此期间呈现下降趋势，降低了 1.6%。

从全要素生产率分解来看，2006—2018 年京津冀农产品流通技术变化均值、技术效率变化均值为 0.997 和 0.986，表明技术变化和技术效率变化在研究期间分别下降了 0.3% 和 1.4%。说明 2006—2018 年，京津冀农产品流通中技术创新能力不足、对现有技术缺乏有效利用和管理水平低下共同抑制了京津冀农产品流通效率的提高。从技术效率变化分解来看，2006—2018 年京津冀农产品流通纯技术效率变化、规模效率变化均值分别为 1.000 和 0.986，说明缺乏规模效应是抑制京津冀农产品流通效率提升的原因。

图 5.1 为京津冀农产品流通全要素生产率及分解指数折线图，能更直观地看出京津冀农产品流通各个效率指标变动趋势。2006—2018 年京津冀农产品流通效率一直处于波动中。从变化趋势看，全要素生产率和技术变化趋势大致相当，说明京津冀农产品流通效率对技术进步更为敏感；从变动幅度来看，京津冀农产品流通全要素生产率和技术变化的变动幅度较大，技术效率变动幅度较小。这主要是由于技术创新可以通过引进农产品流通先进技术，在短时间内

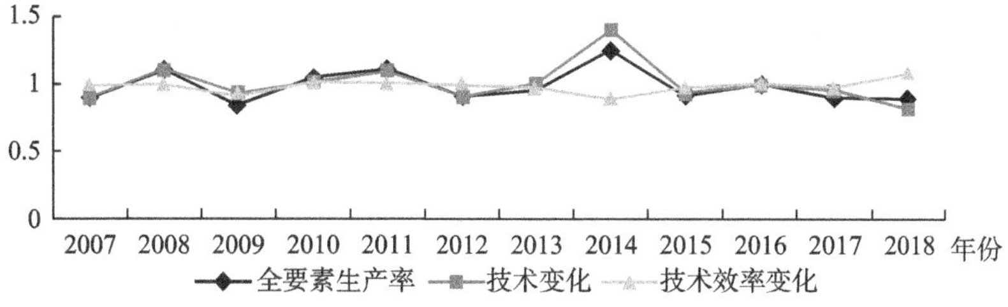

图 5.1　京津冀农产品流通全要素生产率及其分解指数

促进农产品流通技术快速发展，但是对农产品流通技术的应用则有一定的周期性，其应用成效需要一定时间才能显现。

表5.2为京津冀2006—2018年农产品流通全要素生产率均值及其分解情况。

表5.2　京津冀各地区农产品流通全要素生产率均值及其分解（2006—2018年）

地区	全要素生产率	技术变化	技术效率变化	纯技术效率变化	规模效率变化
北京	1.037	1.037	1.000	1.000	1.000
天津	0.972	1.013	0.959	1.000	0.959
河北	0.944	0.944	1.000	1.000	1.000

从表5.2可以看出，京津冀农产品流通全要素生产率北京最高，天津其次，河北最低，分别为1.037、0.972和0.944，表明2006—2018年京津冀农产品流通效率中，北京提高了3.7%，天津和河北分别下降了2.8%和5.6%。这说明北京对京津冀农产品流通运行效率提高起到拉动作用，对天津和河北起到抑制作用。这主要是因为北京具有强大的经济基础，技术创新能力较强，农产品市场专业化发展规模大，流通基础设施完善，运输成本低等优势，使得北京地区的农产品流通效率高于天津和河北地区。

从北京来看，北京农产品流通效率在研究期间稍有提升，提高了3.7%。分解全要素生产率，其中技术变化、技术效率变化分别为1.037和1.000，表明技术效率弱有效，技术变化是效率提高的重要原因。说明技术创新有助于提高北京农产品流通运行效率，同时，也要加强对现有技术的有效利用，提高运营管理水平。

从天津来看，天津农产品流通效率在研究期间稍有下降，下降了2.8%。分解全要素生产率，其中技术变化、技术效率变化分别为1.013和0.959，表明技术变化对效率提高起到积极影响，技术效率变化起到消极影响，且技术变化对效率的拉动作用小于技术效率变化的抑制作用。说明技术创新有利于天津农产品流通效率提高，对现有技术缺乏利用和管理水平低下是抑制农产品流通效率的原因，天津更加需要加大举措提高对现有技术的有效利用程度和运营管理能力。更进一步对技术效率变化进行分解可以看出，天津2006—2018年纯技术效率变化和规模效率变化分别为1.000、0.959，表明除规模效率的影响外，对现有技术的应用是有效的。说明缺乏规模效应是影响天津农产品流通效率的原因。

从河北来看，河北农产品的流通效率在2006—2018年下降了5.6%。河北省农产品流通效率的下降是导致京津冀整体农产品效率下降的原因。分解全要素生产率，技术变化和技术效率变化分别为0.944和1.000，表明技术效率弱有效，技术变化是导致河北农产品流通效率低下的重要因素。说明河北省对农产品流通技术能够有效利用，但是利用程度还没有对整体效率的提升起到显著拉动作用，技术创新能力不足严重影响了河北省农产品流通效率。整体上，河北省农产品流通效率较低是因为技术创新能力不足，进而影响了京津冀农产品流通运行效率。

5.1.3.2　京津冀农产品流通效率各指数收敛性分析

程书强（2017）[1]认为在区域农产品流通效率存在差异的情况

[1] 程书强，刘亚楠，许华．西部地区农产品流通效率及影响因素研究［J］．西安财经学院学报，2017，30（3）：88－94.

下，进一步研究区域农产品流通效率差异的变化趋势对于促进区域整体农产品流通效率的提高具有重要意义。京津冀各地区农产品流通效率存在差异，所以分析各省市农产品流通的全要素生产率、技术变化和技术效率变化指数的收敛性，作为分析京津冀农产品流通效率区域差异变化趋势的依据。建立如下模型：

$$\ln \frac{X_{it}}{X_{it-1}} = \alpha + \beta \ln X_{it-1} + \mu_t$$

其中，X_{it}表示t时期第i个省市的农产品流通全要素生产率、技术变化或者技术效率变化；β是收敛系数，当$\beta<0$时，说明区域农产品流通效率收敛，即区域农产品流通效率的差距不断缩小。本书根据京津冀2006—2018年的数据，经过Hausman检验用固定效应模型分析全要素生产率、技术变化和技术效率的收敛性，得到如表5.3所示的结果。

表5.3 京津冀农产品流通全要素生产率及分解指数收敛性结果

指标	α	β	R^2	T统计量
全要素生产率	-0.012	-1.415***	69.65	-8.16
技术变化	0.011	-1.294***	62.73	-6.99
技术效率	-0.181	-1.142***	45.95	-4.97

注：*、**、***分别表示10%、5%和1%的置信水平。

从表5.3结果分析，京津冀农产品流通效率各指标收敛系数β都小于0，且都在-1%的水平上，说明京津冀农产品效率区域差异不断减小。首先是全要素生产率的收敛系数绝对值最大，说明京津冀农产品流通效率较高地区拉动较低地区效率提高；其次是技术变化，说明京津冀农产品流通区域间技术外溢性较强，流通技术扩散促进农产品流通效率提高；最后是技术效率，说明农产品流通技术的应用、经营管理能力和资源配置能力有待进一步加强。

5.2　流通主体——果蔬类批发商的技术效率测度

我国的农产品流通从生产者到最终消费者都要经过生产、收购、加工、批发、零售等几个环节或所有环节，在农产品流通的每个环节，农产品的交易都是以市场或企业为载体。农产品批发市场作为我国农产品流通主渠道，承担着约 70% 农产品的流通与集散功能（张浩、孙庆莉、安玉发，2009）[1]，它不仅是农产品集中大规模交易的场所，也是连接我国农户“小生产”和社会“大市场”的枢纽。2016 年，国家发展改革委员会与相关部门制定了《京津冀农产品流通体系创新行动方案》，提出开展京津冀农产品流通体系创新是贯彻落实京津冀协同发展战略的一项重要任务，农产品批发市场是京津冀农产品流通体系的核心，京津冀要加快农产品批发市场的转型升级，推进农产品批发市场产业功能有序转移和有效承接。

对于特大消费型城市，如北京与天津，其绝大部分农产品来自外地。以蔬菜为例，约有 90% 的蔬菜是通过农产品批发市场进入的；北京天津市的蔬菜流通有 56% 是通过蔬菜运销商收购再运至销地批发市场，14% 由种植户直接销往批发市场（许海晏和张军，2016）。[2] 河

[1] 张浩，孙庆莉，安玉发．中国主要农产品批发市场的效率评价［J］．中国农村经济，2009（10）：51－57.

[2] 许海晏，张军．北京农产品批发市场疏解升级问题研究［J］．商业经济研究，2016（13）：215－217.

北省的蔬菜占据北京蔬菜市场的50%左右，占据天津市蔬菜市场的40%以上。每年7—10月，河北省张家口市和承德市夏秋错季蔬菜在北京蔬菜市场的占有率达70%以上（乔立娟、赵邦宏、刘妍，2016）。[1]

农产品批发市场是京津冀农产品流通体系的重要环节也是农产品供应链中的关键节点，在沟通京津冀区域农产品产销，保障各地区市场农产品供应方面的功能不可替代。作为农产品批发市场经营主体的农产品批发商的运营效率会影响整个京津冀区域农产品的流通。因此，本书选取京津冀农产品批发商作为评价对象，测算农产品批发商流通主体的技术效率。

5.2.1 评价方法选取——数据包络分析方法

数据包络分析模型（Data Envelopment Analysis，DEA）是一种线性规划技术，可以被看作一种非参数形式的估计方法。DEA的基本思想是根据决策单元（Decision Making Unit，DMU）的输入和输出判断其是否位于生产前沿面上，即由投入最小、产出最大的帕累托最优解的面集，判断决策单元的相对有效性。

DEA方法具有的诸多优点使其在很多领域得到广泛应用，其优点包括：①DEA方法适用于多投入—多产出的有效性综合评价问题，在处理多投入—多产出的有效性评价方面具有很大优势；②DEA方

[1] 乔立娟，赵邦宏，刘妍．京津冀协同背景下的河北省蔬菜流通模式创新研究［J］．湖北农业科学，2016，55（7）：1893-1896；1901．

法并不直接对数据进行综合，因此决策单元的最优效率指标与投入指标值及产出指标值的量纲选取无关，应用 DEA 方法建立模型前无须对相关数据进行无量纲化处理；③DEA 方法以决策单元输入输出的实际数据求得最优权重，无须任何权重假设，排除了很多主观因素，无须考虑中间细节；④DEA 方法假定每个输入都关联到一个或者多个输出，且输入与输出之间确实存在某种联系，无须确定具体的函数关系式。常用的 DEA 模型包括 C^2R、BC^2、FG、ST、SE 等。结合本书的研究内容，本书选择 C^2R 模型和 BC^2 模型进行简要介绍。

Charnes 等人（1978）[1] 以规模收益不变为假设形成了第一个 DEA 模型，即 C^2R 模型，之后 Banker、Charnes 和 Cooper（1984）[2] 假定规模收益可变并提出 B^2C 模型。C^2R 用于判断是否同时技术有效和规模有效，而 B^2C 仅用于判断是否技术有效，两者联立可得整体效率对技术效率和规模效率的分解公式。

5.2.1.1　C^2R 模型

设有 n 个决策单元，每个决策单元的输入指标为 s 个，输出指标 t 个，把第 j 个决策单元（DMU_j）的输入变量和输出变量分别记为：

$$X_j = (x_{1j}, x_{2j}, \cdots, x_{sj})^T > 0, Y_j = (y_{1j}, y_{2j}, \cdots, y_{tj})^T > 0 \quad (5.3)$$

其中，$j = 1, 2, \cdots, n$。输入和输出变量的权重系数为：

---

[1] Charnes A, Cooper W W, Rhodes E. Measuring the Efficiency of Decision Making Units [J]. European Journal of Operational Research, 1978, 2 (6): 429 – 444.

[2] Banker R D, Charnes A, Cooper W W. Some Models for Estimating Technical and Scale Inefficiency in Data Envelopment Analysis [J]. Management Science, 1984, 30 (9): 1078 – 1092.

$$V=(v_1,v_2,\cdots,v_s)^T>0,U=(u_1,u_2,\cdots,u_t)^T>0 \quad (5.4)$$

第 j 个决策单元 DMU_j 的效率评价指数记为 h_j，有以下公式：

$$h_j=\frac{u^TY_j}{v^TX_j}=\frac{\sum_1^t u_t y_{ty}}{\sum_1^s v_s x_{sj}}=\frac{\sum_{r=1}^t u_r y_{rj}}{\sum_{t=1}^s v_i x_{ij}},j=1,2,\cdots,n \quad (5.5)$$

公式 5.5 的计算结果即为产出与投入的比重。选择适当的权重系数 u 和 v，可使 $h_j\leqslant 1$，以得到第 j_0 个决策单元的效率评价指数为目的，可构造出如下的计算模型：

$$\begin{cases}\max h_{j0}=\dfrac{\sum_{r=1}^t u_r y_{rj}}{\sum_{t=1}^s v_i x_{ij}}\\ s.t.\quad \dfrac{\sum_{r=1}^t u_r y_{rj}}{\sum_{i=1}^s v_i x_{ij}}\leqslant 1,j=1,2,\cdots,n\\ u\geqslant 0,v\geqslant 0\end{cases} \quad (5.6)$$

5.6 式经 Charnes－Cooper 变换后如下：

$$\begin{cases}\max h_{j0}=\mu^TY_0\\ s.t.\quad w^T-\mu^TY_j\geqslant 0,j=1,2,\cdots,n\\ w^TX_0=1\\ w\geqslant 0,\mu\geqslant 0\end{cases} \quad (5.7)$$

在实际的应用中，经常要进一步引入松弛变量 S^+、剩余变量 S^- 以及非阿基米德无穷小概念 ε（ε 小于任何正数但大于 0），进而将上式中的不等式约束等价成等式约束，等价为：

$$
\begin{cases}
\min \theta = v \\
s.t. \quad \sum_{j=1}^{n} \lambda_j X_j = S^+ = \theta X_{j0} \\
\sum_{j=1}^{n} \lambda_j Y_j - S^- = Y_{j0} \\
\lambda_j \geqslant 0, j = 1,2,\cdots,n \\
S^+ \geqslant 0, S^- \geqslant 0
\end{cases}
\tag{5.8}
$$

如果 $\theta^* = 1$，且 $S^{*+} = S^{*-} = 0$，判定决策单元为有效；如果 $\theta^* = 1$，S^{*+}或 S^{*-}不等于 0，判定决策单元为弱 DEA 有效；如果 $\theta^* < 1$，判定决策单元为无效。

5.2.1.2　BC²模型

BC²模型将 C²R 模型中规模收益不变的假设变成了规模收益可变，故而 BC²模型各决策单元的规模收益可能呈现出递增、递减或不变的状态。引入松弛变量 S^+ 和剩余变量 S^- 后的 BC²模型如下：

$$
\begin{cases}
\min \theta = v \\
s.t. \quad \sum_{j=1}^{n} \lambda_j X_j + S^+ = \theta X_{j0} \\
\sum_{j=1}^{n} \lambda_j Y_j - S^- = Y_{j0} \\
\sum_{j=1}^{n} \lambda_j = 1,2,\cdots,n, \lambda_j \geqslant 0, j = 1,2,\cdots,n \\
S^+ \geqslant 0, S^- \geqslant 0
\end{cases}
\tag{5.9}
$$

BC²模型比 C²R 模型多出了一个约束条件：$\sum_{j=1}^{n} \lambda_j = 1$，所以能比较出决策单元之间的相对技术有效性。如果 $\frac{\sum_{j=1}^{n} \lambda_j = 1}{\theta^*} = 1$，则规模收益不变；如果 $\frac{\sum_{j=1}^{n} \lambda_j = 1}{\theta^*} < 1$，则规模收益递增；如果

$\frac{\sum_{j=1}^{n}\lambda_j = 1}{\theta^*} > 1$，则规模收益递减。

5.2.2 指标选取和数据来源

5.2.2.1 指标选取

DEA模型的特点决定了指标的选取要从投入和产出两个方面分别选取。高效率的农产品流通应该减少投入，增加产出，因此农产品流通效率评价体系的目标是投入越少越好，产出越大越好。对于评价指标体系的构建，需要选取的指标满足可测度、可操作、可区分和指标数据可获取的要求。同时，所选择的评价指标还应该具有较强的针对性、代表性和多样性，如此才能尽可能系统、真实、全面和多方位地反映出与评价目的有关的决策单元效率。

根据柯布—道格拉斯生产函数的思想，产出最主要的影响因素是资本、劳动力和技术。农产品批发过程中的投入要素包括摊位面积、员工以及资金，其中资金中的流动资金主要用于支付进货、包装等款项，而固定资金主要用于购置车辆等设备，形成的固定资产投入属于沉没成本，不会对年利润产生较大影响（张磊、王娜、张桂梅，2018）[1]，因此本书使用摊位面积、员工总数以及流动资金作为投入变量。在产出指标方面，农产品批发商的收益来自于农产品

[1] 张磊，王娜，张桂梅. 蔬菜一级批发商技术效率研究——基于寿光农产品物流园蔬菜批发商户的调查［J］. 商业研究，2018（1）：19－27；86.

的购销差价，因此本书将农产品批发商的年销售额与年利润额作为产出变量。

5.2.2.2　数据来源

本书研究使用的统计数据由实地调研和发放调查问卷获得。在正式调查之前，课题组在 2018 年 4 月对北京新发地农产品批发市场进行了实地走访，并基于实地调研情况，多次修改农产品批发商调查问卷。在 2018 年 5—7 月，选取北京新发地、天津韩家墅和河北保定高碑店新发地等农产品批发市场，向蔬菜、瓜果、水果以及果蔬混合经营等农产品批发商发放 390 份调查问卷，共收回 356 份，剔除 70 份缺答题目较多与对验证题目前后矛盾的无效问卷，总共获得 286 份有效问卷，有效问卷占总回收问卷的 80. 3%。

5.2.2.3　描述性统计分析

受访批发商样本数据如表 5. 4 所示。

根据表 5. 4 可以发现，受访批发商的年龄以 35 ~ 40 岁与 40 ~ 50 岁居多，分别占比 27%、28%。受访者的文化程度主要集中在初中水平，占比为 56%；其次为高中水平，占比为 25%。批发商的从业时间主要分布于 5 ~ 10 年，占比 38%；其次为 5 年以下，占比为 24%。

表 5.4 受访批发商样本特征

特征	分类	人数	比例（%）	特征	分类	人数	比例（%）
所在地	北京	89	31	年龄	30 岁以下	29	10
	天津	117	41		30～35（不含）岁	53	19
	河北	80	28		35～40（不含）岁	78	27
					40～50（不含）岁	80	28
					50 岁及以上	46	16
从业时间	5 年以下	69	24	文化水平	文盲	3	1
	5～10 年	109	38		小学	26	9
	11～15 年	46	16		初中	161	56
	16～20 年	38	13		高中	72	25
	20 年以上	24	8		专科以上	24	8

表 5.5 为受访批发商的经营状况。

表 5.5 受访批发商经营状况

投入	分类	户数	比例（%）	产出	分类	户数	比例（%）
流动资金	20 万元以下	73	26	销售额	50 万元以下	95	33.2
	21 万～100 万元	108	38		51 万～200 万元	88	30.8
	101 万～500 万元	68	24		201 万～500 万元	41	14.3
	501 万～1000 万元	22	8		501 万～1000 万元	37	12.9
	1000 万元以上	15	5		1000 万元以上	25	8.7
员工总数	3 人以下	101	35	利润额	10 万元及以下	112	39.2
	3～5 人	102	36		11 万～30 万元	85	29.7
	6～8 人	35	12		31 万～100 万元	37	12.9
	9～10 人	28	10		101 万～300 万元	36	12.6
	10 人以上	20	7		300 万元以上	16	5.6
摊位面积	30 平方米及以下	52	27.3				
	31～50 平方米	88	31				
	51～100 平方米	77	27				
	101～250 平方米	42	15				
	250 平方米以上	27	10				

根据表 5.5，在投入方面，受访批发商的资金投入规模大都在 500 万元以下，总占比为 87%。其中，资金规模在 101 万 ~500 万元的批发商户共 68 户，占比为 24%；资金规模在 21 万 ~100 万元的批发商户共 108 户，占比 38%；资金规模在 20 万元以下的共 73 户，占比 26%。受访批发商的员工规模大都在 5 人及以下，总占比为 71%。其中，员工规模在 3 ~5 人的商户数为 102 户，总占比 36%；员工规模在 3 人以下的商户数为 101 户，占比 35%。根据实际调研情况，大多数农产品批发商户是家庭经营的，因此员工规模大都在 5 人以下。受访商户经营的摊位面积集中在 31 ~50 平方米与 51 ~100 平方米，分别为 88 户与 77 户，分别占比为 31% 与 57%，

在产出方面，受访批发商的年销售额集中在 50 万元以下，占比为 33.2%，其次为 51 万 ~200 万元，占比为 30.8%。批发商的利润额以 10 万元以下居多，共 112 户，占比为 39.2%；其次为 11 万 ~30 万元，占比为 29.7%。

5.2.3　实证结果分析

本书运用 DEA P2.1 统计软件，基于 VRS 假设下投入导向模式，测算北京、天津和河北的农产品批发商的效率值 crste 和 vrste。其中，crste 是 CRS 假设下由 C^2R 模型求出的综合效率值，vrste 为由 BC^2 模型求出的纯技术效率值。之后可根据公式综合效率 = 纯技术效率 × 规模效率（scale），进一步求出各决策单元的规模效率。表 5.6 给出了北京、天津与河北的农产品批发商的综合效率值、技术效率值与规模效率值的平均水平。各具体批发商效率的计算结果如下。

表 5.6　农产品批发商效率测算结果

分类	北京	天津	河北	整体水平
综合效率值	0.287	0.111	0.161	0.18
纯技术效率值	0.566	0.68	0.4	0.557
规模	0.475	0.205	0.338	0.326

本书选取综合效率作为衡量京津冀农产品批发商的运营效率指标，各批发市场的农产品批发商的综合效率平均值如表 5.7 所示。

表 5.7　农产品批发商的综合效率平均值

分类	北京	天津	河北	整体
小于 0.1	33	90	37	160
0.1 ~0.3（不含）	27	15	36	78
0.3 ~0.5（不含）	9	8	4	21
0.5 ~0.8（不含）	10	2	1	13
0.8 及以上	10	2	2	14
平均效率	0.287	0.111	0.161	0.18

（1）农产品批发市场综合效率的整体分析。根据表 5.7 可以发现，受访的农产品批发商的综合效率的整体水平较低，平均综合效率为 0.18，综合效率大都集中于 0.3 以下。其中，综合效率小于 0.1 的批发商有 160 户，天津的批发商有 90 户。综合效率在 0.8 及以上的批发商仅有 14 户，占比不足 5%，并且大部分（约 71%）来自北京农产品批发市场。

（2）农产品批发市场综合效率的地区差异分析。根据表 5.7 可以看出，北京、天津和河北的农产品批发商的平均综合效率有一定差异，分别为 0.287、0.111 和 0.161，都处于比较低的水平，说明三个地区的农产品批发商还有很大的改善空间。其中，北京的农产品批发商综合效率最高，河北的次之，天津的最低。

5.3　流通主体——肉类批发商的技术效率测度

5.3.1　模型选择

目前，关于技术效率的研究方法主要有数据包络法（DEA）和随机前沿分析法（SFA）。其中，DEA 模型虽然无须设定函数形式，可以有效避免主观因素的影响，但是同时也忽略了随机因素与环境因素对成本效率的影响，而且该测算方法并未对数据整体的拟合效果进行分析，这可能会影响研究的准确性；而 SFA 方法不仅对数据的拟合效果进行了 t 检验和极大似然估计检验，而且同时运用技术非效率函数对技术效率的影响因素进行了更深入分析。综合考虑现有两种技术效率测评方法的优缺点，本书在测评京津冀肉类产品批发商技术效率以及分析影响因素时选用了随机前沿分析法，即 SFA。

Battese 和 Coelli 于 1995 年对 Aigner、Meeusen 等人的随机前沿生产函数进行完善，并提出可以在估计随机前沿生产函数的同时对技术效率损失影响因素进行估计的模型方法，其具体模型形式如下：

$$Y_i = \beta X_i + (V_i - U_i) \quad i = 1,\ 2,\ \cdots,\ N \tag{5.10}$$

上式中，Y_i 表示第 i 个批发商的经营利润；X_i 表示第 i 个批发商的投入要素变量；β 为待估参数向量；V_i 为随机误差项，U_i 为技术非效率项，二者相互独立，而 $V_i - U_i$ 则表示组合误差项。

在判断随机生产函数对技术非效率项的影响是否显著时，可以依据估计出的参数是否显著异于 0 进行推断，其中，γ 的取值范围一般为（0，1）。若γ趋近于0，则说明随机误差是导致技术偏差的主要因素；若γ趋近于1，则表示技术非效率项是导致技术偏差的主要因素。而γ是否显著异于0决定了随机前沿模型的有效与否，随机前沿分析法在对γ的取值进行检验时采用了单边似然比检验法，只有LR即单边似然比统计量大于对应的混合χ_2分布临界值，$\gamma=0$的原假设才能被拒绝，即此时的γ显著异于0，才能证明技术非效率项的存在与随机前沿生产函数的有效性。

第i个批发商的技术效率可以表示为实际利润的期望值与生产前沿面上利润的期望值之比，测算公式可写为以下形式：

$$TE_{it} = \frac{E(Y_{it}^{*} \mid U_{it}, X_{it})}{E(Y_{it}^{*} \mid U_{it} = 0, X_{it})} \tag{5.11}$$

上式中，$E(X)$为对应的期望值，i_t为第i个批发商在t期的利润。TE_{it}的取值范围为［0，1］，其值越大，说明技术效率的损失就越小；反之，其值越小，则说明技术效率的损失就越大。

对于肉产品批发商而言，追求利润最大化是其最终目标，故将其年利润作为随机前沿生产函数的产出变量；肉产品批发商在经营过程中需要投入人员、资金以及摊位，考虑到冷冻车、运输车辆、刀具、电子秤等均属于固定资产，并不影响观察期内的年利润，因此本书将摊位面积（A）、流动资金（C）和劳动人员（L）设定为生产函数的投入变量。

关于生产函数形式的确定，随机前沿生产函数主要包括$C-D$函数和Translog函数（超对数函数），与前者相比，后者考虑了交互变量的影响，而且允许投入要素替代弹性可变，更加符合批发商的实际经营情况。因此，本书选用Translog－SFA（超对数随机前沿模型）对京津冀肉产品批发商的技术效率进行测评，并借鉴张磊、王娜等（2018）的函数形式构建如下函数：

$$\ln Y_i = \beta_0 + \beta_1 \ln A_i + \beta_2 \ln C_i + \beta_3 \ln L_i + \beta_{12} \ln A_i \ln C_i + \beta_{13} \ln A_i \ln L_i + \beta_{23} \ln C_i \ln L_i + \beta_{11} (\ln A_i)^2 + \beta_{22} (\ln C_i)^2 + \beta_{33} (\ln L_i)^2 + V_i - U_I \tag{5.12}$$

上式中，Y_i 表示肉类批发商 i 的年利润（万元）；A_i 表示肉类批发商租赁摊位的面积（平方米）；C_i 表示肉类批发商 i 投入经营用的流动资金（万元）；L_i 表示肉类批发商 i 投入经营的人员数量（人）；β_0，β_1，…，β_{33}为待估参数；V_i 和 U_i 分别为随机误差项和技术非效率项，且 $V_i \sim N(0,\sigma_v^2)$，$U_i \sim N(m_i,\sigma_u^2)$，其中 $m_i = z_i\delta$。

5.3.2　数据说明

本书所用数据为对北京、天津和河北的多家批发市场中的肉类批发商的实地调研与问卷发放所收集的数据。预调查阶段，课题组曾于 2019 年 3 月在北京新发地批发市场中对肉类批发商进行实地走访调查，并据此修改原设计的调查问卷，使之更符合批发商的实际情况以及本书的研究目的。2019 年 4 月至 6 月，向北京新发地批发市场、天津何庄子农产品批发市场以及河北白佛批发市场和双鸽批发市场的肉类批发商发放修改后的调查问卷共计 420 份，收回 396 份，将填写不完善以及作答存在自相矛盾的 67 份问卷数据予以剔除，共获取有效问卷共计 329 份，占所收回问卷的 83.08%。

表 5.8 中的数据显示，所调查的肉类批发商 2018 年的利润总额最小值与最大值之间相差悬殊，但 89.71% 的商户利润集中在 10 万～

30万元之间，而投入要素也呈现出类似的情况。京津冀肉类批发商的平均年龄为38.86岁，且41.18%批发商的年龄在［30，40）区间范围内，39.22%的批发商的年龄在［40，50）区间范围内，即肉类批发商的年龄主要集中在30~50岁；京津冀肉类批发商的平均受教育年限为9.49年，即其平均文化程度为初中，且71.57%的批发商文化程度在初中以下；京津冀肉类批发商在所调查批发市场从事肉类批发活动的平均年限为8.23年。

表5.8　模型中各变量描述性统计

变量	单位	最小值	最大值	平均值	标准差
Y	万元	0.07	171	12.98	17.51
A	平方米	0.1	240	43.04	39.38
C	万元	3	160	26.02	26.19
L	人	1	32	5.41	4.10
x_1	岁	21	55	38.86	7.57
x_2	年	0	16	9.49	2.60
x_3	年	1	20	8.23	4.20
x_4	—	1	5	1.82	0.84
x_5	%	8	60	23.87	12.01
x_6	%	7	60	24.39	12.79
x_7	天	0.50	6	1.45	0.91
x_8	—	0	1	0.35	0.48
x_9	—	0	1	0.01	0.10
x_{10}	—	0	1	0.33	0.47

数据来源：实地调研及问卷数据。

5.3.3　实证分析

5.3.3.1　随机前沿生产函数估计结果

本书借助 Frontier 4.1 软件和极大似然估计方法，对京津冀肉类批发商随机前沿生产模型进行估计，反映模型拟合效果的参数及随机前沿生产函数中各个待估参数的估计值，结果如表 5.9 所示。

表 5.9　京津冀肉类批发商随机前沿生产函数参数的估计结果

变量	参数	系数值	t 值	变量	参数	系数值	t 值
常数项	β_0	1.36453 **	2.13576	(ln$A$) 2	β_{11}	0.49152 *	1.69293
ln$A$	β_1	-0.33748 *	-1.77179	(ln$C$) 2	β_{22}	-0.09425	-1.48829
ln$C$	β_2	0.36851	1.20279	(ln$L$) 2	β_{33}	-0.11772	-1.51960
ln$L$	β_3	1.00998 ***	2.72534	σ_2	—	0.44396 ***	6.17728
ln$A$ * ln$C$	β_{12}	0.10904 *	1.90529	γ	—	0.46276 ***	5.68723
ln$A$ * ln$L$	β_{13}	-0.19437 **	-2.49927	LR	—	90.89936	
ln$C$ * ln$L$	β_{23}	0.04605	0.47938				

注：*、**、*** 分别表示参数估计值在 1%、5% 和 10% 的显著性水平上显著。

γ 的显著性决定了技术非效率项对产出影响的显著性，而 LR 的显著性可以检验 γ 是否显著异于 0，故 γ 和 LR 两个指标可以检验本研究中所设定的随机前沿生产函数模型的有效性与合理性。从表 5.9 中模型参数的估计值可知，γ 的值为 0.46276，并且根据相应的 t 值可判断出该 γ 值在 1% 的显著水平下是显著的；同时，在原假设（$\gamma=0$）成立的条件下，混合 χ_2 分布的临界值在 5% 和 1% 的显著水平下分别为 20.410 和 25.549，而 LR 值（113.032）明显大于前述的两个临界值，故 γ 的零假设在1%的显著性水平下被拒绝，即肉类批发商在批发过程中存在技术效率的损失，并且所建立的随机前沿生产函数具有足够的解释力。

由于超对数生产函数中各变量之间关系复杂，函数设定形式不同所得参数系数也会存在差异，并无法直接反映出各投入要素对产出的动态影响，故本书将进一步计算相应的产出弹性对其进行衡量。产出弹性计算公式如下：

$$e_A = \beta_1 + \beta_{12}\ln C + \beta_{13}\ln L + 2\beta_{11}\ln A \quad (5.13)$$

$$e_C = \beta_2 + \beta_{12}\ln A + \beta_{23}\ln L + 2\beta_{22}\ln C \quad (5.14)$$

$$e_L = \beta_3 + \beta_{13}\ln A + \beta_{23}\ln C + 2\beta_{33}\ln L \quad (5.15)$$

从表5.10中产出弹性的计算结果可知以下方面。①摊位面积的产出弹性为正值，说明肉类批发商在经营过程中的摊位面积投入仍存在不足，增加摊位的投入会较大程度上提升批发商的年利润。②流动资金的产出弹性为正值，说明增加流动资金投入会增加批发商的年利润。批发商为保证货源的持续性，往往需要将从上游收购到向下游售出进行无缝衔接，以实现持续稳定经营，这就需要有足够的流动资金用于支付货款、运输费用和员工工资等，一旦资金链出现断裂，批发商的正常经营活动将受到不利影响。③劳动力的产出弹性为正值，说明增加参与批发经营的人数会增加批发商的年利润。肉类批发为劳动密集型行业，从产品收购到运输再到销售，每个环节都需要有足够的人员投入。而所调研的批发商主要是以家庭成员为经营人员，员工规模较小，很难保证每个环节人员的保证，因此增加经营人员、合理配置劳动资源可以提高批发商的经营利润。

表 5.10　投入要素平均产出弹性

	摊位面积（A）	流动资金（C）	劳动力（L）
产出弹性	2.83	0.24	0.18

注：弹性计算公式中 β 值来自表 5.19，A，C，L 为样本数据的几何平均值。

5.3.3.2　技术效率分析

本次调研选取的京津冀肉类批发商的技术效率分布情况如表 5.11 所示。从表中数据可知，样本商户的技术效率分布区间为[0.02，0.95]，最大技术效率值与最小技术效率值之间差距悬殊，而批发商的平均技术效率为 0.77，说明京津冀肉类批发商技术效率尚有 23% 的提升空间。同时，表中数据显示天津肉类批发商的平均技术效率（0.86）最大，其次是北京（0.72），而河北批发商的平均技术效率（0.60）最小，但这也说明在消除技术效率损失后，河北省肉产品批发商技术效率的提升空间最大。

表 5.11　京津冀肉类批发商技术效率分布情况

区间	比重（%）	—	技术效率
[0，0.3)	4.90	最小值	0.02
[0.3，0.4)	5.88	最大值	0.95
[0.4，0.5)	0.98	平均值	0.77
[0.5，0.6)	3.92	北京肉类批发商平均值	0.72
[0.6，0.7)	12.75	天津肉类批发商平均值	0.86
[0.7，0.8)	9.31	河北肉类批发商平均值	0.60
[0.8，0.9)	25.49	—	—
[0.9，1]	36.76	—	—

5.4 区域农产品流通体系效率分析——以河北省11个地级市为例

由上述分析可知，京津冀农产品流通体系的运行效率中河北比较低，为了更好地分析河北省农产品流通体系效率，下面对河北省内部11个地级市农产品流通体系的运行效率及其影响因素进行分析，以便更好地了解影响河北省农产品流通体系运行效率的因素，从而有针对性地提出提高京津冀农产品流通体系运行效率的建议。

为了更好地分析京津冀农产品流通体系运行效率，运用DEA-Malmqusit模型，并依据指标数据的可得性，选择与“农产品流通体系运行效率评价”中相同的计算方法得到相应指标，选择劳动力投入（批发零售、交通运输仓储和邮政业从业总人数乘最终消费率，再乘居民消费占最终消费的比重，最后乘恩格尔系数，估算出流通业从业人员中与居民最终农产品消费匹配的部分，近似测算出农产品流通从业人员数量）和资本投入（批发零售、交通运输仓储和邮政业的建设项目投资总额乘以最终消费率，再乘居民消费占最终消费的比重，最后乘恩格尔系数来近似代替）作为投入指标，农产品流通总量（各地区粮、油、蔬菜和水果的总产量）和农产品流通总产值（各地区粮、油、蔬菜和水果总商品产值）作为产出指标，运行DEAP 2.1得出河北省11个地级市的农产品流通体系运行效率，结果如表5.12所示。

表 5.12　河北省 11 个地级市农产品流通全要素生产率均值及分解（2006—2018）

地区	全要素生产率	技术变化	技术效率变化	纯技术效率变化	规模效率变化
石家庄市	0.950	0.973	0.976	1.000	0.976
唐山市	1.041	1.047	0.994	1.000	0.994
秦皇岛市	0.990	0.990	0.999	1.000	0.999
邯郸市	0.969	0.982	0.987	1.002	0.985
邢台市	0.968	1.006	0.962	0.981	0.981
保定市	0.970	0.967	1.003	1.000	1.003
张家口市	1.037	1.020	1.016	1.011	1.005
承德市	1.044	1.026	1.017	1.007	1.010
沧州市	0.953	0.976	0.977	0.986	0.991
廊坊市	0.978	0.991	0.986	0.991	0.995
衡水市	0.928	0.928	1.000	1.000	1.000

依据表 5.12 的结果进行分析，2006—2018 年河北省 11 个地级市中 3 个地级市农产品流通全要素生产率大于 1，分别为唐山市、张家口市和承德市，此期间效率分别提高 4.1%、3.7% 和 4.4%；8 个地级市农产品流通全要素生产率小于 1，分别为石家庄市、秦皇岛市、邯郸市、邢台市、保定市、沧州市、廊坊市和衡水市，衡水市和石家庄市此期间效率下降分别达到 7.2% 和 5.0%。说明 2006—2018 年河北省整体农产品流通效率降低，主要是因为石家庄市、秦皇岛市、邯郸市、邢台市、保定市、沧州市、廊坊市和衡水市等地级市流通效率降低，其中衡水市和石家庄市效率下降较为显著。

从全要素生产率分解来看，研究期间，唐山市、张家口市和承德市农产品流通效率提高，一方面是由于技术进步，另一方面是由于对现有技术的有效利用和管理水平的提高。石家庄市、秦皇岛市、邯郸市、邢台市、保定市、沧州市、廊坊市和衡水市全要素生产率降低的原因主要是技术变化所致，说明技术创新不足是导致河北省11个地级市农产品流通效率低下的重要因素。以衡水市为例，衡水市2006—2018年技术变化和技术效率变化分别为0.928和1.000，说明技术创新能力不足严重影响农产品流通运行效率。

5.5 本章小结

本章主要评价了京津冀农产品流通体系的整体运行效率以及蔬菜批发商和肉类批发商这两类流通主体的技术效率。通过研究发现京津冀农产品流通体系中河北省农产品流通效率比较低，因此进一步对河北省11个地级市的农产品流通体系效率进行了测算。研究发现，京津冀2006—2018年整体农产品流通运行效率缓慢降低。京津冀农产品流通中技术创新能力不足和对现有技术缺乏和管理水平低下共同抑制了京津冀农产品流通效率的提高。京津冀农产品流通对技术进步更为敏感，且全要素生产率和技术变化变动幅度较大，技术效率变动幅度较小。京津冀分区域农产品流通中，北京对京津冀农产品流通运行效率提升起到拉动作用，天津和河北起到抑制作用。

京津冀农产品流通效率的地区差异在不断减小。京津冀区域对现有技术的应用水平、信息资源共享整合、经营管理能力和资源配置能力有待进一步加强。

第6章　京津冀农产品流通效率影响因素分析

农产品流通效率的影响因素错综复杂，不仅与经济环境、区位与基础设施等因素有关，还受到流通主体活动的影响。但传统的统计分析模型方法难以充分考虑各变量之间的复杂关系，而且这些分析方法要求自变量能够准确测量，这在实践中也往往难以满足。结构方程模型不仅能够处理不能直接测量的流通影响因素的相关变量，而且能够处理多个原因、多个结果之间的复杂关系，为本章研究京津冀农产品流通效率的影响因素提供了理想的方法。借此，本章基于实地调研与发放问卷获得的农产品流通的相关数据，构建了结构方程模型，对影响京津冀农产品流通效率的因素进行实证分析。

6.1 果蔬类农产品批发商技术效率影响因素实证分析

6.1.1 结构方程模型

结构方程模型（Structural Equation Model，SEM）可以同时考查多组变量之间的关系，对同侧变量之间的关系有清晰的概括，并将测量误差包含在模型中，增加了检验结果的可信性和理论的解释力（侯杰泰、温忠麟、成子娟，2004）[1]，因此，结构方程模型为有效捕捉不同的因素对农产品流通效率的影响效应提供了理想的分析框架。

结构方程模型由测量模型和结构模型组成，具体形式如下：

$$X = \Lambda_x \xi + \delta \tag{6.1}$$

$$Y = \Lambda_y \eta + \varepsilon \tag{6.2}$$

$$\eta = B\eta + \Gamma\xi + \zeta \tag{6.3}$$

其中，式（6.1）与式（6.2）为测量方程。X 表示外生观测变量向量，Y 表示内生潜变量向量，Λ_x 表示外生观测变量与外生潜变量之间的关系，是外生观测变量在外生潜变量上的因子载荷矩阵，Λ_y 表示内生观测变量与内生潜变量之间的关系，是内生观测变量在内生潜变量上的因子载荷矩阵，δ 为外生变量的误差项，ε 为内生变量的误差项。

[1] 侯杰泰，温忠麟，成子娟．结构方程模型及其应用［M］．北京：教育科学出版社，2004.

式（6.3）为结构方程，B 与 Γ 为路径系数，B 表示内生变量之间的关系，Γ 表示内生变量与外生变量之间关系，ζ 表示结构方程的误差项。

6.1.2　变量选取与说明

6.1.2.1　变量选取

结合相关理论与实地调研，本书认为农产品的流通效率包括批发商的技术效率、农产品的流通时间效率和流通损耗，影响农产品流通效率的因素包括人力资本、经营状况、主体表现与流通基础设施，并提出研究假设如下。

H1：批发商的人力资本对农产品流通效率具有正向影响。

优质的人力资本可以提高农产品流通服务的质量和水平，降低流通管理相关成本，促进效率的提升（欧阳小迅、黄福华，2011）[1]。本书认为农产品批发商的人力资本包括文化程度、年龄、从业时间与网络工具的使用能力四个方面。

（1）文化程度。在农产品批发行业，批发商的文化水平影响其对农产品市场信息的分析和利用能力，从而影响其获利和持续经营的可能性。因此，农产品批发商的文化水平越高，其经营的效率也就越高，农产品的流通效率就越高。

[1] 欧阳小迅，黄福华．我国农产品流通效率的度量及其决定因素：2000—2009［J］．农业技术经济，2011（2）：76－84.

（2）年龄。一般情况下批发商的年龄越大，其地缘、人脉也就越广，在农产品批发行业积累的经验就越丰富。因此，批发商户的年龄越大，对农产品市场行情的判断可能会更准确。但是年龄越大意味着其体力和精力的下降，很可能出现不适应繁重的工作的情况，从而导致经营效率的降低。因此，年龄对农产品流通效率的影响具有不确定性。

（3）从业时间。批发商从事农产品批发的时间越长，对农产品价格波动、农产品供求变化和行业风险等市场信息的判断就越准确，能够根据行业经验做出前瞻性的调整，以降低风险，抓住商机。

（4）网络工具的使用。熟练使用网络信息工具使得农产品批发商能够及时有效地获取下游客户的农产品需求状况与上游客户的农产品供给信息，更好地维持与上、下游客户的沟通与联系，从而更好地把握商机，提高经营效率、做大做强。

H2：批发商的经营状况对流通效率具有正向影响。

农产品批发商经营状况是指农产品批发商从事农产品批发的投资状况和盈利状况，应包括农产品批发商的销售规模、员工规模、摊位面积规模、下游客户种类与上游客户种类。张冬科与祝卫东(1997)[1]认为个体蔬菜经营组织的规模超小型化会在一定程度上导致流通效率低。流通主体的发展壮大能够为其扩大盈利空间、保持稳定的市场地位创造良好的条件（肖艳丽，2012）[2]。因此，农产品

[1] 张冬科，祝卫东．我国蔬菜市场经营主体的基本状况与发展趋势——个体蔬菜经营组织调查［J］．中国农村观察，1997（3）：53－59.

[2] 肖艳丽．中国油菜产品流通中的利益与效率机制研究［D］．武汉：华中农业大学，2012.

批发商的经营状况，将会直接影响其经营效率，从而影响到农产品的流通。此外，多样化的下游客户类型拓展了批发商户的经营范围。实际上，受访的农产品批发商中，大多数商户并非仅向农产品销售商提供批发服务。他们在一天中不同的时间段有着不同的营销模式，如在北京新发地农产品批发市场中，批发商户在凌晨向主要客户批发农产品，白天向客户提供较小规模的农产品批发以及零售。农产品批发商的下游客户类型越多样化，越有利于减少库存和流通损耗，缩短农产品的流通时间。批发商与多种上游客户合作能够保证货源的供应，增大农产品的销售量。

H3：*农产品流通主体的表现对流通效率具有正向影响。*

流通主体的表现是指在农产品流通过程中，各流通主体之间的协调能力、合作意愿以及契约执行情况，包括批发市场表现、下游客户表现、上游客户表现、下游契约关系与上游契约关系。

（1）批发市场表现。农产品批发市场是批发商经营的主要场所，批发市场能否提供较好的服务质量和是否有较好的服务态度，会影响批发商户的经营的好坏，因此良好的批发市场表现对批发商的技术效率有提高作用，从而对农产品的流通效率产生正向影响。

（2）下游客户表现。批发商下游客户的良好表现能够保证农产品流通畅通，尤其是客户付款能力与态度影响着双方的再次交易，它既是上一次交易的完成又是下一次交易的诱因，能够保持业务的稳定性。

（3）上游客户表现。通常批发商户与上游客户的合作关系越融洽，其收购的农产品的品相越好，就越能够保证农产品的质量，容易吸引更多的买家，从而增大农产品的流通量，缩短农产品的流通时间。

（4）下游契约关系与上游契约关系。即使上下游的流通主体之间没有正式的、规范的交易契约，但考虑到关系缔结成本、行业信誉以及多次博弈对机会主义行为的约束等，稳定的合作意向可以在相当长时间内维系下去（张雯丽，2014）[1]。流通主体之间契约关系的发展能转化为产业链内部整合的动力，而产业链的纵向整合有利于农产品的流通效率。

H4：流通基础设施对流通效率具有正向影响。

张长厚（2012）[2] 认为，完善的农产品流通基础设施是农产品流通体系高效运行的有力保障，决定着流通的质量。流通基础设施主要包括交通基础设施、冷藏仓储设施与批发市场基础设备，其中最主要的部分为交通基础设施与仓储基础设施。交通基础设施是农产品流通的基础，交通基础设施水平的提高可以增强农产品市场的辐射能力，带动流通速度的上升，进而促使流通效率的提高（欧阳小迅、黄福华，2011）[3]。并且，由于农产品具有明显的生物特性，尤其蔬菜、水果等鲜活农产品易变质、易腐，保鲜、保质期短，完善的冷藏仓储基础实施会减少农产品在流通中的损耗，提升农产品的流通效率。批发市场完善的农产品质量监测、信息收集发布等基础设备也有利于农产品批发商及时了解市场信息。

H5：批发商的人力资本对其经营状况具有正向影响。

首先，批发商经过长期的经营过程，能够积累丰富的行业经验，

[1] 张雯丽．蔬菜流通效率分析与探讨——基于纵向产销环节和横向流通模式视角［J］．经济研究参考，2014，(62)：28－39．

[2] 张长厚．发展农产品流通的瓶颈与思考［J］．中国流通经济，2012，26（4）：22－24；45．

[3] 欧阳小迅，黄福华．我国农产品流通效率的度量及其决定因素：2000—2009［J］．农业技术经济，2011（2）：76－84．

能够更加有效地利用农产品的市场信息，及时趋利避害，逐渐扩大经营规模；其次，从业时间长的批发商户能够与上游客户、下游客户、同行和市场管理机构等建立起社会关系网，不仅能够争取到更多的客户，而且有可能发展更多的潜在固定客户；最后，能够熟练使用网络工具的批发商可以更好地获得和把握农产品市场供求信息，从而及时规避风险或抓住盈利机会，扩大其经营规模。因此，人力资本的提高将有利于经营状况的改善。

H6：批发商经营状况对农产品流通主体的表现具有正向影响。

一般来说，规模较大、盈利水平高的产业主体往往资产专用性较高，交易频率也较高，更倾向于建立与其他流通主体合作的关系。农产品批发商为保证货源供应，会倾向于同上游客户签订长期紧密的契约，同时与下游客户之间的契约也更容易达成，交易频率也会不断提高。

根据以上文献综述与理论分析，本项目初步设计的京津冀农产品流通效率影响因素结构方程模型如图 6.1 所示。

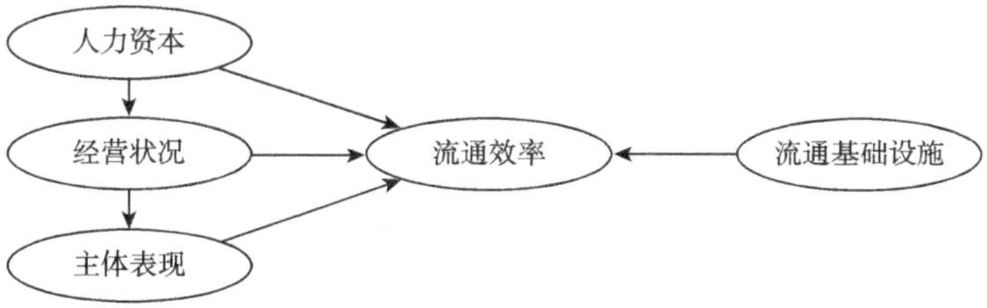

图 6.1　京津冀农产品流通效率影响因素结构方程模型的设计路径

6.1.2.2　变量说明

下面说明变量的含义和赋值。由于本书选取的变量是不能通过官方统计数据收集得到的，相关数据均来源于调研数据。除批发商技术效率观测变量，其余观测变量皆采用李克特五级量表对关系强度等潜变量的各个维度进行测量，回答选项分为 5 个级别，分别赋值为 1、2、3、4、5。具体的变量取值说明及其含义如表 6.1 所示。

表 6.1　变量的取值说明及其含义

潜变量	观测变量	可变变量含义与赋值说明
流通效率	批发商技术效率（X_1）	第四部分根据 DEA 方法计算得到，其中年销售额与年利润额为产出变量，摊位面积、员工总数以及流动资金为投入要素
	时间效率（X_2）	从购货完成到向下游客户交货所需的一般时间：（1）1 天以内；（2）1～3 天（不含）；（3）3 天至 1 周（不含）；（4）1～2 周（不含）；（5）2 周及以上。分别赋值为 5、4、3、2、1
	流通损耗（X_3）	货物在运输、配送、仓储等环节中的总体损失程度：（1）10% 以内；（2）10%～20%（不含）；（3）20%～30%（不含）；（4）30%～40%（不含）；（5）40% 及以上。分别赋值为 5、4、3、2、1
人力资本	文化水平（X_4）	学历水平：（1）专科及以上；（2）高中；（3）初中；（4）小学；（5）文盲。分别赋值为 5、4、3、2、1
	从事年限（X_5）	从事农产品批发行业的时间：（1）20 年及以上；（2）15～20 年（不含）；（3）10～15 年（不含）；（4）5～10 年（不含）；（5）5 年以下。分别赋值为 5、4、3、2、1
	年龄（X_6）	批发商户主的年龄：（1）50 岁及以上；（2）40～50 岁（不含）；（3）35～40 岁（不含）；（4）30～35 岁（不含）；（5）30 岁以下。分别赋值为 5、4、3、2、1
	网络工具使用（X_7）	是否能熟练使用微信、QQ、邮件、网站等网络信息工具：（1）非常熟练；（2）比较熟练；（3）一般；（4）不太熟练；（5）很不熟练。分别赋值为 5、4、3、2、1

续表

潜变量	观测变量	可变变量含义与赋值说明
经营状况	销售规模（X_8）	年销售额：（1）1000 万元及以上；（2）500 万～1000 万元（不含）；（3）200 万～500 万元（不含）；（4）50 万～200 万元（不含）；（5）50 万元以下。分别赋值为 5、4、3、2、1
	员工规模（X_9）	参与农产品批发的员工总数：（1）10 人及以上；（2）8～10 人（不含）；（3）5～8 人（不含）；（4）3～5 人（不含）；（5）2 人及以下。分别赋值为 5、4、3、2、1
	摊位面积规模（X_{10}）	经营的总摊位面积：（1）200 平方米以上；（2）100～250 平方米（不含）；（3）50～100 平方米（不含）；（4）30～50 平方米（不含）；（5）30 平方米以下。分别赋值为 5、4、3、2、1
	销售渠道多样性（X_{11}）	最主要的下游客户种类有：（1）超市；（2）农贸市场；（3）批发商；（4）流动商贩；（5）家庭。根据种类个数分别赋值为 5、4、3、2、1
	采购渠道多样性（X_{12}）	最主要的上游客户种类有：（1）加工企业；（2）收购商；（3）农户；（4）自己的生产基地；（5）农民合作社；（6）其他批发商。根据种类个数分别赋值为 5、4、3、2、1
主体表现	批发市场表现（X_{13}）	对批发市场的服务质量与态度的满意度：（1）非常满意；（2）比较满意；（3）一般；（4）比较不满意；（5）非常不满意。分别赋值为 5、4、3、2、1
	下游客户表现（X_{14}）	对下游客户的付款能力与态度的满意度：（1）非常满意；（2）比较满意；（3）一般；（4）比较不满意；（5）非常不满意。分别赋值为 5、4、3、2、1
	上游客户表现（X_{15}）	对上游客户的供货能力与态度的满意度：（1）非常满意；（2）比较满意；（3）一般；（4）比较不满意；（5）非常不满意。分别赋值为 5、4、3、2、1

续表

潜变量	观测变量	可变变量含义与赋值说明
主体表现	下游合作关系（X_{16}）	与下游客户合作的紧密程度：是否有意愿与目前的下游客户进行长期合作，（1）非常愿意；（2）比较愿意；（3）一般；（4）比较不愿意；（5）非常不愿意。分别赋值为5、4、3、2、1
	上游合作关系（X_{17}）	与上游客户合作的紧密程度：是否有意愿与目前的上游客户进行长期合作，（1）非常愿意；（2）比较愿意；（3）一般；（4）比较不愿意；（5）非常不愿意。分别赋值为5、4、3、2、1
流通基础设施	交通基础设施（X_{18}）	对运输道路、停车站等交通设施的满意度：（1）非常满意；（2）比较满意；（3）一般；（4）比较不满意；（5）非常不满意。分别赋值为5、4、3、2、1
	冷藏仓储设施（X_{19}）	对冷藏、仓储等设施的满意度：（1）非常满意；（2）比较满意；（3）一般；（4）比较不满意；（5）非常不满意。分别赋值为5、4、3、2、1
	批发市场设备（X_{20}）	对批发市场的农产品质量监测、卫生环境、信息收集发布等基础设备的整体满意度：（1）非常满意；（2）比较满意；（3）一般；（4）比较不满意；（5）非常不满意。分别赋值为5、4、3、2、1

6.1.3 指标数据的描述与质量检验

6.1.3.1 数据的信度检验

信度（reliability）是样本测量结果一致性或稳定性的程度，一般用克朗巴哈系数（Cronbach's α）来检测。Cronbach's α 系数越大，信度越高，指标的内部一致性越好，量表的可靠性就越高。一般认为，总量表的 Cronbach's α 系数大于0.8时，表示该总量表具有很高的可靠性。分量表的 Cronbach's α 最好超过0.7，说明该分量表具有很高的可靠性；分量表的信度系数在0.6～0.7，说明该分量表的可靠性表示可以接受；如果分量表的 Cronbach's α 在0.6以下就要考虑重新设计问卷。

本书使用 SPSS22.0 统计软件对总量表与分量表进行信度分析，依据测量 Cronbach's α 系数结果发现，流通基础设施的 Cronbach's α 小于0.36。实际上，交通基础设施、冷藏仓储设施与批发市场基础设备三个指标不具有同时增减的特征，比较独立，关联性小。另外，冷藏仓储设施一般是由批发市场提供的，被调查的批发商户对冷藏仓储的满意度普遍较高，但对批发市场的农产品质量监测、信息收集发布等基础设备的评价各不相同。因此本书删去潜变量“流通基础设施”，直接使用观测变量交通基础设施、冷藏仓储设施与批发市场基础设备对流通效率进行解释。潜变量“人力资本”的 Cronbach's α 小于0.5，本书删去观测变量“文化程度”后，得到潜变量“人力资本”的 Cronbach's α 达到0.654，因此应删去观测变量“文化程度”。

最终，得到总量表的 Cronbach's α 系数为0.882，各分量表的 Cronbach's α 系数也均在0.6以上，说明量表具有很高的信度。具体结果如表6.2所示。

表 6.2 潜变量的信度检验

量表		Cronbach's α	项目数
分量表	经营状况	0.821	5
	主体表现	0.737	5
	人力资本	0.654	3
	流通效率	0.76	3
总量表		0.882	16

6.1.3.2 数据的效度检验

效度（validity）是指测量的正确性，是用来衡量测量工具正确测出所要测量特质的程度的重要指标（邱皓政，2013）[1]。效度检验可以利用 Amos 21.0 对各个潜变量的标准化因子载荷进行计算，并在此基础上算出各个潜变量的平均变异系数抽取量（AVE）。当标准化因子载荷足够大时，说明变量的收敛效度良好。一般而言，平均变异系数抽取量的理想值为 0.5 以上，可以说明可测变量对应的潜变量的收敛能力较强，AVE 值介于 0.36～0.5 之间则为可接受门槛（Fornell and Larcker，1981）[2]。测算结果如表 6.3 所示。

表 6.3 潜变量的效度检验

潜变量名称	平均变异系数抽取量	项目数
经营状况	0.476	5
主体表现	0.3833	5
人力资本	0.392	3
流通效率	0.5488	3

[1] 邱皓政．量化研究与统计分析——SPSS（PASW）数据分析范例解析［M］．重庆：重庆大学出版社，2013．

[2] Fornell，C，Larcker D. F. Evaluating Structural Equation Models with Unobservable Variables and Measurement Error.［J］. Journal of Marketing Research，1981（3）：57－61.

根据测算结果，人力资本、经营状况、主体表现与流通效率四个潜变量的 AVE 都大于 0.36，这说明各潜变量的收敛效度达到可接受程度。

6.1.4　结构方程模型的拟合与修正

首先，删除部分路径。对初始模型进行拟合后，结果显示冷藏仓储设施、批发市场基础设备对流通效率的路径系数都不显著。本书认为，原因在于蔬菜等种类的鲜活农产品不易保存，即使在冷藏仓储设施完备的情况下，仓储中遭受的损失仍然较大。实际上，根据调研结果，大多数批发商户为缩减冷藏成本和规避仓储损耗，会选择尽可能减少库存和仓储的时间及其可能性。在完成采购后，批发商会尽量在 3 天之内要求下游客户完成交货，购销之间的时间较短，从而导致冷藏仓储设施与批发市场基础设备对农产品的流通效率的影响不够显著。

其次，进行模型拟合评价。结构方程模型是否具有稳定性以及能否很好地拟合调查数据，往往需要不同的模型评价指数趋近一致。模型拟合指数是一项统计指标，主要用来衡量建立的理论结构模型与数据拟合程度。而不同类别的模型拟合指数可以从样本大小、相对性和绝对性以及模型的复杂性多个方面对理论模型进行度量。Amos 21.0 软件中提供了各种模型的拟合指数标准，本书选用卡方检验、GFI（拟合优度指数）、RMSEA（近似误差均方根）、IFI（增量拟合指数）、TLI（塔克 - 刘易斯指数）、NFI（规范拟合指数）、CFI（比较拟合指数）、AIC（赤池信息量准则）、PGFI（简约适配度指数）、PCFI（调整后的比较指数）、PNFI（调整后的规准指数）等。如果初始模型拟合效果不佳，应当提高模型的拟合优度，需要根据相关领域知识和修正指标对流通效率影响因素模型进行修正。

最后，修正模型。由于初始模型拟合效果不佳，需要提高模型拟合的优度，对农产品流通影响因素初始模型进行修正。由于样本数据经过质量检验，因此可测变量指标可以不进行修改，只对协方差修正指数 MI 进行修正，按照每次释放一个参数的原则逐次进行假设模型修正，直到得到最优模型。在不断尝试中，发现部分观测变量的残差和其他具有关联的观测变量的残差之间具有相关性，于是本书不断增加可能的相关性估计，并适时剔除一些不显著的相关性估计。

本书以极大似然估计法估计各回归系数的参数结果，此处不再赘述具体的多次拟合修正模型，最终确定的农产品流通效率影响因素模型的整体适配度评价指标及拟合结果如表 6.4 所示。

表 6.4　结构方程整体适配度的评价指标及拟合结果

指数名称	评价标准	拟合值	结果
χ^2/df	$1 < \chi^2/df < 3$	260.523/109 = 2.39	理想
GFI	大于 0.9	0.905	理想
RMSEA	小于 0.08	0.07	理想
NFI	大于 0.9，越接近 1 越好	0.883	接近
IFI	大于 0.9，越接近 1 越好	0.928	理想
TLI	大于 0.9，越接近 1 越好	0.91	理想
CFI	大于 0.9，越接近 1 越好	0.927	理想
AIC	越小越好	348.529	理想
PGFI	大于 0.5	0.644	理想
PNFI	大于 0.5	0.708	理想
PCFI	大于 0.5	0.743	理想

根据表 6.4，可以发现农产品流通效率影响因素模型的各项拟合指标基本上都达到了拟合要求，说明各个潜在变量与观测变量之间相关性较强，即认为农产品流通效率影响因素模型假设获得了较好的支持，模型的总体拟合情况较好。

本书得到的京津冀农产品流通效率影响因素的路径拟合情况如图 6.2 所示。

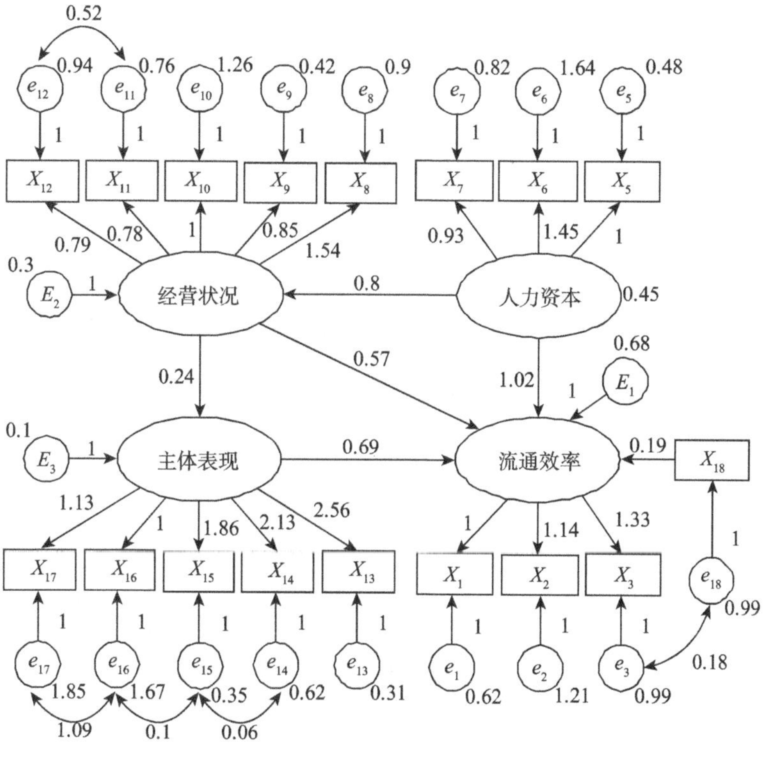

图 6.2　农产品流通效率影响因素路径拟合情况

6.1.5 实证结果分析

路径的标准回归系数可以排除单位的影响而便于不同因素间的比较，因此本书接下来会对样本数据进行标准化，得到最优模型。各标准化路径系数如表6.5所示。

表6.5 农产品流通效率影响因素模型各路径系数估计结果

路径关系			Estimate－S	S.E.	C.R.	P值	效果
经营状况	<---	人力资本	0.706	0.125	7.087	* * *	理想
主体表现	<---	经营状况	0.509	0.066	3.544	* * *	理想
流通效率	<---	经营状况	0.303	0.191	3.748	* * *	理想
流通效率	<---	人力资本	0.475	0.243	3.579	* * *	理想
流通效率	<---	主体表现	0.172	0.271	2.196	0.028	理想
流通效率	<---	交通基础设施	0.12	0.067	2.562	0.01	理想
X_1	<---	流通效率	0.878				
X_2	<---	流通效率	0.428	0.045	7.272	* * *	理想
X_3	<---	流通效率	0.832	0.073	15.668	* * *	理想
X_5	<---	人力资本	0.698				
X_6	<---	人力资本	0.606	0.177	8.198	* * *	理想
X_7	<---	人力资本	0.567	0.12	7.774	* * *	理想
X_{10}	<---	经营状况	0.567				
X_8	<---	经营状况	0.971	0.145	10.604	* * *	理想
X_9	<---	经营状况	0.711	0.09	9.35	* * *	理想
X_{11}	<---	经营状况	0.57	0.098	8.037	* * *	理想
X_{12}	<---	经营状况	0.534	0.104	7.658	* * *	理想
X_{17}	<---	主体表现	0.257				
X_{13}	<---	主体表现	0.858	0.653	3.925	* * *	理想
X_{14}	<---	主体表现	0.65	0.485	3.828	* * *	理想
X_{15}	<---	主体表现	0.791	0.553	3.845	* * *	理想
X_{16}	<---	主体表现	0.302	0.229	4.942	* * *	理想

注：Estimate－S是标准化的路径系数，S.E.表示标准误差，C.R.表示临界比，* * *表示显著水平小于0.001。

当可观测变量的 C. R. 值均大于临界值 1. 96 时，说明潜变量与可观测变量之间的载荷系数显著性较高。P 值是临界比 C. R. 值的统计检验的概率，通过 P 值可以检验路径系数的显著性。根据表 6. 5，可以发现所有变量的 C. R. 值都大于 1. 96，并且都通过了 5% 的显著性检验。从标准回归系数来看，经营状况、人力资本、主体表现、交通基础设施与流通效率之间的标准化路径系数分别为 0. 303、0. 475、0. 172 和 0. 12，且临界比值 C. R. 都大于 2，因此模型的拟合效果是理想的。

（1）批发商的人力资本是显著影响流通效率的影响因素。人力资本对流通效率的标准化路径系数为 0. 475，因此人力资本的提高能够直接对农产品的流通效率产生正面的影响。批发商的从业时间、年龄和网络信息交流工具的使用能够提高批发商的技术效率，降低农产品的流通损耗和流通时间，从而提升农产品的流通效率。

（2）批发商的经营状况显著影响流通效率。经营状况对流通效率的标准化路径系数为 0. 303，并且十分显著，可见批发商经营状况的改善能够促进农产品流通效率的提高。农产品批发商的经营规模越大、客户类型越多样，就越有利于提高批发商的综合效率和农产品流通的时间效率，减少农产品在流通中的损耗，从而提升农产品的流通效率。

（3）流通主体表现是显著影响流通效率的因素之一。主体表现对流通效率的影响为 0. 172，说明流通主体的表现会显著影响农产品的流通效率。批发商户与上游客户的合作关系越紧密，其收购的农产品品质就越好，农产品的流通损耗率就越低，而高品质农产品货源容易吸引更多的下游客户，可以加快农产品的销售，从而有效增加农产品流通的时间效率。

（4）交通基础设施会显著影响流通效率。交通基础设施对流通效率的标准化路径系数为0.12，说明提高交通基础设施水平能够有效增加农产品的流通效率。更加完善的交通运输道路能够有效减少农产品在运输、配送等过程中的损耗，同时能够缩短流通时间，从而提高京津冀农产品的流通效率。

（5）批发商人力资本对批发商经营状况有显著的影响。根据表6.5，人力资本对经营状况的标准化路径系数为0.706，说明人力资本的提高能够显著改善批发商的经营状况。人力资本在直接影响农产品流通效率的同时，会通过其经营状况的中介效应来影响流通效率。一方面，随着农产品批发商年龄的增大和农产品批发从业年限的增加，能够积累更加丰富的从业经验，对农产品的市场供求变化和竞争程度等判断就越准确；另一方面，批发商对网络信息工具的熟练使用也可以有效获取下游客户的需求状况与上游客户的供给情况，更好地获取、分析和利用农产品市场信息。因此，批发商的人力资本显著影响着其获利的可能性与经营规模的增大。

（6）经营状况的改善有利于优化流通主体表现。经营状况对主体表现的标准化路径系数为0.509，经营状况在直接影响农产品流通效率的同时，也会通过其流通主体行为的中介效应来影响流通效率。因此，蔬菜批发商是否有较大的经营规模、是否面向多种类型的上下游客户经营会影响农产品流通主体的表现且具有正向的促进作用。可见，经营规模较大的农产品批发商户与上下游客户以及批发市场有着更加稳定的合作机制与紧密的契约关系，这不仅能够保证农产品的供应和销路，扩大盈利空间，保持稳定的市场地位，而且能够加强农产品流通主体之间的联动机制，从而优化农产品流通主体的表现。

6.2　肉类批发商技术效率影响因素实证分析

6.2.1　模型选择——技术无效率函数

为了进一步了解京津冀肉类批发商技术效率的影响因素，本书构建以下技术效率损失函数：

$$m_i = \delta_0 + \delta_1 x_{1i} + \delta_2 x_{2i} + \delta_3 x_{3i} + \delta_4 x_{4i} + \delta_5 x_{5i} + \delta_6 x_{6i} + \delta_7 x_{7i} + \delta_8 x_{8i} + \delta_9 x_{9i} + \delta_{10} x_{10i} + \varepsilon_i$$

上式中，$x_{1i} \sim x_{4i}$ 均为人力资本变量，分别表示肉类批发商 i 的年龄、文化程度（受教育年限）、从事肉类批发的年限和从业经历。若批发商此前做过与肉类批发相关的工作，则从业经历取值为 1；若做过与肉类批发无关的商业经营活动，则从业经历取值为 2；而做过上述两项之外的工作，则从业经历取值为 3。$x_{5i} \sim x_{6i}$ 为社会资本变量，分别表示固定下游客户从批发商 i 处的采购量占批发商 i 总批发量的比重和批发商 i 从固定上游客户处的收购量占其总收购量的比重。$x_{7i} - x_{10i}$ 均为经营行为变量，分别表示肉类批发商 i 的产品销售周期、是否拥有自己的运输车辆、是否有自己的屠宰场以及是否为客户提供赊购，若是则取值为 1，若否则取值为 0。

在进行实证分析之前，本书对技术无效率函数中各影响因素做如下预期设想。

（1）人力资本因素的影响。肉类批发商的年龄对技术效率的影响具有不确定性；肉类批发商的文化水平、从事年限以及从业经历对技术效率损失具有负向影响，即与技术效率正相关。批发商年龄越大意味着经验越丰富，可能会更了解市场的变动情况，但是身体状况也越来越难以胜任如此高负荷的工作，两者谁更能影响批发商经营的技术效率无法确定；较高的文化水平在一定程度上意味着批发商具有更强的学习能力，更容易接受新生事物；批发商从事肉类批发时间越长，越能够准确把握本行业的市场走向，也拥有更加丰富的客户资源。本书按照从业经历与肉类批发活动相关性，从强到弱、由小到大取值，从业经历的相关性越强，之前累积的各种资源可以或多或少运用到当前的商业经营中，从而使获利成本降低。

（2）社会资本因素的影响。与批发商经营活动相关的市场管理、上下游客户资源等均属于批发商从事肉类批发的社会资本。本书主要考虑固定上下游客户的影响，并认为其对批发商技术效率具有正向影响。当肉类批发商从固定上游客户处的采购量比重大时，说明批发商在进行采购时无须将更多资源花费在寻求货源上，可以通过降低采购成本实现技术效率的提升；当固定下游客户从批发商处的采购比重大时，说明批发商的下游客户比较稳定，批发商的肉类商品可以更快地销售出去，从而提高批发商的技术效率。

（3）经营行为因素的影响。在经营行为因素中，产品销售周期越短越有利于经营收入的增加，并能够使资金快速回流，有助于批发商技术效率的提高；拥有自己的运输车辆不仅可以节省寻求物流合作方的时间及资金成本，还可以扩大经营范围或以物流配送优势稳定客户，增加营业收入；有自己的屠宰场可以保证货源的充足，避免空窗期的出现，同时也可以降低采购成本，获取更高利润；为客户提供赊购服务可以使客户在资金不足的情况下仍能得以进行商业活动，待资金回笼后进行货款支付，这有利于批发商与客户之间建立长期合作关系，也使产品可以在较短时间内售出，进而实现买卖的“双赢”。

表6.6中的数据显示，所调查的肉类批发商2018年的利润总额最小值与最大值之间相差悬殊，但89.71%的商户利润集中在10万~30万元之间，而投入要素也呈现出类似的情况。京津冀肉类批发商的平均年龄为38.86岁，且41.18%批发商的年龄在［30，40）区间范围内，39.22%批发商的年龄在［40，50）区间范围内，即肉类批发商的年龄主要集中在30~50岁之间；京津冀肉类批发商的平均受教育年限为9.49年，即其平均文化程度为初中，且71.57%的批发商文化程度在初中以下；京津冀肉类批发商在所调查的批发市场从事肉类批发活动的平均年限为8.23年。

表6.6　模型中各变量描述性统计

变量	单位	最小值	最大值	平均值	标准差
Y	万元	0.07	171	12.98	17.51
A	平方米	0.1	240	43.04	39.38
C	万元	3	160	26.02	26.19
L	人	1	32	5.41	4.10
X_1	岁	21	55	38.86	7.57
X_2	年	0	16	9.49	2.60
X_3	年	1	20	8.23	4.20
X_4	—	1	5	1.82	0.84
X_5	%	8	60	23.87	12.01
X_6	%	7	60	24.39	12.79

续表

变量	单位	最小值	最大值	平均值	标准差
X_7	天	0.50	6	1.45	0.91
X_8	—	0	1	0.35	0.48
X_9	—	0	1	0.01	0.10
X_{10}	—	0	1	0.33	0.47

数据来源：实地调研及问卷数据。

6.2.2 实证分析

京津冀肉类批发商技术效率有较大的提升空间，而且根据前述分析可知，较低的技术效率部分原因是存在技术效率损失。为了解肉类批发商技术效率的影响因素，本书在测算京津冀技术效率的同时设定了技术非效率模型，对技术效率损失的影响因素进行了分析，从而得知各因素对批发商技术效率的影响，模型参数的估计结果如表 6.7 所示。

表 6.7 技术效率损失模型参数估计结果

变量	参数	系数值	t 值	变量	参数	系数值	t 值
常数项	δ_0	-3.01125***	-2.90143	x_6	δ_6	-0.00768	-0.57102
x_1	δ_1	0.03813**	2.0974	x_7	δ_7	-0.06559	-0.38396
x_2	δ_2	-0.17891***	-3.37741	x_8	δ_8	0.55661**	2.06145
x_3	δ_3	-0.02699	-0.73937	x_9	δ_9	2.79139***	3.27569
x_4	δ_4	1.43393***	7.69623	x_{10}	δ_{10}	-0.16951	-0.62024
x_5	δ_5	0.00474	0.31841				

注：*、**、*** 分别表示参数估计值在 1%、5% 和 10% 的显著性水平上显著。

从表 6.7 可知，肉类批发商的年龄、文化程度、从业经历、是否有自己的运输车辆以及是否有自己的屠宰场 5 个变量对批发商的技术效率具有显著影响，而批发商从事肉类批发年限、固定下游客户采购比重、固定上游客户收购比重、肉类产品销售周期以及是否为客户提供赊购等变量对批发商技术效率的影响并不显著。

（1）肉类批发商的年龄对技术非效率具有显著的正向影响，即年龄对技术效率的影响显著为负。通常我们认为批发商的年龄越大，他们的经验就越丰富，从而可以更加准确地把握市场行情，理应有助于批发商技术效率的提升。但是本书测算结果显示为负向影响，这主要是因为随着年龄的增长，批发商接受新事物的能力有所下降，并且身体健康程度也有所降低，而肉类批发活动又多在凌晨进行，这就使得年龄大的批发商较难从事如此高负荷的工作。

（2）肉类批发商的文化程度对技术非效率具有显著的负向影响，即文化程度对技术效率的影响显著为正。在商业竞争较激烈的行业，较高的相关知识储备与及时获取最新的商业信息，有利于持续经营的实现，而较高的文化水平说明批发商具有更多知识储备或者可以更快接受新知识，也相对更容易获取并加工利用最新商业信息，从而使其经营的技术效率有所提高。

（3）肉类批发商之前的从业经历对其技术效率影响显著。从业经历与肉类批发活动相关性越弱，则其技术非效率越明显，即其技术效率就越低。若批发商之前所做的工作与肉类批发活动相关，那么之前积累的工作经验以及建立的人际关系网都会在无形中对现在的批发活动产生影响，这一定程度上可以避免在经营过程中走一些弯路，并减少了寻找货源与客源的成本，从而提高批发商经营活动的技术效率。

（4）是否有自己的运输车辆和屠宰场对肉类批发商的技术非效率有显著正影响，即对其技术效率的影响显著为负，这与原设想并不一致。理论上而言，拥有自己的物流设备及屠宰场可以减少寻找物流合作方及上游客户的时间和资金成本，并且有利于吸引客户源，这本应有利于批发商技术效率的提高，但本次测算结果并非如此，可能是因为受访批发商的经营规模比较小，物流设备及屠宰场增加的运营成本相对批发过程中减少的成本而言更高一些，这就使得批发商的技术效率不升反降。

6.3 影响京津冀农产品流通体系运行效率因素的实证分析

在分析京津冀农产品流通体系相对效率的基础上，进一步分析影响京津冀农产品流通体系效率的因素。

6.3.1 模型选择

本书通过典型相关分析法研究投入和产出两组变量之间的相关关系。典型相关分析（Canonical Correlation Analysis，CCA）由Hotelling于1936年提出，是一种多元统计分析方法，常用来研究两组变量间的相关关系。其研究思路是在不影响数据质量和信息的前提下，在每组变量中找到具有最大相关性的变量之间的线性组合，然后再找到与第一组典型相关变量不相关的第二组典型相关变量，依照这种规律一直做下去，直到两组变量之间的相关性被提取完。

假设有一组变量 X_1，X_2，…，X_m 与另一组变量 Y_1，Y_2，…，Y_n，研究变量组合 X 与变量组合 Y 间的变量相关关系。

当 $m=n=1$ 时，两个变量 X 与 Y 之间的相关关系就是其相关系数，公式为：

$$\rho_{xy} = \frac{Cov(X,Y)}{\sqrt{Var(X)}\sqrt{Var(Y)}} \tag{6.4}$$

当 m 或 n 其中一个等于1时，例如，$m \geqslant 1$，$n=1$ 时，m 维随机变量 $X=(X_1, X_2, \cdots, X_m)'$，设 $\begin{bmatrix} X \\ Y \end{bmatrix} \sim N_{m+1}(\mu, \Sigma)$，$\Sigma = \begin{bmatrix} \Sigma_{11} & \Sigma_{12} \\ \Sigma_{21} & \Sigma_{22} \end{bmatrix}$，$\Sigma_{11}$，$\Sigma_{12}$（$\Sigma_{21}$）和 Σ_{22} 分别为变量 X 的协方差矩阵，变量 X 与 Y 的协方差矩阵，变量 Y 的协方差矩阵。那么随机变量 Y 与变量 $X_1, X_2, \cdots, X_m$ 的相关系数可用公式表示为：

$$R = \sqrt{\frac{\Sigma_{12}\Sigma_{11}^{-1}\Sigma_{12}}{\Sigma_{22}}} \tag{6.5}$$

当 $m>1$ 且 $n>1$ 时，采用主成分分析方法，把含有多个变量的综合变量 X 和 Y 转化为两组新的综合类变量，即找到两组综合变量的线性组合。

$$U = \alpha_1 X_1 + \alpha_2 X_2 + \cdots + \alpha_m X_m = \alpha' X \tag{6.6}$$

$$V = \beta_1 Y_1 + \beta_2 Y_2 + \cdots + \beta_n Y_n = \beta' Y \tag{6.7}$$

其中，α 和 β 为任意非零向量，找到使变量 U 和 V 最大可能相关的 α 和 β，就是典型相关分析。

6.3.2 指标选择与数据来源

结合前面分析结果可知，技术进步和对现有技术的有效利用程度是影响京津冀农产品流通效率的因素。农产品流通的技术中，互联网、大数据、云计算和无人机等技术的不断发展和变革使得农产品流通技术得到迅速发展，技术对京津冀农产品流通效率的作用越来越显著。对现有技术有效利用程度低主要是流通主体发育程度低、专业化水平低及资源配置能力不足，也说明劳动力素质和相关资源投入对农产品流通效率具有影响。规模效率低说明京津冀农产品流通体系缺乏规模效应，也说明研究农产品流通中劳动力规模和交易市场规模对京津冀农产品流通的影响具有现实意义。且线上平台逐渐壮大，使得电子商务发展水平成为影响农产品流通效率的重要指标。随着生活质量的提高和人民对于农产品新鲜度、质量等的高要求，亟须快速推动冷链技术创新，大力发展包含冷链物流在内的流通基础设施建设。

为进一步分析影响农产品流通的因素，选取全要素生产率指标中技术变化指数（Y_1）和技术效率指数（Y_2）来作为效率指标体系。在前人研究的基础上，按照农产品流通的基础构成要素和数据的可得性选取和建立效率影响因素指标体系，包括农产品流通劳动力规模（X_1）、劳动力素质（X_2）等指标所反映的流通主体类要素；农产品交易市场集中度（X_3）、交通水平（X_4）、仓储条件（X_5）、物流配送程度（X_6）等指标反映的流通载体类要素；政府对农产品流通相关的财政支出（X_7）、农产品流通资本投入（X_8）、信息化水平（X_9）和电子商务水平（X_{10}）等指标所反映的流通环境类要素。具体指标如表 6.8 所示。

表 6.8　京津冀农产品流通体系效率影响因素指标

一级指标	二级指标	解释
流通主体类	农产品流通劳动力规模（X_1）	流通业相关从业人员中批发、交通、信息传输行业从业人员总人数（万人）
	劳动力素质（X_2）	平均受教育年限（年）
流通载体类	农产品交易市场集中度（X_3）	限额（亿元）以上商品交易市场成交额/批发零售业销售总额（%）
	交通水平（X_4）	铁路、公路运输线路总里程（万公里）
	仓储条件（X_5）	仓储业新增固定资本（亿元）
	物流配送程度（X_6）	统一配送商品购进额/ 社会消费品零售总额（%）
流通环境类	政府对农产品流通相关的财政支出（X_7）	政府对交通运输和粮油物资及储备的财政支出（亿元）
	农产品流通资本投入（X_8）	流通服务业中交通运输、仓储和邮政、批发零售和信息传输行业的全社会固定资产投资总额（亿元）
	信息化水平（X_9）	互联网普及率（%）
	电子商务水平（X_{10}）	信息传输、软件和信息技术服务业从业人数（万人）

（1）流通主体类要素

农产品流通的劳动力规模，劳动力是农产品流通的重要要素。本书提及的农产品流通劳动力规模，借鉴王仁祥等（2014）[1] 的做法，以农产品流通相关从业人员来表示。

劳动力素质是指农产品流通中人才质量和专业化水平。借鉴欧

[1] 王仁祥，孔德树．中国农产品流通效率评价模型构建及其应用［J］．辽宁大学学报（哲学社会科学版），2014，42（4）：64－73.

阳小迅等（2011）[1]、李晓青（2013）[2] 的做法，劳动力素质以各地区人口的平均受教育年限来表示。本书将我国现有教育制度划分为小学、初中、高中和大专及以上四类教育程度，平均受教育年限分别定为6年、9年、12年和16年。

（2）流通载体类要素

农产品交易市场集中度表示农产品流通市场结构。本书参照王海燕（2016）[3]、张永强（2017）[4] 的做法，用限额（亿元）以上商品交易市场成交额除以批发零售业销售总额来表示。

交通水平表示基础交通设施发展水平，是农产品流通发展不可缺少的基础要素。借鉴戴欧阳（2015）[5] 的做法，用铁路里程和公路里程加总得出。

仓储条件借鉴金赛美（2016）[6]、张鸿和贺瑞娟（2017）[7] 的做法，用仓储业新增固定资本表示。

物流配送程度表明物流水平和服务能力。借鉴何小洲、刘丹

---

[1] 欧阳小迅，黄福华．我国农产品流通效率的度量及其决定因素：2000—2009［J］．农业技术经济，2011，（2）：76－84．

[2] 李晓青．我国农产品流通效率的区域性差异及影响因素分析［D］．大连续：东北财经大学，2013．

[3] 王海燕．农产品流通体系效率测评与优化措施探索［J］．商业经济研究，2016（4）：166－168．

[4] 张永强，张晓飞，刘慧宇．我国农产品流通效率的测度指标及实证分析［J］．农村经济，2017（4）：93－99．

[5] 戴欧阳．山西农产品流通体系效率及其影响因素研究［D］．太原：太原科技大学，2015．

[6] 金赛美．我国农产品流通效率测量及其相关因素分析［J］．求索，2016（9）：129－132．

[7] 张鸿，贺瑞娟．基于大数据的农产品流通效率实证研究［J］．商业经济研究，2017（20）：128－130．

(2018)[1] 的做法，以连锁企业统一配送购金额与社会消费品零售总额的比例来表示。

（3）流通环境类要素

借鉴王家旭（2013)[2] 的做法，政府对农产品流通相关的财政支出用各地对交通运输的财政支出和粮油物资及储备的财政支出总和表示。政府对农产品流通相关的财政支出中，因为统计局统计指标的变化，所以2006—2008年的统计数据为交通运输的财政支出数据，2008年之后为交通运输的财政支出与粮油物资及储备支出的总和。

参照欧阳小迅、黄福华（2011)[3] 和程书强等（2017)[4] 的做法，信息化水平一般用电话普及率和互联网覆盖率以0.4和0.6的权重加权平均得出。随着人民生活改善，通信能力的提高，京津冀电话普及率已经不再能显示地区间信息化发展水平差异，因此，本书以互联网普及率表示。

电子商务水平因为缺少专业数据，因此本书借鉴金赛美（2016)[5] 的做法，用信息传输、软件和信息技术服务业从业人数表示。

以上数据来源于《中国统计年鉴》《中国农村统计年鉴》和各省市统计局、国家工信部等。

---

[1] 何小洲，刘丹．电子商务视角下的农产品流通效率［J］．西北农林科技大学学报（社会科学版），2018，18（1）：58－65.

[2] 王家旭．我国农产品流通体系效率评价与优化路径［D］．哈尔滨：哈尔滨商业大学，2013.

[3] 欧阳小迅，黄福华．我国农产品流通效率的度量及其决定因素：2000—2009［J］．农业技术经济，2011（2）：76－84.

[4] 程书强，刘亚楠，许华．西部地区农产品流通效率及影响因素研究［J］．西安财经学院学报，2017，30（3）：88－94.

[5] 金赛美．我国农产品流通效率测量及其相关因素分析［J］．求索，2016（9）：129－132.

6.3.3 实证分析

运用SPSS分析软件对2007—2018年效率指标及影响因素指标数据进行典型相关分析，最终得到如表6.9所示的典型相关性结果。从分析可以看出，提取出两组典型相关变量，其相关系数分别是1.000和0.949，第一组典型相关变量相关程度更高。结合伴随概率结果，第一组典型变量在1%显著性水平上显著相关，第二组典型变量不显著。所以以第一组典型变量结果进行分析。

表6.9 典型相关性

	典型相关性	Wilk's	Chi－SQ	DF	Sig.
1	1.000	0.000	0.000	20.000	0.000
2	0.949	0.100	10.382	9.000	0.320

表6.10为两组典型变量标准化的相关系数结果。

表6.10 两组典型变量的标准化系数

第二组的标准典型相关系数		
	1	2
Y_1	1.227	0.086
Y_3	0.644	1.048

第一组的标准典型相关系数		
	1	2
X_1	－1.127	0.424
X_2	0.955	0.861
X_3	1.299	1.795
X_4	－6.890	－9.043
X_5	－3.484	－2.104

续表

第一组的标准典型相关系数		
X_6	0.128	0.024
X_7	-3.250	-2.813
X_8	0.851	1.085
X_9	9.242	6.814
X_{10}	4.335	6.504

从表6.10的结果，可以得到效率指标及其影响因素指标的第一组典型相关变量的标准相关系数的公式6.8和6.9。

$$U = 1.227Y_1 + 0.644Y_2 \quad (6.8)$$

$$V = -1.127X_1 + 0.955X_2 + 1.299X_3 - 6.890X_4 - 3.484X_5 + 0.128X_6 - 3.250X_7 + 0.851X_8 + 9.242X_9 + 4.335X_{10} \quad (6.9)$$

通过公式6.8和公式6.9可知，影响农产品流通技术变化和技术效率变化的各因素中，程度由强到弱依次是，信息化水平（X_9）、交通水平（X_4）、电子商务水平（X_{10}）、仓储条件（X_5）、政府对农产品流通相关的财政支出（X_7）、农产品交易市场集中度（X_3）、农产品流通劳动力规模（X_1）、劳动力素质（X_2）、农产品流通资本投入（X_8）和物流配送程度（X_6）。其中对农产品效率提高起到积极作用的是劳动力素质（X_2）、农产品交易市场集中度（X_3）、物流配送程度（X_6）、农产品流通资本投入（X_8）、信息化水平（X_9）和电子商务水平（X_{10}），对农产品流通效率提高起到消极作用的是农产品流通劳动力规模（X_1）、交通水平（X_4）、仓储条件（X_5）和政府对农产品流通相关的财政支出（X_7）。

（1）流通主体

农产品流通劳动力规模与农产品流通技术变化和技术效率变化呈负相关。虽然北京市一直是吸引外来务工人员的特大城市，天津和河北对外来务工人员的吸引力度小，所以可能是由于区域间劳动力资源配置不均，使得京津冀农产品流通效率下降。我国劳动力成本的增加，使得劳动力规模增加对经济驱动力不断减弱，需要寻找新的发展动力。

劳动力素质与农产品流通技术变化和技术效率变化呈正相关。说明农产品流通中劳动力素质的提高，能够提高农产品流通效率，提高流通过程中生产专业性、流通专业化水平。提高对农产品流通中的劳动力素质，有利于提高技术研发能力；不断研发无人机技术、区块链技术、冷链物流技术创新改革，有利于促进流通相关技术的有效利用；高素质人员的投入能够提高流通企业经营管理能力、流通技术操作能力等。

在促进京津冀农产品流通效率时，要协调好京津冀区域间劳动力资源配置，天津和河北政府可通过加强政府政策引导，吸引外来劳动力。同时要不断加强培养高素质农产品流通人才和加大对高素质农产品流通人才的引入，使高素质人才成为农产品流通效率提高的新动力。

（2）流通载体

农产品交易市场集中度与农产品流通技术变化和技术效率变化呈正相关。这说明农产品交易市场集中度的提高有利于提高京津冀农产品流通效率。由于我国农产品市场经营主体主要以单体市场经营为主，且跨区域经营主体少，通常情况下，对于农产品相关市场，其市场集中度越高，越容易形成规模效应，资源配置能力越强，流通效率更高。

交通水平与农产品流通技术变化和技术效率变化呈负相关。虽然京津冀区域加快交通基础设施建设，但是京津冀地区交通规划建设一体化水平、交通基础设施一体化水平和交通信息服务一体化水平较低（孙钰、卢同、崔寅，2019）❶。河北与京津交通道路出现“断头路”“瓶颈路”，区域交通运输布局严重失衡，津冀轨道交通运力不足等问题（庞世辉，2015）❷。所以，由于各地区之间交通道路不同影响区域农产品流通，导致整体农产品流通成本较高，流通效率低下。

仓储条件与农产品流通技术变化和技术效率变化呈负相关。一是可能因为不同种类农产品所需存储条件不一样，所以对仓储设备要求较高，造成仓储中基础设施投入占比较大但是投资回收期较长；二是农产品仓储过程中的农产品损耗率较高，流通中间环节较多，使得仓储规模效应较低；三是对传统仓储设备投入资源，难以满足现代仓储需求，不利于提高农产品流通效率。

物流配送程度与农产品流通技术变化和技术效率变化呈正相关。这说明高效的物流配送有利于降低流通成本，提高服务水平和服务质量。物流水平越高，说明物流技术设施建设水平越高，运营能力、协调能力越强，在物流配送中损耗越少，成本越低，流通效率越高。

---

❶ 孙钰，卢同，崔寅．京津冀交通一体化水平提升研究［J］．生产力研究，2019（11）：6-9.

❷ 庞世辉．京津冀交通一体化发展现状与面临的主要问题［J］．城市管理与科技，2015，17（6）：12-15.

（3）流通环境

政府对农产品流通相关的财政支出与农产品流通技术变化和技术效率变化呈负相关。这说明政府承担各种社会责任，对农产品流通的相关补贴和财政支持不一定是以提高行业竞争力和效率为目标，所以可能政府相关资源并没有投入促进农产品流通效率的关键环节，因此并不能提高农产品流通效率。

农产品流通资本投入与农产品流通技术变化和技术效率变化呈正相关，说明加对资本投入有利于提高农产品流通效率。加大对农产品流通资本投入，促进资本优化和资源有效配置，有利于提高农产品流通效率。

信息化水平和电子商务水平与农产品流通技术变化和技术效率变化呈正相关。说明农产品流通中互联网、大数据、云计算等技术的应用，电子商务的发展改变了人民的生活方式，促进了农产品流通产业调整，对于提高农产品流通效率具有正向作用。

6.4 本章小结

本章基于农产品批发商视角，利用实际调研的一手数据，构建并估计了京津冀农产品流通效率影响因素的结构方程模型。通过实证研究发现，批发商的人力资本对流通效率和经营状况都具有明显的正向作用；经营状况不仅显著影响农产品的流通效率，还会影响农产品流通主体的表现；更好的流通主体表现有利于提高流通效率。此外，交通基础设施也会直接影响到农产品的流通效率，但仓储基础设施与批发市场基础设备对流通效率的影响不明显。不同的潜变量对流通效率的影响效应的大小不同，由高到低分别为人力资本、经营状况、主体表现和交通基础设施。

从京津冀地区看，劳动力素质、农产品交易市场集中度、农产品流通资本投入、信息化水平、电子商务水平和物流配送程度对提高农产品流通效率具有积极作用，劳动力规模、交通水平、仓储条件和政府对农产品流通相关的财政支出对提高农产品流通效率具有消极作用。

第7章　京津冀农产品供给效率研究——以蔬菜生产效率为例

农产品的生产效率会影响农产品的供给，供给效率在一定程度上也会影响农产品的流通效率，因此本章从农产品供给的角度，以农产品中的蔬菜生产效率为例，探讨农产品的供给效率问题。

蔬菜是人们生活中不可或缺的消费品，而蔬菜产业在农业发展中占据着越来越重要的地位。2016年，我国蔬菜（含食用菌）播种面积达到2233万公顷，产值约2.3万亿元，占同期农业生产总值的39%，以2.3%的优势略高于粮食作物产值的比重。但是，随着城镇化水平的不断提高，我国农用土地面积在一定程度上有所缩减，这意味着依靠增加蔬菜播种面积来满足蔬菜消费需求将难以持续，而蔬菜能否增产主要取决于其生产效率的高低。在京津冀协同发展逐渐成为国家重要战略的背景下，农业协同发展在京津冀协同发展过程中占有重要地位，而且京津冀兼具蔬菜主产地和主销地双重身份，故本书以京津冀为例对蔬菜生产效率进行分析并找出其主要影响因素极为必要。

国内关于蔬菜生产效率的研究主要采用数据包络分析法和随机前

沿生产函数分析法，而现有研究也多以全国或某省为研究对象，鲜有关于区域性蔬菜生产的对比研究。在京津冀协同发展的战略背景下，本书在已有研究成果的基础上运用 DEA - Malmquist 方法对京津冀蔬菜生产效率进行研究，并运用面板回归模型对京津冀蔬菜生产效率的影响因素进行分析，以期对促进京津冀三地农业合作与协同发展提供参考。

7.1　关于蔬菜生产效率测算和影响因素的相关研究

7.1.1　蔬菜生产效率测算研究

王亚坤和王慧军（2015）❶ 以黄瓜和番茄为例，运用超效率 DEA 模型和 Malmquist 指数对我国 21 个省的设施蔬菜生产效率进行测算，结果发现其生产过程中存在严重的投入冗余。孔祥智、张琛和周振（2016）❷ 以设施番茄为例，运用 SFA 方法对我国 15 个大中城市 2007—2012 年的蔬菜生产技术效率进行测算，结果表明不同地区的生产效率具有显著差异，但整体水平较高并呈波动式上升态势。韩凤娇（2017）❸ 运用 DEA - TFP - CCR 模型对山东省 2001—2014

❶ 王亚坤，王慧军．我国设施蔬菜生产效率研究［J］．中国农业科技导报，2015，17（2）：159 - 166.

❷ 孔祥智，张琛，周振．设施蔬菜生产技术效率变化特征及其收敛性分析——以设施番茄为例［J］．农村经济，2016（7）：9 - 15.

❸ 韩凤娇．山东省蔬菜生产效率评价研究［D］．淄博：山东理工大学，2017.

年蔬菜生产效率进行测算，并运用 DEA - Malmquist 指数对山东省 17 个城市的蔬菜生产效率进行评价，结果表明山东省 2001—2014 年蔬菜生产效率较为合理，但是在本省不同城市之间存在明显差异。章德宾（2018）❶ 基于 2009—2016 年的调查数据，运用 DEA - Malmquist 方法对我国露地蔬菜主产区农户种植规模与生产效率进行测算，结果显示种植规模大的农户相较于种植规模小的农户而言生产效率更高。王欢（2018）❷ 运用 SBM - DEA 模型、经济重心模型和 ML 指数等多种方法，从产业、品种和地区三个角度对我国蔬菜生产效率进行测评，并从时间与空间角度对该效率的变动进行分析。王变变、关士琪等（2020）❸ 利用 DEA 模型对甘肃省及其他省市的设施蔬菜的技术效率进行测算，发现甘肃省设施番茄和设施菜椒的技术效率低于全国平均水平。

7.1.2 蔬菜生产效率影响因素研究

钱静斐（2015）❹ 基于 2014 年山东肥城调研数据，运用 SFA 方法测算了该地有机菜花生产技术效率，并借此对其影响因素进行分析，认为户主受教育水平、从业年限、收入结构以及种植规模等因

---

❶ 章德宾．不同蔬菜种植规模农户农业生产效率研究：主产区 2009—2016 年的调查［J］．农业技术经济，2018（7）：41－50.

❷ 王欢．我国蔬菜生产效率及其时空效应研究［D］．北京：中国农业大学，2018.

❸ 王变变，关士琪，籍常婷，唐增．甘肃省设施蔬菜生产效率分析——基于地区比较的视角［J］．农业科技与信息，2020（6）：68－73.

❹ 钱静斐．有机蔬菜生产技术效率分析——基于随机前沿生产函数并以山东肥城为例［J］．湖南农业大学学报（社会科学版），2015，16（4）：1－7.

素影响着其生产技术效率的高低。张标、张领先等（2016）[1]以黄瓜和茄子为例，运用随机前沿生产函数对我国30个省市蔬菜生产技术效率进行测算并对其影响因素进行分析，结果表明，不同地区蔬菜生产技术效率存在明显差异，并发现农村人均纯收入与成灾面积比例对蔬菜生产技术效率的提高具有显著负向影响，而农村劳动力受教育水平、有效灌溉率和城镇化水平对其具有显著正向影响。黄圣和刘伟平（2017）[2]运用DEA－BCC模型对福建省蔬菜种植户调查数据进行投入产出分析，认为福建省蔬菜种植效率较低；并运用Tobit回归模型对蔬菜生产效率影响因素进行分析，结果表明户主的受教育年限及收入结构、种植技术、农业保险和物流水平等对蔬菜生产效率存在显著正向影响。金珏雯、穆月英（2019）[3]基于调研数据对设施蔬菜的生产效率进行了分析，并就管理水平、从业年限、家庭收入等因素的影响进行了分析。

7.2　京津冀蔬菜生产效率模型构建

目前，学术界关于生产效率的测评方法主要有数据包络分析法、随机前沿分析法、层次分析法、模糊综合评价法等，现有文献对蔬

[1] 张标，张领先，傅泽田，李鑫星．我国蔬菜生产技术效率变动及其影响因素分析——以黄瓜和茄子为例［J］．中国农业大学学报，2016，21（12）：133－143.

[2] 黄圣，刘伟平．福建省农户蔬菜生产效率及其影响因素分析［J］．福建农业学报，2017，32（3）：332－335.

[3] 金珏雯，穆月英．碳视角下的设施蔬菜生产效率——基于北京市调研的实证［J］．中国农业大学学报，2019，24（5）：240－252.

菜生产效率的研究主要运用了前两种方法。首先，层次分析法对所研究问题的分析过于简单，而模糊综合评价法在实践过程中极易受到主观因素的影响，使测评结果的客观性受到限制；其次，随机前沿分析法是在确定生产函数形式的基础上运行的，研究结果较易受到函数形式的限制；最后，数据包络分析法是根据每个决策单元的投入产出数据选取作为技术有效点的决策单元并进行效率测算的，既不用设定生产函数形式，也不用认为确定各指标的权重，测算结果具有较强的客观性。因此，本书主要选用基于 DEA（数据包络分析法）的 Malmquist 生产率指数法对京津冀蔬菜生产效率进行测评。

DEA 模型由 A. Charnes、E. Rhodes 和 W. W. Cooper 于 1978 年率先提出，该方法主要通过比较决策单元的相对效率对投入产出效率的研究，在运算结果中充分考虑了决策单元自身的特点，可以减少主观因素的影响。DEA 模型包含了 CCR、BCC、FG 和 ST 等多种模型，借助 DEA 模型，Malmquist 全要素生产率指数在生产效率测算中得到了广泛应用，本书在分析京津冀蔬菜生产投入冗余时选用的是 BCC 模型，但本书主要是运用 DEA - Malmquist 生产率指数法对京津冀蔬菜生产效率进行测评。

Malmquist 全要素生产率指数由 Malmquist 于 1953 年首次提出，经 Caves（1982）[1]、Fare 等（1994）[2] 对其进行改进后定义为：

---

[1] Caves D W, Christensen L R, Diewert W E. The Economic Theory of Index Numbers and the Measurement of Input, Output, and Productivity [J], Econometrica, 1982, 50 (6): 1393 - 1414.

[2] Fare R, Grosskopf S, Norris M, Zhang Z. Productivity Growth, Technical Progress, and Efficiency Change in Industrialized Countries [J], American Economic Review, 1994, 84 (1): 66 - 83.

$$M(x^{t+1},y^{t+1},x^t,y^t) = \left[\frac{D^t(x^{t+1},y^{t+1})}{D^t(x^t,y^t)} \times \frac{D^{t+1}(x^{t+1},y^{t+1})}{D^{t+1}(x^t,y^t)}\right]^{\frac{1}{2}} \quad (7.1)$$

上述定义式中，$D^t(x^{t+1},y^{t+1})$ 表示以 t 期的生产技术为参照 $t+1$ 期的距离函数，即可能的最大产出与实际产出之间的比值，其中 (x^{t+1},y^{t+1}) 表示 $t+1$ 期的投入产出向量；定义中其他变量的含义与此类似。如果 $M>1$，意味着所测评的决策单元在考察区间内的生产率是上升的；如果 $M<1$，意味着所测评的决策单元在考察区间内的生产率是下降的；如果 $M=1$，则意味着所测评的决策单元在考察区间内的生产率不变。

在规模收益不变的条件下，公式（7.1）可转换为技术效率变化（*Effch*）与技术进步变化（*Techch*）的乘积，转换后的形式如下：

$$M(x^{t+1},y^{t+1},x^t,y^t) = \frac{D_c^{\ t+1}(x^{t+1},y^{t+1})}{D_c^{\ t}(x^t,y^t)}$$

$$\times \left[\frac{D_c^{\ t}(x^{t+1},y^{t+1})}{D_c^{\ t+1}(x^{t+1},y^{t+1})} \times \frac{D_c^{\ t}(x^t,y^t)}{D_c^{\ t+1}(x^t,y^t)}\right]^{\frac{1}{2}} = Effch \times Techch \quad (7.2)$$

技术效率变化也称为“追赶效应”，$Effch>1$ 意味着决策单元的相对生产技术效率有所提高；$Effch<1$ 意味着相对技术效率有所下降。技术进步变化又称为“增长效应”，$Techch>1$ 意味着技术有所创新即存在技术进步；$Techch<1$ 意味着技术在退步。

在规模收益可变的条件下，公式（7.2）中的 *Effch* 又可分解为纯技术效率变化（*Pech*）与规模效率变化（*Sech*），即

$$Effch = \frac{D_v^{\ t+1}(x^{t+1},y^{t+1})}{D_V^{\ t}(x^t,y^t)}$$

$$\times \left[\frac{D_v^{\ t}(x^t,y^t)}{D_v^{\ t+1}(x^{t+1},y^{t+1})} \times \frac{D_c^{\ t+1}(x^{t+1},y^{t+1})}{D_c^{\ t}(x^t,y^t)}\right] = Pech \times Sech \quad (7.3)$$

故 Malmquist 指数的定义式可进一步写为 $M(x^{t+1},y^{t+1},x^{t},y^{t}) = Pech \times Sech \times Techch$。其中，*Pech* 表示管理水平的提升引起的效率变动，$Pech > 1$ 意味着纯技术效率有所进步；*Sech* 表示决策单元的生产规模与最优规模之间的靠拢程度，$Sech > 1$ 意味着决策单元的生产规模更加接近最优规模。

7.3 指标选取与数据来源

依据 C－D 生产函数，并综合考虑京津冀蔬菜生产投入产出数据的可得性与完整性，本书选用 2005—2016 年北京市、天津市与河北省及下属 11 个城市的蔬菜生产数据对京津冀蔬菜生产效率进行测算，相关原始数据主要来自历年《中国农村统计年鉴》和《河北农村统计年鉴》。其中，产出指标确定为蔬菜产量；投入指标共 7 个，分别是蔬菜生产从业人员、蔬菜（含食用菌）播种面积、蔬菜生产机械总动力、蔬菜生产化肥施用量、蔬菜生产农药使用量、蔬菜生产柴油使用量和蔬菜生产用塑料薄膜使用量。由于以上指标数据多数是以农林牧渔业为对象进行统计的，因此本书借鉴已有研究成果对相关原始数据进行处理得出研究所需数据，详见表 7.1。

表7.1　京津冀蔬菜生产效率投入产出指标说明

指标类型	变量		调整公式	
产出指标	蔬菜生产总量（万吨）	Y	—	参考马林静、王亚鹏等(2015)[1]对粮食生产投入指标的处理方法
劳动力投入指标	蔬菜生产从业人员（万人）	L	农林牧渔业从业人员 $\times A \times B$	
土地投入指标	蔬菜播种面积（千公顷）	A	—	
资本投入指标	蔬菜生产机械总动力（万千瓦）	M	农用机械总动力 $\times B$	
	蔬菜生产化肥施用量（万吨）	F	农用化肥施用量（折纯量） $\times B$	
	蔬菜生产农药使用量（吨）	P	农药使用量 $\times B$	
	蔬菜生产柴油使用量（万吨）	D	农用柴油使用量 $\times B$	
	蔬菜生产用塑料薄膜使用量（吨）	AF	农用塑料薄膜使用量 $\times B$	

注：原始数据均来自《中国农村统计年鉴》《河北农村统计年鉴》；A = 农业产值/农林牧渔业总产值，B = 蔬菜播种面积/农作物播种面积。

2005—2016年，京津冀区域蔬菜播种面积变动幅度基本保持在-2%~4%之间，仅2007年出现8.79%的大幅度缩减。在此期间，北京市蔬菜播种面积基本呈逐年下降之势；而天津市与河北省均是有升有降，并且上升年份多于下降年份，但是就蔬菜播种面积绝对值而言，天津市和河北省却表现出一降一升的不同状态。

从产量来看，京津冀区域蔬菜总产量和单位面积产量均呈上升趋势，但是其增长率却在不断减小，这与全国平均情况相似。其中，北京市由于蔬菜种植面积在不断减少，所以其总产量下降幅度不断

[1] 马林静，王雅鹏，吴娟．中国粮食生产技术效率的空间非均衡与收敛性分析[J]．农业技术经济，2015（4）：4-12.

加大，与此同时，除2007年和2016年外北京市蔬菜单位面积产量也呈下降趋势，其下降率于2015年达到7.97%；天津市和河北省蔬菜总产量的变动与各自播种面积的变动相似，就单位面积产量而言，天津市除2006年外的其余年份均呈增产之势，河北省除2006年出现4%的降幅、2016年出现0.1%的降幅外，其余年份的单位面积产量也呈增产之势。

通过对数据的整理发现，京津冀经济圈中河北省各市蔬菜产量之和约占京津冀区域产量的90%，这就意味着河北省的蔬菜生产情况对京津冀区域生产具有较大的影响；而河北省各市因自然条件和社会条件的不同，其各自蔬菜生产情况也呈现出一定的差异，进而影响河北省整体生产效率。由于京津冀经济圈之外的3个市（邯郸、邢台和衡水）蔬菜产量之和占河北省蔬菜总产量的20%左右，所以本项目将河北省11个城市均作为研究对象进行分析。

7.4 京津冀蔬菜生产率的测算

7.4.1 2006—2016年蔬菜生产效率

本书利用2005—2016年京津冀三地蔬菜投入产出数据，并借助DEAP 2.1软件对其Malmquist生产率指数进行测算和对比分析，同时与全国平均情况进行对比。从表7.3中我们有如下发现。

表7.2 京津冀蔬菜生产效率投入产出指标说明

	蔬菜总产量（万吨）					单位面积产量（吨/公顷）				
	全国	京津冀	北京市	天津市	河北省	全国	京津冀	北京市	天津市	河北省
2005年	56 451.49	6 089.30	423.89	542.74	6 467.61	31.86	57.78	47.84	41.85	58.54
2006年	53 953.05	5 883.35	341.20	275.50	6 314.44	29.62	55.80	41.84	22.87	56.23
2007年	56 452.04	5 758.99	340.10	274.37	6 440.69	32.58	57.09	48.52	43.28	59.92
2008年	59 240.35	5 956.36	321.31	314.16	6 684.56	33.14	57.95	47.12	43.50	60.69
2009年	61 823.81	6 025.71	317.11	373.85	6 742.10	33.57	61.39	46.30	46.26	61.24
2010年	65 099.41	6 281.40	302.98	419.31	7 073.57	34.26	61.71	44.86	49.42	62.13
2011年	67 929.67	6 556.91	296.87	431.30	7 384.30	34.59	63.30	44.44	49.51	63.78
2012年	70 883.06	6 803.82	279.90	447.70	7 695.13	34.83	63.53	43.67	50.35	63.97
2013年	73 511.99	6 989.69	266.86	455.06	7 902.12	35.17	64.48	43.06	50.64	64.75
2014年	76 005.48	7 160.77	236.16	460.20	8 125.69	35.51	65.50	41.07	51.08	65.66
2015年	78 526.10	7 206.44	205.14	441.54	8 243.69	35.69	66.42	37.80	51.29	66.37
2016年	79 779.71	7 196.30	183.58	450.36	8 193.37	35.73	67.25	38.69	54.11	66.28
石家庄	1262.82					79.55				
唐山市	1341.51					73.46				

续表

	蔬菜总产量（万吨）					单位面积产量（吨/公顷）				
	全国	京津冀	北京市	天津市	河北省	全国	京津冀	北京市	天津市	河北省
秦皇岛			274.62					63.30		
邯郸市			778.87					57.37		
邢台市			328.10					52.70		
保定市			885.84					57.47		
张家口			571.68					57.73		
承德市			319.42					48.22		
沧州市			488.76					58.61		
廊坊市			647.66					61.72		
衡水市			400.68					49.42		

注：表中数据来自《中国农村统计年鉴》和《河北农村统计年鉴》；表中下半部分是11个城级市2005—2016年的平均值。

（1）我国蔬菜全要素生产率指数总体呈增长态势，考察期内仅2006年和2009年分别出现7%和1.5%的下降，而2006—2016年蔬菜全要素生产率指数均值为1.022（全国），即全要素生产率年均增长率为2.2%；累计增长率（2005年=1.000，下同）为1.263，即以2005年为基期的2016年全要素生产率增长了26.3%；全要素生产率增长中的蔬菜技术效率指数均值为0.995（全国），而技术进步指数为1.026（全国），这表明我国蔬菜生产中出现了技术效率恶化、技术进步加强的局面，并且后者的强度要大于前者，即全要素生产率的增长主要是由蔬菜技术进步带来的，也意味着我国蔬菜全要素生产率的增长主要是“增长效应”而非“追赶效应”。而技术效率指数可以进一步分解为纯技术效率指数和规模效率指数，在实证过程中得知两项指数分别为1.000和0.995，即我国蔬菜技术效率恶化主要是由规模效率下降导致的。

（2）京津冀区域蔬菜全要素生产率每年（除2006年和2007年外）呈增长态势，并且2006—2016年其平均值为1.013，累计增长率为1.143，即全要素生产率年均增长率为1.3%、以2005年为基期的2016年全要素生产率增长率14.3%；京津冀蔬菜全要素生产率指数的分解因素中技术效率指数和技术进步指数分别是0.999和1.017、纯技术效率指数和规模效率指数分别为1.000和0.997，这与全国蔬菜生产情况基本相同，即其全要素生产率的增长主要是因为技术进步加强、技术效率的恶化主要是因为规模效率的下降。

（3）京津冀三地蔬菜生产效率呈现“两升一降”态势。2006—2016年，北京市蔬菜全要素生产率除个别年份增长外的多数年份都呈下降趋势，并且在考察的11年间平均值为0.985、累计增长率为

0.849，即全要素生产率年均增长率为-1.5%、以2005年为基期的2016年全要素生产率下降了15.1%；北京市全要素生产率指数的分解因素中技术效率指数和技术进步指数分别是0.950和1.037、纯技术效率指数和规模效率指数分别为1.009和0.942，与全国和京津冀区域相同的是北京市蔬菜生产表现出技术效率恶化而技术进步加强的现象，不同的是北京市蔬菜技术进步强度弱于技术效率的恶化程度，并且北京市纯技术效率有所提升。与北京市的情况不同，天津市和河北省蔬菜全要素生产率除2006年下降外其他年份均表现为上升态势，且二者的蔬菜全要素生产率指数均值分别为1.014和1.010、累计增长率为1.174和1.115，均表现出正向变化，但是两地蔬菜生产呈现出与北京市相同的技术效率恶化、技术进步加强的特点；在技术效率指数的分解因素方面，天津市和河北省稍有不同，即天津市蔬菜纯技术效率指数和规模效率指数分别为1.014和0.979，河北省蔬菜纯技术效率指数和规模效率指数分别为1.000和0.995，这意味着前者纯技术效率有所提升而后者并没有表现出明显变化。

鉴于不同地区的资源与经济发展均存在差异而河北省又是京津冀区域蔬菜生产的主要地区，因此对京津冀各市蔬菜生产情况进行分析是很必要的。从表7.4可知，在京津冀所有城市中，只有北京和衡水两个地区的蔬菜全要素生产率指数小于1，即其蔬菜全要素生产率总体呈下降态势，而其余11个城市的蔬菜全要素生产率均表现为增长态势，其中承德、沧州和石家庄的增长率位居前三名。就全要素生产率指数分解因素而言，北京、天津、邢台、廊坊和衡水

表 7.3　2006—2016 年京津冀蔬菜全要素生产率指数及其分解因素对比

	地区	2006 年	2007 年	2008 年	2009 年	2010 年	2011 年	2012 年	2013 年	2014 年	2015 年	2016 年	均值
全要素生产率指数（*tfpch*）	全国	0.930	1.060	1.065	0.985	1.009	1.009	1.005	1.054	1.050	1.036	1.041	1.022
	北京	0.880	1.141	1.060	0.945	1.049	0.981	0.976	0.951	0.931	0.931	1.020	0.985
	天津	0.551	1.458	1.021	1.061	1.066	1.026	1.040	1.018	1.028	1.017	1.114	1.014
	河北	0.960	1.039	1.016	1.006	1.010	1.026	1.000	1.009	1.011	1.010	1.024	1.010
	京津冀	0.931	1.085	1.023	1.009	1.012	1.024	1.002	1.008	1.010	1.008	1.029	1.013
技术效率指数（*effch*）	全国	0.930	1.767	0.976	0.678	0.901	0.920	1.037	1.066	1.010	0.959	0.986	0.995
	北京	0.885	1.261	1.000	0.780	0.967	0.896	0.992	0.933	0.935	0.885	0.989	0.950
	天津	0.486	1.488	1.000	1.095	1.060	0.968	1.056	1.008	1.001	0.978	1.084	0.992
	河北	0.935	1.176	0.991	0.903	0.999	0.987	1.006	1.000	0.999	0.979	0.996	0.995
	京津冀	0.901	1.204	0.997	0.921	1.001	0.983	1.009	1.000	0.998	0.978	0.999	0.999
技术进步指数（*techch*）	全国	1.000	0.600	1.092	1.453	1.121	1.096	0.969	0.990	1.040	1.080	1.055	1.026
	北京	0.994	0.905	1.060	1.211	1.085	1.096	0.985	1.019	0.995	1.052	1.032	1.037
	天津	1.133	0.980	1.022	0.969	1.005	1.060	0.985	1.009	1.026	1.040	1.027	1.022
	河北	1.027	0.884	1.025	1.115	1.011	1.039	0.994	1.008	1.012	1.031	1.028	1.014
	京津冀	1.033	0.901	1.026	1.096	1.011	1.041	0.993	1.008	1.012	1.031	1.030	1.017
全要素生产率累计增长率	全国	0.930	0.986	1.050	1.034	1.043	1.053	1.058	1.115	1.171	1.213	1.263	—
	北京	0.880	1.004	1.064	1.006	1.055	1.035	1.010	0.961	0.894	0.833	0.849	—
	天津	0.551	0.803	0.820	0.870	0.928	0.952	0.990	1.008	1.036	1.054	1.174	—
	河北	0.960	0.997	1.013	1.019	1.030	1.056	1.056	1.066	1.078	1.088	1.115	—
	京津冀	0.931	1.010	1.033	1.043	1.055	1.081	1.083	1.091	1.102	1.111	1.143	—

5个城市的蔬菜技术效率指数和规模效率指数均小于1，即其在蔬菜技术效率和规模效率上均表现出了下降的变化方向；石家庄、唐山和张家口的这两项指数均为1.000，即其技术效率和规模效率总体并没有变动，邯郸的蔬菜技术效率和规模效率分别呈现出不变和上升状态，而其余4个市的蔬菜技术效率和规模效率整体上均有所提高。北京和天津蔬菜生产纯技术效率指数大于1，邯郸和廊坊蔬菜生产纯技术效率小于1，其余城市均等于1，即约1/3的城市蔬菜纯技术效率总体没有改变；京津冀13个城市蔬菜技术进步指数均大于1，表明其技术进步总体有所加强，且北京和石家庄的强化度较高。

表7.4　2006—2016年京津冀各市蔬菜全要素生产率指数及其因素分解

	技术效率指数（*effch*）	技术进步指数（*techch*）	纯技术效率（*pech*）	规模效率（*sech*）	全要素生产率（*tfpch*）
北京	0.950	1.037	1.009	0.942	0.985
天津	0.992	1.022	1.014	0.979	1.014
石家庄	1.000	1.040	1.000	1.000	1.040
唐山市	1.000	1.011	1.000	1.000	1.011
秦皇岛	1.011	1.009	1.000	1.011	1.020
邯郸市	1.000	1.015	0.997	1.003	1.015
邢台市	0.985	1.032	1.000	0.985	1.016
保定市	1.003	1.017	1.000	1.003	1.020
张家口	1.000	1.009	1.000	1.000	1.009
承德市	1.029	1.029	1.000	1.029	1.058
沧州市	1.008	1.036	1.000	1.008	1.044
廊坊市	0.985	1.017	0.991	0.994	1.001
衡水市	0.971	1.027	1.000	0.971	0.997
平均值	0.995	1.023	1.001	0.994	1.017

为了进一步了解13个市蔬菜全要素生产率指数的长期变化趋势，本书将Malmquist指数换算成以2005年为基期的累计增长率。

如图 7. 1 所示，京津冀不同城市蔬菜全要素生产率累计增长率之间存在较大差异，增长率最高的是承德（1. 864），而增长率最低的是北京（0. 849），前者是后者的 2. 196 倍；河北省内全要素累计增长率最低的是衡水（0. 968），该市也是河北省唯一一个全要素生产率累计增长率下降的地市。由前述分析可知，技术进步是全要素生产率增长的主要原因，因此有必要对其进行换算分析。其中，技术进步累计增长率最高的是石家庄（1. 544），最低的是张家口（1. 104），前者是后者的 1. 399 倍，差距相对较小，并且 13 个城市的技术进步累计增长率均大于 1，表明所考察的地市蔬菜种植技术均有所创新。

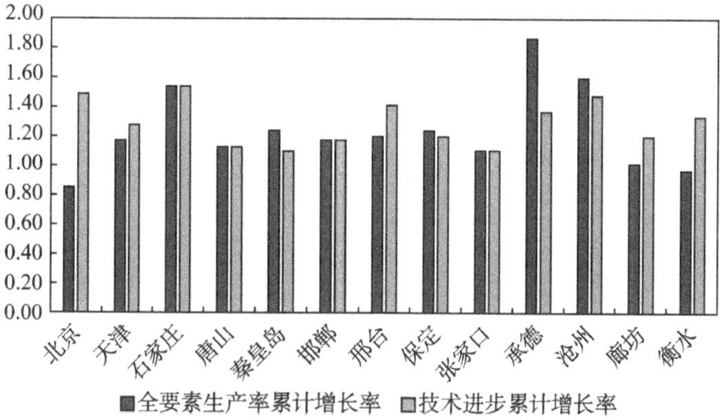

图 7. 1　京津冀 13 个城市蔬菜全要素生产率累计增长率和技术效率累计增长率

7. 4. 2　2017—2020 年京津冀蔬菜生产效率的预测

鉴于部分数据的获取存在困难，本书在 95% 的置信区间下，对北京、天津、河北及京津冀地区蔬菜全要素生产效率进行趋势预测，从而得出京津冀三地 2017—2020 年蔬菜生产效率水平。

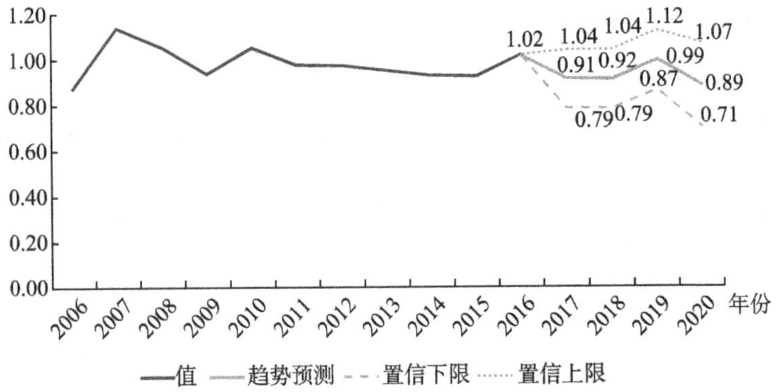

图 7.2　2017—2020 年北京蔬菜全要素生产率趋势预测

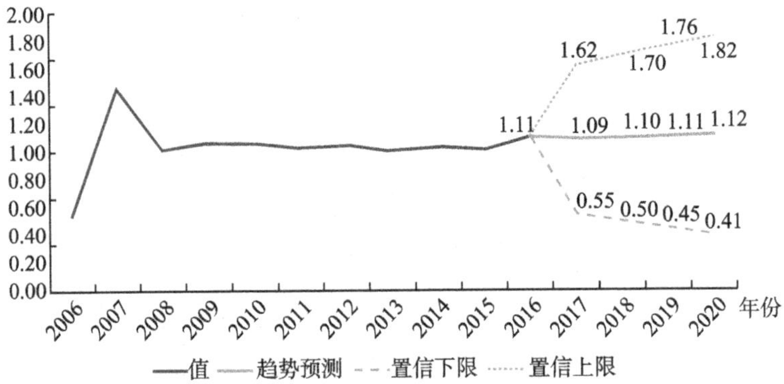

图 7.3　2017—2020 年天津蔬菜全要素生产率趋势预测

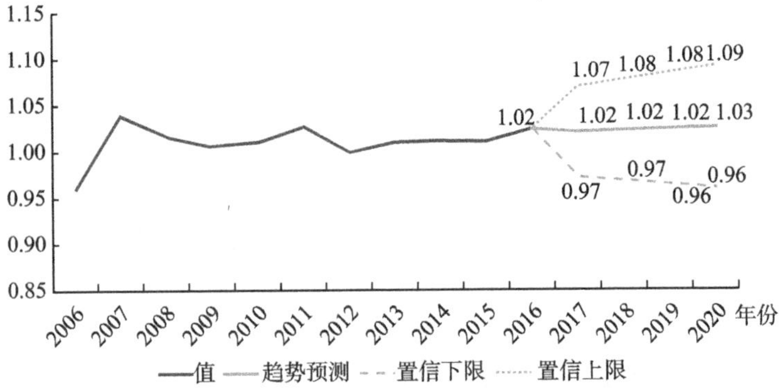

图 7.4　2017—2020 年河北省蔬菜全要素生产率趋势预测

从图7.2、图7.3和图7.4中可知，2017—2020年北京蔬菜全要素生产率呈下降趋势，且基本维持在0.9以上；天津和河北省蔬菜全要素生产率整体表现为平稳上升趋势，且均维持在1以上，天津优于河北省。即总体而言，蔬菜全要素生产率呈现出“天津>河北>北京”的特征。而京津冀区域蔬菜全要素生产率的趋势预测如图7.5所示。

2017—2020年的预测数据显示，京津冀区域蔬菜全要素生产率处于平稳状态，且保持在1以上，即使是在置信区间的下限，其生产效率也保持在0.9以上，即该区域的蔬菜生产效率水平整体较高。

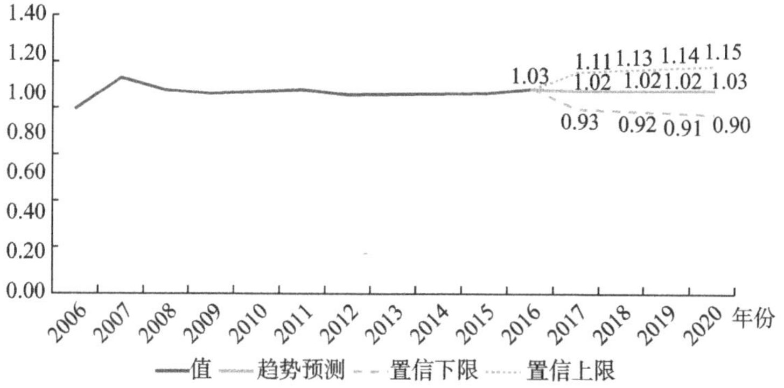

图7.5　2017—2020年京津冀蔬菜全要素生产率趋势预测

7.5　京津冀蔬菜生产率影响因素分析

7.5.1　模型设定

在前一部分中，我们运用DEA－Malmquist生产率指数法对京津冀地区蔬菜生产率进行了分析，此部分我们将利用上述分析中京津冀地区蔬菜全要素生产率累计增长率作为被解释变量对京津冀蔬菜生产效率的影响因素进行分析。通过对相关文献的梳理，并考虑到数据的可得性、完整性和持续性，本项目选取相关影响因素作为此部分的解释变量进行 Tobit 面板回归模型的构造：

$$TFP_{i,t} = \alpha + \beta_1 \ln NIR_{i,t} + \beta_2 \ln L_{i,t} + \beta_3 \ln A_{i,t} + \beta_4 \ln M_{i,t} + \beta_5 \ln E_{i,t} + \beta_6 G_{i,t} + \beta_7 S_{i,t} + \beta_8 Z_{i,t} + \mu_{i,t} \quad (7.4)$$

上式中，i 和 t 分别表示地区和时间；TFP 为蔬菜全要素生产率累积增长率；NIR 为农村居民人均纯收入，该项指标可以影响农民的生产行为，较高的收入水平会提高农民的生产积极性，进一步提高生产效率；L 为蔬菜种植从业人员数量即劳动力投入量，适当增加从业人员可以促进全要素生产率的提高；A 为蔬菜种植面积，该指标反映了蔬菜种植规模，经济学上存在规模收益递增、规模收益不变和规模收益递减三种情况，所以种植规模的扩大对全要素生产率变动的影响存在不确定性；M 为蔬菜生产机械总动力，表示蔬菜生产的机械化程度，机械化程度的提高可以促进全要素生产率的提升；E 为人力资本，其值是农村劳动力平均受教育年限，它反映了劳动力质量，劳动力质量的提高在一定程度上可以促进全要素生产率的提高；G 为有效灌溉率，该指标定义为有效灌溉面积与农作物总播种面积的比值，蔬菜种植对水的需求量比较大，有效灌溉率可能会促进生产效率的提高；S 为蔬菜播种比例，该指标定义为蔬菜播种面积与农作物播种面积的比值，也反映了京津冀蔬菜种植规模；Z 为受灾比例，农作物生产在一定程度上会受到自然灾害的影响，在其他条件不变的情况下，自然灾害的发生会使农作物减产，从而降低生产效率，本项目借鉴相关文献将其定义为农作物受灾面积与农作物播种面积的比值。

模型中涉及的解释变量原数据来自《中国农村统计年鉴》和《河北农村统计年鉴》。

7.5.2　实证结果分析

在进行影响因素分析之前，为了避免出现伪回归现象，首先对各变量进行平稳性检验。由于各变量含有截距项和趋势项的情况不同，所以在进行检验时选用了 Levin、Lin & Chut、ADF - Fisher Chi - square 和 PP - Fisher Chi - square 三个检验方法，并在 Eviews8.0 中对其进行检验。结构显示所有变量在 1% 的显著性水平下均未通过检验，即 8 个变量序列在既定显著水平下均存在单位根，但是其一阶差分在 1% 的显著水平下都通过了单位根检验。如表 7.5 所示，所有变量的一阶差分序列的 P 值均小于 0.01，即拒绝了原假设，TFP、$\ln NIR$、$\ln L$、$\ln A$、$\ln E$、G、S 和 Z 均为一阶单整序列。此外，我们运用 Kao 检验方法对变量之间的协整关系进行了检验，结果显示对应 P 值小于 0.01，即拒绝原假设，变量之间存在长期协整关系。

由上述分析可知，模型中的变量通过了单位根检验和 Kao 协整检验，由此我们可以对京津冀 13 个城市蔬菜全要素生产率变动影响因素进行回归分析，并在分析过程中选用 CENSORED 检验方法中的 Tobit 法进行模型检验。表 7.6 为 2006—2016 年京津冀蔬菜生产效率影响因素的回归结果。由回归结果可知，回归模型的整体拟合效果比较好，但是并不是所有的影响因素都对京津冀蔬菜全要素生产效率变动具有显著影响。

表 7.5　回归模型中变量的单位根检验

检验方法	*TFP*	ln*NIR*	ln*L*	ln*A*	ln*M*	ln*E*	*G*	*S*	*Z*
Levin, Lin & Chu t	-10.6574	-7.4396	-11.3344	-7.2516	-8.50589	-3.4398	-11.8760	-12.1552	-13.2108
	(0.0000)	(0.0000)	(0.0000)	(0.0000)	(0.0000)	-0.0003	(0.0000)	(0.0000)	(0.0000)
ADF - Fisher	106.3050	53.6808	138.9570	88.6522	69.3429	54.3886	144.7200	157.4890	155.6850
Chi - square	(0.0000)	0.0011	(0.0000)	(0.0000)	(0.0000)	0.0009	(0.0000)	(0.0000)	(0.0000)
PP - Fisher	118.6160	53.3617	156.6690	115.1690	67.3315	58.1944	158.6620	162.9670	180.2960
Chi - square	(0.0000)	0.0012	(0.0000)	(0.0000)	(0.0000)	0.0003	(0.0000)	(0.0000)	(0.0000)

注：括号中为 *Z* 统计量的 *P* 值。

表7.6 京津冀蔬菜全要素生产率变动影响因素回归结果

变量	影响系数	标准误差	z统计量	可能性
c	0.1489	0.7254	0.2052	0.8374
$\ln NIR$	0.1867***	0.0482	3.8723	0.0001
$\ln L$	0.0603	0.0408	1.4788	0.1392
$\ln A$	-0.1496***	0.0477	-3.1366	0.0017
$\ln M$	0.2429***	0.0410	5.9226	0.0000
$\ln E$	0.4171	0.3808	1.0951	0.2735
G	-1.6967***	0.1776	-9.5527	0.0000
S	-0.0766	0.1014	-0.7550	0.4503
Z	-0.2715	0.1752	-1.5492	0.1213
σ	0.1353***	0.0080	16.9124	0.0000

注：*** 分别表示在10%、5%和1%的显著性水平下通过检验。

（1）农村居民人均纯收入和蔬菜生产机械总动力在1%的显著水平下对京津冀蔬菜全要素生产率变动具有显著正向影响，其影响系数分别为0.1867和0.2429，这与预估结果相一致。农村居民人均纯收入的提高会增加农民的闲置资金，一定程度上使以农业生产为主要经济活动的农民增加生产资本投入，提高新技术引进程度，进而提高产品的生产量与生产效率；蔬菜生产机械总动力的投入在一定程度上可以反映蔬菜生产的机械化程度，机械化程度的提高可以减少人员的投入和种植过程中的资本投入，提高蔬菜种植效率。

（2）蔬菜种植面积和有效灌溉率在1%的显著水平下对京津冀蔬菜全要素生产率变动具有显著负向影响，其影响因素的系数分别为-0.1496和-1.6967。蔬菜种植面积代表了蔬菜种植规模，其系数显著为负，说明蔬菜种植规模的扩大并没有促进其全要素生产率的提高，这就要求京津冀现阶段不要一味盲目扩大蔬菜种植规模，而应对蔬菜种植适宜区与非适宜区进行区别化处理，在适宜区适当扩大蔬菜种植面积，对非适宜区的种植面积进行缩减，从而促进蔬菜全要素生产率的提升；也可能是因为京津冀地区蔬菜种植面积虽然有所扩大，但是区域分布较为分散，未能形成规模化种植。回归结果中有效灌溉率的影响系数显著为负，即有效灌溉率的提高反而阻碍了京津冀蔬菜全要素生产率的提高，这与预期结果并不一致，可能是因为京津冀地区蔬菜种植灌溉设施与技术相对落后，导致蔬菜灌溉成本较高，从而使其与蔬菜种植产出不能很好匹配。

（3）劳动力投入和劳动力平均教育水平对京津冀蔬菜全要素生产率的提高具有正向影响，这两个影响因素对京津冀蔬菜生产的影响方向与预期结果一致，即有利于促进蔬菜全要素生产率的提高，但是未能通过显著性检验，说明其对京津冀蔬菜全要素生产率提高的作用较为有限；蔬菜播种比例和受灾比例对京津冀蔬菜全要素生产率的提高具有负向影响，其影响系数分别为 -0.0766 和 -0.2715，但其影响并不显著，这表明蔬菜播种比例的提高和受灾比例的上升会阻碍京津冀蔬菜全要素生产率的提升。

7.6 本章小结

本章以蔬菜生产效率为例，从生产力的角度分析了影响京津冀蔬菜生产效率的因素。通过构建数据包络模型以及 Malmquist 指数方法对京津冀生产效率进行了评价，并用 Tobit 面板回归模型对其影响因素进行了分析。

研究发现，我国蔬菜全要素生产率指数总体呈增长态势，京津冀区域蔬菜全要素生产率每年（除 2006 年和 2007 年外）呈增长态势，京津冀三地蔬菜生产效率呈现“两升一降”态势，北京市蔬菜全要素生产率除个别年份增长外的多数年份都呈现下降趋势，天津市和河北省蔬菜全要素生产率除 2006 年下降外其他年份均表现为上升态势，且根据 2017—2020 年蔬菜生产效率的预测数据可知，京津冀区域的蔬菜生产效率整体处于较高的水平，但北京相对落后。农村居民人均纯收入和蔬菜生产机械总动力对京津冀蔬菜全要素生产率变动具有显著正向影响，蔬菜种植面积和有效灌溉率对京津冀蔬菜全要素生产率变动具有显著负向影响。

第8章　京津冀农产品流通体系优化的路径和配套政策

8.1　京津冀农产品流通体系优化的思路与原则

8.1.1　优化思路

京津冀三省市地缘相邻，产业发展特征、结构互补，具备相互融合、协同发展的良好条件。近年来，京津冀协同发展深入推进，但三地的发展依然存在各自的短板。京津冀农产品流通体系作为一个复杂的大系统，各子系统间相辅相成、协调运作是提高整体区域农产品流通效率的重要保障。三省市以《京津冀农产品流通体系创新行动方案》为总方针，围绕“疏解、协同、创新”三个工作重点，农产品流通体系的优化与创新取得了一定成果。然而，现阶段京津冀区域农产品流通的制度规章、法律法规等存在诸多不足，而流通主体又具有天然的自利特征，这必然引起个体决策与整体利益的矛盾和冲突。流通主体是农产品流通体系中最活跃的因素，流通体系的优化除了保障各方流通主体的利益，旨在通过协调机制、利益分配机制等使参与流通的各主体之间能够共同承担风险、共享信息与资源，降低流通总成本，提高农产品流通效率和质量，保障市场供应和食品质量安全。

基于以上目标，以“互利共赢，协作创新”为主旨导向，本着求真务实、资源有效配置、利益平衡的原则，通过打破区域壁垒，促进商品和要素自由流动、商品市场充分竞争，弱化市场分割等手段，探索京津冀农产品流通体系的优化路径，并提出相关配套政策，以期推动形成物尽其用、货畅其流、价尽其值的高效农产品流通体系，带动发展功能完备、布局优化的城市群。

8.1.2　基本原则

8.1.2.1　求真务实原则

京津冀农产品流通体系的优化路径要与其产业和资源禀赋的客观实际相符合，与其经济发展水平和阶段相适应，并且将京津冀流通体系中农产品的生产、流通以及消费需求情况有机结合起来。实践中，对农产品流通体系的优化并不是推翻或颠覆原有的模式或机制，凭空嫁接以先进的发展路径，而是按照求真务实的原则，采用滚动计划法，提出阶段性切实可行的方法路径。

8.1.2.2　资源有效配置原则

京津冀三省市应突破行政划分，树立区域观念，充分整合可利用的人力、物力、财力、基础设施及信息与管理技术等各项资源，提高资源的利用率，对农产品流通体系进行有效的优化，以此将流通时间进行压缩，减少流通损耗，降低流通成本。同时，灵活运用闲置资源，互相补充和调度关键性资源及短缺资源，共同构建均衡高效、共享共赢的农产品流通体系。

8.1.2.3 利益平衡原则

利益是市场进行资源配置的最终目标，通过多种手段的实施，协调各方在利益方面的冲突因素，使参与主体达到诱因和贡献的平衡，农产品流通体系才能够健康高效运转。因此，应坚持利益平衡原则，以公平、有序、效率的实现为价值追求，综合考虑市场的利益格局和各种流通方式，根据实际发展不断调整或适时制定合理可行的规章制度，对在各环节参与农产品流通的主体进行约束和规范。但是也应该明确，利益分配在各方间完全平衡是一种理想状态。平衡和不平衡交替出现会是一种常态。

8.2 京津冀农产品流通体系优化的路径

8.2.1 促进流通主体发展

8.2.1.1 激励农产品批发商之间的合作

农产品流通主体表现会显著影响京津冀农产品的流通效率。但通过实地调研发现，受访的农产品批发市场中买卖双方之间的交易大都较为松散。一方面，农产品批发市场缺少相关的市场规范文件对农产品批发商进行约束；另一方面，批发商户仅仅依靠其地缘关系来培育上下游主体之间的合作关系，对违规方的约束力度薄弱。当前的京津冀农产品流通主体间的合作规模都不大，很难形成规模效应。因此，京津冀地区需要完善农产品流通主体的合作机制，加强各流通主体之间的合作关系，提升农产品流通主体的表现。在具体政策的实施上，本项目认为政府部门应着重完善农产品批发市场的内部秩序，促进农产品批发市场经营的规范化，规范农产品批发商的经营与管理行为。此外，应对不同流通主体出台相应的保护其合法权益的法律法规，并提升流通主体间的合作水平，从而提升京津冀农产品流通效率。

8.2.1.2　促进农产品批发商经营的规模化发展

由于农产品的价格较低，因此增大自身的经营规模是各流通主体提高经济收益的主要途径。规模化经营不仅能够增加批发商的经营利润，而且有利于提升京津冀农产品的流通效率。因此，本项目认为政府部门应当充分重视农产品批发市场在农产品流通中的核心作用，并充分保障和增大农产品批发商的经济利益，增大对农产品批发商的扶持力度。在具体政策上，政府可以利用政策补贴、税收优惠等措施来促进农产品批发商的规模化发展，支持农产品批发市场的升级改造，从而提升京津冀农产品的流通效率。

8.2.1.3 着力培育市场主体规模化和高质量发展

京津冀农产品流通体系中生产端服务层、流通服务层，以及消费服务层的主体数量巨大，流通主体的组织化程度和发展质量是关乎农产品流通体系运行情况和农产品流通效率的重要因素。目前来看，京津冀地区尤其是河北省农户的分散生产状态不会有太大改变，但要通过有计划地培育和发展运营规范的新型农业合作组织的壮大，有效提高农产品流通主体的组织化程度和整体实力，实力强大的合作社可以使农产品在首次交易阶段更具话语权，在很大程度上保护农民的利益。对于河北省农产品卖不到高价，甚至进京难的问题，专业化、懂市场的经纪人队伍可起到传递市场信息、指导农业生产的作用，避免盲目生产。另外，针对消费者日益增加的个性化、特色化产品的需求，经纪人队伍作为供需的直接纽带，可为小批量、定制化农产品的流通打开通道。具有丰富经济技术和资源的农业流通龙头企业一般同时具有品牌优势，它们凭借其先进的技术，庞大的营销网络，更容易获得优质、大额、稳定的订单。因此，鼓励众多微小企业合并，或大企业收购、并购微小企业，提高企业集中度，打造京津冀地区的“领头羊”企业，对于发挥集群辐射作用和提高产业整体实力至关重要。

农产品流通批发零售商则应考虑购进农产品的量和结构的问题，引进大数据、前置仓、市区配送中心等先进技术和方法，实现精准供应和配送。

8.2.1.4　促进龙头企业、农村合作组织建设

河北省大型龙头企业较少，要不断促进龙头企业建设。龙头企业一般都具有较大的优势，如企业资金技术优势和信息优势，能够及时获取市场最新行情从而对农业生产进行指导，促进产销对接，以市场需求指导生产，保证农产品生产的销售条件，减少因农产品过剩等损害农民利益和资源浪费情况的发生。另外，要促进农村合作组织建设。农村合作组织在议价等方面相较于个体农户而言有很大的有利条件，能够保证农民利益。

8.2.1.5　加强对流通专业型人才的培养

“互联网 +”的广泛应用和农产品电子商务的发展，对农产品流通从业人员的素质提出了更高要求。掌握流通相关的科学知识和理论，学习智能化、信息化设备的操作技能是农产品流通从业人员必备的专业素养，京津冀农产品流通各环节企业应大力引进高学历、高素质人才，提高从业人员的整体质量。无论是农民还是企业，应通过各种形式加强对流通知识和理论的学习，可以由政府或企业举办讲座，邀请农业生产技术人员、高素质经验丰富的流通业技术人员对其进行技术指导和经验交流。例如，农民不仅需要掌握种田知识，同时应当结合当地资源环境和作物生长情况，最大限度地减少化肥和农药的使用，发展绿色种植；要注重考查市场需求的变化，及时调整农产品的种植结构和反季节需求，以提高有效供给增加收入。农产品流通企业应学习先进的农产品流通管理技术，掌握低消耗的仓储和运输技术，提高供应链管理绩效；积极打造独立品牌，

提升产品附加值和知名度。

通过企业与高校和科研院所的合作与交流，建立良性的人才培养机制，促进农产品流通的专业化人才培养，实现农产品流通专业化，在不断促进技术创新的同时，能够实现企业人才的培养和对接，实现双方共赢。另外，也要促进农产品流通人才的国际交流，重视对农产品流通人才的国际化培养，不断借鉴发达国家的先进经验，在合作中促进京津冀农产品流通体系的创新发展。

8.2.1.6 加强生产培训与技术传播

对农民进行知识、技术培训以提升农产品生产者必需的基本素质，逐步解决农民知识水平低的问题，这不仅可以为新种植或养殖技术的传播与应用打下基础，而且有利于生产管理的科学化，从而提升京津冀农产品的产出率和流通效率。此外，还应大力推进节能灌溉技术的应用，进一步改善传统低效的灌溉方式，并建立自然灾害防御机制，降低不可控灾害等对农业生产造成的不利影响。

8.2.2 提升流通客体的品牌优势

提升京津冀尤其是河北省流通客体的品牌优势。依据河北省出台的《河北省特色优势农产品区域布局规划（2018—2020 年）》，河北划定了十大优势农产品区域，推进特色农业产业做大做强。河北省具有影响力的优质农产品品牌较少，不能完全满足京津地区绿色、有机食品的市场需求，河北省农业厅出台的《关于加快农业品牌发展的意见》指出，从 2018—2020 年，河北省每年要培育特色农产品品牌 100 个、农产品企业品牌 50 个和农产品区域品牌 20 个。河北省应通过实施品牌战略提升品牌优势，明确农产品品牌的地位，将河北省的特色农业、特色农产品的优势发挥出来。

8.2.3　优化流通载体

8.2.3.1　建设功能齐全的现代化批发市场

大型农产品批发市场在农产品流通体系中发挥着核心枢纽作用，目前京津冀地区传统的批发市场仍然占主导，交易环境差、管理不规范、基础设施不完善、现代流通手段应用率低等问题凸显，不能有效发挥其该有的信息、价格、销售、宣传等服务功能，因此，建立功能齐全的现代化农产品批发市场成为重中之重。第一，定价功能。合理划分产品展示区、交易区和物流区，市场内集中进行预选分级和初加工，推进农产品质量等级化、包装规格化、标识规范化和流通品牌化，促进农产品以质定价和优质优价。大型农产品批发市场可建立农产品信息数据库，通过大量的交易数据形成农产品价格指数，指导生产和销售。第二，产品检验检疫与信息查询功能。京津冀三地应加快推动检验检测结果互认，强化标准统一。完善农产品市场准入、索证索票、产地查询与信息传递等管理体系，保证交易规范化和产品质量安全。第三，全程冷链集散功能。支持农产品批发市场加快建设具有集中采购、科学仓储和跨区域配送能力的农产品冷链物流集散中心，配备预冷、低温分拣加工、冷藏运输和配送、冷库等设施设备，建立覆盖农产品从生产包括流通全程的冷链物流体系。第四，市场预测和应急调配功能。一方面，批发市场日成交量巨大，形成的大量数据沉淀会对突发的供给不足或市场需求变化做出敏感反应，应充分利用大数据对未来市场进行预测；另一方面，批发市场作为农产品的集散区域，应针对市场预测充分发挥其仓储和疏通功能，为市场进行应急调配。

8.2.3.2 促进农产品批发市场转型升级

河北省农产品批发市场存在基础设施简陋、结算手段落后、交易方式单一等问题，大大影响批发市场在农产品流通中的作用。批发市场应该从场地规模、硬件设施、业态、经营方式等方面进行升级改造，不断完善农产品批发市场互联网、物联网的总体布局，促进农产品批发市场的专业化和创新发展。

以金融思维创新流通节点，比如通过免租金入驻的举措吸纳大量的商户到线上交易，大量的资金流入平台，会形成资金沉淀，从而形成庞大的资金池，通过资金池的形成协同银行和基金一起来做在线供应链金融服务。

8.2.3.3 探索平台 + 交易方式的新型流通载体

在我国，包括京津冀地区，由于受农业发展水平和传统交易习惯的限制，对手交易仍然是目前主流的交易方式，这在时间和空间层面很大程度上制约了农产品流通。国外农产品交易方式的多样化以及电子商务的蓬勃发展，农产品预售交易、合约交易、现货挂牌交易、竞拍交易、现货购销等交易方式，也成为目前我国及京津冀流通体系研究和实践中探索和发展方向。基于我国也包括京津冀地区生产农户规模小、数量多且分散，消费倾向以少批量高频次为主的现实情况，不能盲目借鉴和照搬国外模式或经验，应依托互联网，从自身出发探索和发展平台 + 交易方式、线下与线上结合的流通载体。

结合京津冀流通体系的特点，以农产品交易平台为核心，可以从以下方面对相关交易方式予以本土化创新。第一，为避免传统订单农业的弊端，在农户和龙头企业之间增设第三方经纪人的模式可极大地促进成交率，即经纪人作为买卖两端的中间人，在订单成立之前向双方收取一定比例的保障金，若到履约日双方可按既定条款成交则成交，若不能顺利成交，则第三方经纪人履行卖方或买方的责任完成订单，收取的保证金作为经纪人损失的补偿。第二，议价和自动撮合结合的现货挂牌交易。通过交易平台买卖双方发布待交易产品的品种、规格、数量、价格、交货时间和地点等信息，平台中对手方可根据自身需求通过议价接受邀约，这类多是以投资为目的商户；也可以由系统将供需匹配的双方按照“时间优先”和“价格优先”的原则，达成自动成交。从而可实现农产品预售、采购/销售专场，贸易避险、投资等多形式和职能的农产品流通。第三，高端农产品和特色农产品品权拍卖。农产品标准化是农产品进行拍卖、中远期交易、期货交易等的主要掣肘，鉴于当前京津冀市场条件的限制和消费者个性化、多样化的需求。一方面，可大力发展高端农产品拍卖，一是这类产品档次高、标准化和规格化程度高利于拍卖；二是将占据卖方市场优势的高端农产品拍卖，可以发现其真正的市场价格，满足消费者的个性化需求。另一方面，鼓励特色农产品品种权拍卖，通过将有机生态、营养价值丰富的地方特色农产品品种权拍卖，可以吸引更多潜在客户，带来聚集效应，提升农产品品牌价值；也将进一步明确品种区域归属，有利于种子和产品的广泛流通和规范化运营。

8.2.3.4 加快京津冀交通基础设施建设，完善京津冀交通基础设施水平

交通基础设施会显著影响京津冀农产品的流通效率，相对贫困的地区往往因为交通基础设施落后与其他地区的经济距离增大，缩短经济距离不仅可以为相对落后的地区提供更好的发展契机，而且能够增强流通纽带在连接生产和消费之间的信息桥梁作用（宋则、王雪峰，2010）[1]，因而提高交通基础设施水平有利于提升农产品流通效率。

为缩短京津冀地区间的经济距离，本项目认为京津冀地区需要在增大交通基础设施建设的同时，注重基础设施布局中存在着的组织化程度较低与管理不善的问题，厘清农产品物流的管理链，在缩短地区交通时间的同时减少农产品的流通成本，从而提高京津冀农产品流通效率。

以《环首都1小时鲜活农产品流通圈规划》为指导，加强覆盖京津冀农产品流通圈的交通基础设施建设，以降低流通成本，提高流通效率，不断完善进京公路与铁路路线的整体布局，加快以北京为核心的农产品流通的运输通道建设。

---

[1] 宋则，王雪峰．商贸流通业增进消费的政策研究［J］．财贸经济，2010（11）：77－81；145－146.

8.2.3.5　促进农产品冷链物流建设

河北省农产品的大部分都是用于外销，所以对于冷链物流的建设非常重要。但是河北省冷链物流技术开始较晚、发展缓慢、冷链物流应用率低，使得河北省农产品在流通环节中具有损耗大、低效率等特点。通过政府政策支持，促进大型农产品冷链物流企业向规模化发展，制定标准统一的农产品流通服务细则，推动整个行业的服务水平的提高，促进行业资源配置和整合。

8.2.4　流通渠道的创新

8.2.4.1　以中心企业或基地为核心整合流通渠道

以规模以上中心企业或龙头企业为市场核心，向农产品流通的上下游延伸，发展产供销纵向一体化，使市场交易内部化。一是向上游延伸，通过投资兴建农产品产业基地或通过合并、兼并控股等方式与农产品经销商、加工企业联合；通过优化和精确利益分配机制等与体量大、有稳定货源的产业园或农产品生产商建立长期合作关系等，减少搜寻成本、缩短流通环节，以扁平化流通渠道节省交易成本。例如，大力发展农超对接、农批对接、农校对接、农企对接等直采直供模式，鼓励京津大型连锁超市、大中型企事业单位在河北建立生产加工基地；鼓励京津骨干流通企业建立从生产基地到居民餐桌的农产品供应链体系；支持发展“中央大厨房”。

8.2.4.2 引导河北省零散、微小的农业生产单位向组织化、集约化、标准化发展

引入高素质流通人才和科技创新技术手段，由供应原料为主向供应半成品、成品甚至定制化产品为主转变，提高产品附加值。鼓励京津和河北通过电商平台开展生产基地与社区店、生鲜便利店等合作。另外，京津冀农产品流通体系可以借“互联网+”和新电子商务的助力，积极探索 OAO（Online And Offline）模式，一体化“双店”经营的模式能够有效打破商品市场的区域界限，弱化地方保护和市场分割。一方面，可以带动线下市场创新发展，引领产品走出当地，面向更多的消费群体和广阔市场。另一方面，通过将有地方特色农产品、有传统文化符号的农产品或区域品牌在线上宣传，可以吸引大量城市消费者到农村体验乡土文化、观光休闲、旅游甚至养生。

8.2.4.3 以物流中心或仓储基地为核心，使流通环节扁平化

通过物流中心或仓储基地的集散功能，有效地把分散的农户、节点企业与规模化的零售终端对接起来。由于生鲜农产品的特殊性质，流通过程中产品大量的损耗和运输时空的矛盾是造成流通低效的主要原因，因此还应通过建立一体化的物流中心完成流通渠道的系统整合，以物流中心为服务上游环节和下游环节的枢纽，提高物流能力，确保农产品的新鲜度和质量。物流中心的选取和构建可以从以下思路出发：以北京市覆盖广泛的连锁零售企业或专业果蔬超

市的配送中心向上游延伸和发展，发展“农销对接”“农超”对接、农产直采直销等模式，有效解决市区“最后一公里”的难题。目前，有相当一部分实力较强的连锁零售企业拥有自己的配送中心及物流系统，他们应与河北省上游农产基地或合作组织建立长期稳定的供销合作和利益分配机制，形成紧密高效的京津冀农产品流通网络。

8.2.4.4　向“合作社/农产基地 + 核心企业/物流基地 + 零售企业”的农产品流通渠道整合

发挥天津和河北特有的区位优势和仓储交通资源，在天津市建立大型物流中心，在河北省建立次级仓储基地，形成优劣互补和相互辅助的物流体系。加大电子信息技术、先进物流管理体系以及冷链的应用，形成拥有多种物流服务和物流设施、集聚各类物流企业的物流服务基地。按照专业化的原则组织农产品流通活动，在存储、运输、装卸、加工、信管、中介等领域进行有机结合和集成，带动综合效应和规模效应的形成，促进京津冀三地农产品物流一体化、集约化发展，从而在基地内形成一个社会化的高效农产品物流体系。因此，“合作社/农产基地 + 核心企业/物流基地 + 零售企业”以其流通环节少、流通速度快的特点成为农产品流通渠道未来整合的一个发展方向。

8.2.5　优化流通环境

一是要打造京津冀农产品信息服务平台。信息化水平的提高在促进农产品流通体系效率中发挥着越来越重要的作用。尤其是河北省要加强信息化建设，加强与京津的信息沟通，打造集农产品生产、加工、包装、仓储、运输、交易、配送等为主一体的全方位的综合信息服务平台，通过平台服务促进京津冀农产品流通各环节的有效衔接，促进资源优化配置，提高农产品流通体系效率。

二是要加大财政投入。财政支出对农产品流通体系的发展有较大的影响。要加大对农产品流通的基础设施建设等方面的投入，完善农产品流通体系的基础设施布局，把资金投入农产品流通的高效率环节中去，促进农产品增值，增加农产品流通各相关主体的利益。

三是要加强农产品信贷支持。应该对农产品流通体系建设方面的信贷予以政策倾斜，同时加强监管，以促进农产品流通体系相关金融体系建设。

8.2.6　信息保障与支持政策的完善

8.2.6.1　建立农产品信息数据共享平台

京津冀三地应联合建设和完善权威的农产品信息服务平台，将农产品生产至交易配送各阶段的数据信息在农产品公共信息平台上进行汇总，运用大数据、云计算等技术手段对数据进行分析和匹配，快速、准确地发布市场供需信息，引导生产流通，保证农产品的质量安全，优化资源配置。实现农产品生产—配送—消费全过程的信息透明和双向流动，打破渠道信息孤岛现象，弱化渠道主体界限，使原有信息不对称的供应链形成一条环形连续的生态闭环链。

增强产品数字化准确指导供需，基于物联网、区块链及一物一码等技术构建京津冀农产品供应链，为每一份农产品制作独特的溯源档案，再将大量的流通数据输入到中心平台上。一方面，通过对农产品从生产、初加工、再加工、包装、运输等环节产生的大量数据进行分析，从中发现新的信息和价值。农户直接参与供应链的第一环节，他们可以对农产品的基础数据进行收集、分类，为整个供应链提供基本指导；中游企业在之后的每个环节要对产品流通过程中的相关数据进行更新和分析，及时了解市场需求动向和消费用户的喜好，并做出相应的市场营销策略。另一方面，每件商品都被标识了唯一的二维码，二维码记录了产品从生产到流通各环节的所有信息，是生鲜生产和配送企业全面展示自身品牌实力、营销优质农产品的利器，更是让消费者购买放心农产品的依据。另外，通过在中心平台上建立消费者监督端口，消费者可以对有质量问题的农产品进行举报，确保农产品质量安全，从而保障农产品的正常流通。

构建信息化组织模式对流通过程进行管控，京津冀流通体系组织的信息化应从个别组织内部的各项流通管理运作流程与资料的电子化和网络化，发展到以互联网为工具组成的流通体系内部单位之间进行水平与垂直互动整合。通过引进先进的信息传感设备，对农产品流通过程的信息进行及时反馈，形成智能化、信息化、网络化的管控系统。

8.2.6.2　以信息化赋能交易和物流

通过对传统渠道主体进行培育、发展电商基因，升级为触网的新型渠道主体，实现渠道内信息公开、透明和共享，从而促进新型渠道主体线上线下以及渠道主体间彼此融合协作，公平参与渠道价值链增值活动，营造一个健康规范的农产品电商环境。依托骨干农产品流通企业，结合产品质量安全追溯，推动将农产品流通企业、从业人员等信用状况纳入全国信用信息共享平台。

加快物流信息化建设，积极推动信息技术在冷链物流中的应用。如使用 GPS 技术可以随时掌握大量的、动态的物流信息数据，供相关工作人员进行分析和处理，并可以通过温控系统调整农产品运输过程中的储藏温度，保障农产品的运输安全。另外，使用 RFID 技术则可以无须打开农产品的外包装即可采集温度信息，为农产品变质责任的推定提供现场依据。

8.2.6.3 利用支持政策助力农产品流通

随着农产品流通在国民经济中发挥的关键作用，国家和省市级政府层面对农产品流通的理论认识和实践经验也不断深入，大量关于农业现代化以及农产品流通方面的支持政策陆续出台。2015 年，中央出台一号文件《关于加大改革创新力度加快农业现代化建设的若干意见》；2016 年，国家发展改革委员会将“京津冀农产品流通体系创新”纳入京津冀协同发展的工作要点，随后三省市发展改革委员会围绕“疏解、协同、创新”三个重点联合制定了《京津冀农产品流通体系创新行动方案》，2017 年做出了构建《环首都 1 小时鲜活农产品物流圈》的规划等一系列文件，为京津冀农产品流通提出了产业导向。即要积极发挥流通服务业对经济的强劲拉动效能，大力发展流通业，提高服务业在三次产业中的比重，同时并不代表舍弃或忽视农业作为第一产业的基础性作用，而是着力推动其向规模化、集约化以及现代化方向发展。

长期以来“买难卖难”问题始终是农产品流通体系优化要攻克的难题，在京津冀地区具体表现为河北省农产品进京“卖难”，京津地区市民购买生鲜农产品价高质低“买难”，可见供求不匹配是该问题的症结所在，产销信息不对称和由此造成的价格波动，本质上是小农经济与大市场的矛盾。为此，2015 年中央农村工作会议上将“农业供给侧结构性改革”作为“十三五”期间农业农村工作的导向。在土地制度改革、结构调整和粮食价格体制和补贴制度改革三方面规划了具体工作内容。在此背景下对农业给予政策支持，有效区分价格和补贴；制定完善的政治制度和机制，增强农业供给结构的适应能力。同时，在制定政策过程中应正确对待“替代效应”和“收入效应”，要在动价值（降低活劳动和物化劳动消耗）上花工夫，并重视粮食安全问题，规避农业支持政策对农业市场机制发展的不良影响。

8.2.6.4　提升农产品生产机械化程度

京津冀农产品生产过程中，劳动力的投入并不能显著提升全要素生产率，而机械总动力的投入却可以显著促进生产率的提高，机械化生产可以适当解放劳动力、降低生产成本，从而提升农产品生产效率；此外，机械化生产可以促进京津冀农产品生产发展方式从劳动力密集向资本密集转变。

8.2.6.5　促进农产品市场信息的流通

从业时间长和熟练使用网络信息工具的批发商能够更准确地把握农产品市场信息，及时规避风险，抓住商机，从而扩大经营规模。

但农产品市场信息资源分散，数量庞大且相互关联，尤其蔬菜、水果等鲜活农产品的市场价格多变，供求之间的矛盾转化较快，农产品批发商往往面临较大的经营风险。因此，首先，政府应建立综合的农产品市场信息监测平台，促进农产品信息流通，从而科学合理地引导农产品流通的各主体对农产品市场的预期，增强农产品流通主体抵御市场风险的能力。在具体措施上，本项目认为政府需要搭建大数据支撑下的农产品市场监测预警平台，完善农产品价格监管与信息流通，推动京津冀农产品监测预警在数据标准、采集工具、分析能力、表达方式等方面向标准化、实时化、智能化和可视化的方向发展（许世卫，2014）[1]。其次，政府应加快完善和大力推广农产品流通信息共享机制，鼓励流通主体建立农产品合作组织与行业协会等，鼓励流通主体间的经验和信息共享，实现农产品流通主体之间的市场信息共享和信息通畅，这将有利于农产品流通主体及时把握农产品价格、供求等信息的变化，进行合理决策。

8.2.7 河北省各地区要协调发展，缩小河北与京津发展差距

河北省与京津发展差距比较悬殊，是京津冀协同发展需要破解的难题。我们要打造以北京为核心的，天津和河北协同发展的京津冀农产品流通体系。天津应积极发挥作为港口城市和自由贸易区的优势，打造京津冀乃至整个北方地区的大型农产品购销基地和集散

[1] 许世卫．农业大数据与农产品监测预警［J］．中国农业科技导报，2014，16（5）：14－20.

中心。河北省要加快农产品交易中心、现代农产品批发市场、绿色无公害农产品生产基地和物流园区等建设，更好地服务于京津地区的农产品需求。河北省各个区域发展不均衡，在 11 个地级市的农产品流通中，保定市、廊坊市和衡水市非常缺乏对新技术的运用，影响了河北省农产品流通体系的整体运行效率。因此，政府在制定区域发展规划和相关政策时，要积极发挥政府在区域协调发展中的作用，明确河北省各地区发展的功能定位，尤其是要重点支持保定市、廊坊市和衡水市的新技术应用。石家庄应着力做大做强省会经济，在农产品流通中发挥示范带头作用，保定、廊坊和衡水市应坚持以创新引领发展，提高新技术的应用水平。雄安新区和张北地区将成为河北新的两翼，因此应努力探索和开发雄安新区的增长潜力，使之成为河北新的经济引擎，并以此为辐射中心带动京津冀区域实现跨行政区划的协调发展新模式。

8.3　京津冀农产品流通体系优化的配套政策

8.3.1　财政政策

京津冀三省市政府应加大投融资、土地等政策支持力度，通过财政支持、政府补贴等方式，吸引更多企业参与农产品流通。综合运用中央预算内投资、专项建设基金、现代物流重大工程包等渠道支持京津冀农产品流通体系创新项目建设。应继续落实好鲜活农产品运输“绿色通道”政策和支持农产品流通企业发展的用地和相关税收优惠政策，对农民合作组织实行不同程度的税收减免，针对规范后的合作经济组织，对其执行免交所得税、附加税和减免营业税的政策优惠，并逐步向免交一切税赋的国际惯例靠拢。对符合规划要求的农产品流通设施建设项目，加快用地审查报批，保障项目依法依规用地。对农民合作组织或农产龙头企业的生产项目和科技推广项目，经论证合格后，应纳入政府农业开发和科技开发项目，设立专项资金予以支持。鼓励和支持保险机构创新针对农产品流通各环节的保险险种和范围，保障企业和农业经营者利益。

8.3.2 信贷政策

中央银行应深入贯彻落实现阶段我国贷款政策，重点支持农副产品采购和扩大商品流通；应放宽农、商银行对农产品流通企业的贷款规定和政策。首先，加大正式和非正式金融机构或组织对农产品流通的金融信贷支持；加大对农村各类基础设施建设，如加大对村镇级公路、网络设施、各类市场建设等的支持力度。增加农业科技成果转化和农业产业化等项目的资金注入，和对农产品加工、优势农产品出口的信贷支持额度。其次，进一步完善农村信贷操作程序，例如，中国农业发展银行、农村商业银行可适当开发多样性的针对中小农户的信贷产品，并发展为具有特色的规范化信贷流程或模式；注意风险防控和加大金融支持相平衡，按照市场化原则，对信用记录好、市场潜力大，但信贷资本不足，又确实存在资金问题的主体给予一定额度的资金支持。最后，各类银行应通过各种金融工具充分吸收农民手里的剩余储蓄，探索设立农业专项贷款基金或资金池等，增加可用于农产品流通领域贷款的基础货币储备，更大程度地支持农产品生产和流通的发展；或者每年安排一定额度的贷款，并放宽贷款条件，专门扶持农村合作经济组织的发展。同时，建立一套完善的信贷跟踪和监督体系，防止贷款企业或个人将农资金用于非农产业领域，保障农产品流通领域的资金充足和良性运作。

8.3.3　法律法规

农产品流通是一个复杂的过程，单纯依靠批发市场、零售超市及龙头企业等流通主体的努力，很难形成系统、有效的农产品流通体系。因此，在市场自由竞争的环境下也要通过强制性法律、法规政策，对农产品流通进行规范引导。保证农产品流通体系的运行有法可依，同时加强法律的执行力度和监管强度。一方面，发挥政府宏观调控职能，通过法规、政策规范各类市场主体，如对在农产品储藏和流通过程中，为了防止农产品的腐烂或变质，流通主体用化学药品对农产品进行保质和保鲜的不法行为进行打击；规范农产品交易市场主体行为，提高农户在市场中的地位；规范交易对手一方的行为，禁止因信息不对称导致欺诈行为；出台相关政策规范，明确农业合作组织的权利和义务，保护合作社成员和农民的基本权益。通过出台专门的法律、规章约束各类市场载体，如规范各类市场对农产品市场准入机制，加强流通过程中食品安全的监管，保证农产品的质量安全；消除不合理收费，如管理费、入场费等，降低流通成本等。可借鉴国外的相关立法经验，建立和完善符合我国社会主义市场体制的法律，如日本的《批发市场法》《食品流通审议会令》，美国的《农业销售法》《商品交易法案》，韩国的《农产品及价格安定法》等。另一方面，应建立农产品生产、加工、流通标准，实行等级分类，促进农产品质量提升。推动农产品冷链物流建设，促进农产品流通现代化。

8.4 本章小结

本章首先探讨了京津冀农产品流通体系优化的思路和基本原则。其次从流通主体、流通客体、流通载体、流通渠道、流通环境等方面提出京津冀农产品流通体系优化的路径选择。最后从财政政策、信贷政策和法律法规三个方面提出了京津冀农产品流通体系优化的配套政策。

第9章　结论与展望

9.1　主要结论

农产品流通对于促进农业经济的发展意义重大，解决好农产品流通问题是解决我国“三农”问题的关键。京津冀地区是我国区域经济发展的重点地区以及重要的农产品生产基地，提高农产品流通效率对京津冀区域经济一体化具有重大意义。本书以实地调研的京津冀地区286户农产品批发商为样本，利用数据包络分析法测算了农产品批发商的技术效率，然后建立了京津冀农产品流通效率影响因素结构方程模型，并对结构方程模型进行拟合和修正。基于以上实证分析和探讨，本书得出了以下主要结论。

（1）从京津冀来看，京津冀农产品流通体系中河北省农产品流通效率比较低，京津冀农产品流通中技术创新能力不足、现有技术缺乏和管理水平低下共同抑制了京津冀农产品流通效率提高。京津冀农产品流通对技术进步更为敏感，且全要素生产率和技术变化变动幅度较大，技术效率变动幅度较小。京津冀分区域农产品流通中北京对京津冀农产品流通运行效率提升起到拉动作用，天津和河北起到抑制作用。北京农产品技术变化是流通效率提高的重要原因。缺乏规模效应是影响天津农产品流通效率的原因，河北省农产品流通效率较低主要是因为技术创新能力不足。

（2）京津冀农产品流通效率的地区差异在不断缩小。京津冀农产品流通效率各指标收敛系数都小于0，其中全要素生产率的收敛系数最大，技术变化次之，技术效率最小。京津冀对现有技术的应用水平、信息资源共享整合、经营管理能力和资源配置能力有待进一步加强。

（3）河北省内部 11 个地级市之间农产品流通发展存在较大差距，大部分地级市的农产品流通效率在 2006—2018 年出现降低，其中衡水市和石家庄市效率下降较为显著。技术创新能力不足是导致河北省 11 个地级市农产品流通效率低下的重要因素。

（4）就蔬菜类批发商而言，受访的农产品批发商的综合效率的整体水平较低，平均综合效率为 0. 18，综合效率大都集中于 0. 3 以下；北京、天津和河北的农产品批发商的平均综合效率有一定差异，其中，北京的农产品批发商综合效率最高，河北的次之，天津的最低。就肉类批发商而言，批发商的平均技术效率为 0. 77；天津肉类批发商的平均技术效率（0. 86）最高，其次是北京（0. 72），而河北批发商的平均技术效率（0. 60）最低，说明在去除技术效率损失后，河北省肉产品批发商技术效率的提升空间最大。

（5）影响京津冀农产品流通体系效率的主要因素比较多，其中，劳动力素质、农产品交易市场集中度、农产品流通资本投入、信息化水平、电子商务水平和物流配送程度对提高农产品流通效率具有积极作用，农产品流通劳动力规模、交通水平、仓储条件和政府对农产品流通相关的财政支出对提高农产品流通效率具有消极作用。

（6）京津冀农产品批发商的技术效率有待提高。受访的农产品批发商的技术效率整体水平较低，大都集中于 0.3 以下，农产品批发商平均技术效率为 0.18。北京、天津和河北的农产品批发商之间的平均技术效率有一定差异，其中，北京的批发商平均技术率最高，其次为河北，天津的农产品批发商的技术效率最低。

（7）批发商的人力资本显著影响农产品流通效率。人力资本对流通效率的标准化路径系数为 0.475，可见人力资本的提高能够直接对农产品的流通效率产生正面的影响。批发商的从业时间越长、年龄越大和网络信息交流工具的使用越熟练，越能够提高批发商的技术效率，从而提升农产品的流通效率。

（8）批发商的经营状况对农产品流通效率具有显著的正向影响。经营状况对流通效率的标准化路径系数为 0.303，可见农产品批发商的经营规模越大、客户类型越多样，就越有利于提高批发商的综合效率和农产品流通的时间效率，减少农产品在流通中的损耗，从而提升农产品的流通效率。

（9）农产品流通主体的表现显著影响农产品的流通效率。主体表现对流通效率的影响为 0.172，说明流通主体的表现会显著影响农产品的流通效率。批发商户与上游客户的合作关系越紧密，其收购的蔬菜品质就越好，农产品的流通损耗率越低。高品质农产品货源容易吸引更多的下游客户，可以加快农产品的销售，有效增加农产品流通的时间效率。

（10）交通基础设施水平对农产品流通效率具有正向影响。交通基础设施对流通效率的标准化路径系数为0.12，完善的交通运输道路设施能够有效减少农产品在运输、配送等过程中的损耗，提高农产品的流通效率。

（11）批发商经营状况和流通主体的行为都具有显著的中介效应。人力资本在直接影响农产品流通效率的同时，会通过其经营状况的中介效应来影响流通效率，批发商的经营状况也会通过影响流通主体的行为来影响农产品流通效率。

（12）产出弹性分析结果显示，在已有流通技术与流通模式下，肉类批发商可以通过增加摊位面积、经营人数或者流动资金来提高经营利润，但由于受到经营规模以及资金的限制，并非所有肉类批发商都可以通过此途径来实现更高利润。因此，批发商通过提高经营活动的技术效率实现利润的提升这一方法具有更普遍的适用性。

（13）技术非效率模型的估计结果显示，当前京津冀肉类批发商的技术效率损失较为显著，而对其经营行为以及参与经营活动的人力资本和社会资本进行完善可以有效减少效率损失，从而使批发商技术效率得以提升。

9.2 研究展望

由于各方面的限制，本书仍然有诸多不足之处。

第一，农产品流通需要经历环节较多，农产品流通的效率很难使用单一的指标进行评价。本书以农产品批发商为核心考察京津冀农产品流通效率及其影响因素，是因为批发市场是京津冀农产品流通的核心环节。但本书并未探讨其他类型的农产品流通模式，如农超对接模式和电子商务模式等。因此，未来的研究应根据其研究目的，考察不同的农产品流通模式。

第二，农产品流通数据的采集具有较大的难度。其一，京津冀农产品流通主体数量庞杂，获得批发商的相关数据需要耗费大量时间和经费。由于时间和精力有限，本书只选取了京津冀地区规模较大的农产品批发市场进行调研；其二，不同的农产品批发商在填写问卷中可能存在理解偏差，从而导致收集的数据可能存在一定程度的失真。因此，未来的研究需要对京津冀农产品批发市场进行持续的调研，完善农产品流通数据库，增大样本容量，从而保证研究结论更加可靠。

参考文献

[1] Alan M P. The Role of Producer Service Outsourcing in the Innovation Performance of New York State Manufacturing Firms [J]. Annals of the Association of American Geographers, 1997, 87 (1): 52 -71.

[2] Allyn A Y. Increasing Returns and Economic Progress [J]. The Economic Journal, 1982, 38 (152): 527 -542.

[3] Alwyn Y. The Razor's Edge: Distortions and Incremental Reform in the People's Republic of China [J]. The Quarterly Journal of Economics, 2000, 115 (4): 1091 -1135.

[4] Ando M. Fragmentation and Vertical Intra—Industry Trade in East Asia [J]. The North American Journal of Economics and Finance, 2006, 17 (3): 257 -281.

[5] Anrooy R V. Vertical Cooperation and Marketing Efficiency in the Aquaculture Products Marketing Chain: A Aational Perspective from Vietnam [EB/OL]. FAO working paper, 2003. http: //library. enaca. org/AquaMarkets/presentations/OtherPapers/VerticalCooperationAndMarketing.

[6] Arndt S W. Globalization and the Open Economy [J]. North American Journal of Economics and Finance, 1997, 8 (1): 71 -79.

[7] Auernhammer H. Precision Farming—the Environmental Challenge [J]. Com-

puters and Electronics in Agriculture, 2001, 30 (1 -3): 31 -43.

[8] Banker R D, Charnes A, Cooper W W. Some Models for Estimating Technical and Scale Inefficiency in Data Envelopment Analysis [J]. Management Science, 1984, 30 (9).

[9] Buzzell R D, Ortmeyer G S. Channel Partnerships Streamline Distribution [J]. Sloan Management Review, 1995, 28 (4): 85 -96.

[10] Fornell C, Larcker D F. Evaluating Structural Equation Models with Unobservable Variables and Measurement Error. Journal of Marketing Research, 1981, 18 (3): 375 -381.

[11] Cadilhon J J, Fearne A P, Moustier P, et al. Modelling Vegetable Marketing Systems in South East Asia: Phenomenological Insights from Vietnam [J]. Supply Chain Management: An International Journal, 2003, 8 (5): 427 - 441.

[12] Charles A I, Mark E P. Is Channel Coordination All It Is Cracked Up to Be? [J]. Journal of Retailing, 2000, 76 (4): 511 -547.

[13] Charnes A, Cooper W W, Rhodes E. Measuring the Efficiency of Decision Making Units [J]. European Journal of Operational Research, 1978, 2 (6): 429 -444.

[14] Clark F E. Criteria of Marketing Efficiency [C]. Atlantic City: The Thirty - Third Annual Meeting of the American Economic Association, 1990.

[15] David C P, Shang Jin wei. Explaining the Border Effect: The Role of Exchange Rate Variability, Shipping Costs, and Geography [J]. Journal of International Economics, 2001, 55 (1): 87 -105.

[16] Fawcett. Logistics Performance Measurement and Customer Success [J]. Industrial Marketing Management, 1998, 27 (4): 341 -357.

[17] Fred EC. Criteria of Marketing Efficiency [J]. The American Economic Re-

view, 1921 (6).

[18] Shepherd G M. Responses of Mitral Cells to Olfactory Nerve Volleys in the Rabbit [J]. The Journal of Physiology, 1963, 168 (1): 89 -100.

[19] Gloria G R, Steven M H. The Extent, Pattern, and Degree of Market Integration: A Multivariate Approach for the Brazilian Rice Market [J]. American Journal of Agricultural Economics, 2001, 83 (3): 576 -592.

[20] Gogan J L, Williams C B, Fedorowicz J, RFID and Interorganisational Collaboration: Political and Administrative Challenges [C] //Reaching New Heights 13th Americas Conference on Information Systems, Colorado: Keystone, 2007.

[21] Gopi M, Radhika P S, Bhave M H V. Efficiency of Marketing Channels for Mango in Mahabubnagar District of Andhra Pradesh [J]. The IUP Journal of Management Research, 2012, 11 (2): 30 -49.

[22] Heiskanen E, Hyvonem K, Niva M. User Involvement in Radical Innovation: Are Consumers Conservative? [J]. The European Journal of Innovation Management, 2007, 10 (4): 489 -509.

[23] Hsiao H. A Classification of Logistic Outsourcing Levels and Their Impact on Service Performance: Evidence from the Food Processing Industry [J]. International Journal of Production Economics, 2010, 124 (1): 75 -86.

[24] James R B. Power and Relationship Commitment: Their Impact on Marketing Channel Member Performance [J]. Journal of Retailing, 1995, 71 (4): 363 -392.

[25] Jill E H. Measuring the Importance of Transaction Costs in Cattle Marketing [J]. American Journal of Agricultural Economics, 1997, 79 (4): 1083 -1095.

[26] Jungho B. Price Linkages in the North American Softwood Lumber Market [J].

Canadian Journal of Forest Research, 2006, 36 (36): 1527 - 1535.

[27] Kravenkit S, Archint S. The Improvement of Logistic Management Using Lean and RFID Technology [C]. International Conference on Information Science & Applications, 2013: 1 - 4.

[28] Li Y, Ben H, Li H X. Development Strategies for Modern Agricultural Logistics in Xi'an Based on Systematic Dynamics. [J]. Agricultural Science & Technology, 2011, 12 (9): 1252 - 1255; 1259.

[29] Marek M. Modern Logistic Strategies in Agriculture [J]. Research in Logistic & Production, 2012, 2 (3): 295 - 302.

[30] Martin R. Testing Market Integration [J]. American Journal of Agricultural Economics, 1986, 68 (1): 102 - 109.

[31] Mavi H K, Sidhu R S, Sidhu J S. Investigating the Efficiency of Various Marketing Models and Problems of Kinnow Growers of Punjab [J]. Agricultural Economics Research Review, 2012, 25 (1): 87 - 97.

[32] Michael S, Harvey S J. Organizational Economics Research in the U. S. Agricultural Sector and the Contracting and Organizations Research Institute [J]. American Journal of Agricultural Economics. 2004, 86 (3): 756 - 761.

[33] Ping L, Suo Z. Restrictions and Countermeasures Discussion on the Construction of Agricultural Logistics Infrastructure Platform in China [C]. International Conference on Logistics Systems & Intelligent Management. 2010 (2): 965 - 968.

[34] Raymon V A. Vertical Cooperation and Marketing Efficiency in the Aquaculture Products Marketing Chain: A National Perspective from Vietnam [EB/OL]. FAO Working Paper, (2003 - 01 - 08). [2003 - 03 - 04] http: //library. enaca. org/AquaMarkets/presentations/OtherPapers/VerticalCooperationAndMarketing.

[35] Shi C, Ruan H. Research on the Development of Logistics Based on E - Commerce [C] // International Conference on Wireless Communications, 2008: 1 - 5.

[36] Shibo Q. Operation Mode and Optimum Design of China's Agricultural Modern Logistics System [J]. Asian Agricutural Research, 2012, 4 (2): 63 – 66.

[37] Sidhu R S, Sidhu M S, Singh J M. Marketing Efficiency of Green Peas under Different Supply Chains in Punjab [J]. Agricultural Economics Research Review, 2011, 24 (2): 267 – 273.

[38] Wen W. A Knowledge-based Intelligent Electronic Commerce System for Selling Agricultural Products [J]. Computers and Electronics in Agriculture, 2007, 578 (1): 33 – 46.

[39] Xu S. Tactics on the Development of Modern Agricultural Logistics in Central China [J]. Advanced Materials Research, 2011 (5).

[40] Yadav R, Rathod J, Nair V, et al. Big Data Meets Small Sensors in Precision Agriculture [J]. Foundation of Computer Science, 2015, 29.

[41] Yan Z, Yong L, Zhang C, et al. Construction of Agricultural Products Logistics Information System Based on [C]. Net and Wap, 2007.

[42] Zhang W, Liao D. Logistic System Comparison in Agriculture—US, European and China [C]. International Conferecne on Management of Logistics & Supply Chain, 2006: 785 – 794.

[43] Hixiong. Current Status, Problems and Strategies of Guangxi Fresh Agricultural Product Logistics Development in the New Era. [J]. Journal of Southern Agriculture, 2014, 45 (6): 1121 – 1125.

[44] 白桦. 基于“互联网+”的农产品物流发展对策研究 [J]. 中国农业资源与区划, 2016, 37 (3): 176 – 179.

[45] 包振山, 朱永浩. 日本流通政策的演变及对我国的启示 [J]. 中国流通经济, 2019, 33 (2): 38 – 48.

[46] 车卉淳, 阙娇阳, 付旋. 京津冀协同发展背景下农产品流通模式研究 [J]. 商业经济研究, 2019 (3): 140 – 142.

[47] 陈慧娟. 江苏省蔬菜流通模式研究 [D]. 南京: 南京农业大学, 2012.

[48] 陈金波, 陈向军, 罗权. 湖北农产品流通效率评价及对策研究 [J]. 统计与决策, 2014 (11): 97-99.

[49] 陈金波, 戴化勇. 农产品流通效率的评价、影响因素及对策研究 [J]. 湖北农业科学, 2014, 53 (6): 1483-1488.

[50] 陈彦丽. 中日农产品流通体系的比较研究 [J]. 经济师, 2008 (10).

[51] 陈耀庭, 蔡贤恩, 戴俊玉. 生鲜农产品流通模式的演进——从农贸市场到生鲜超市 [J]. 中国流通经济, 2013, 27 (3): 19-23.

[52] 陈宇峰, 叶志鹏. 区域行政壁垒、基础设施与农产品流通市场分割——基于相对价格法的分析 [J]. 国际贸易问题, 2014 (6).

[53] 陈宇晗. 不同流通渠道下农产品流通绩效比较研究 [D]. 重庆: 重庆工商大学, 2013.

[54] 程书强, 刘亚楠, 许华. 西部地区农产品流通效率及影响因素研究 [J]. 西安财经学院学报, 2017, 30 (3): 88-94.

[55] 戴晶晶. 日本农产品物流发展模式对我国的影响探究 [J]. 现代商贸工业, 2015, 36 (21): 61-62.

[56] 戴欧阳. 山西农产品流通体系效率及其影响因素研究 [D]. 太原: 太原科技大学, 2015.

[57] 邓若鸿, 陈晓静, 刘普合, 等. 新型农产品流通服务体系的协同模式研究 [J]. 系统工程理论与实践, 2006 (7): 59-65.

[58] 樊立惠, 王鹏飞. 我国农产品批发市场时空演化与商品化效应 [J]. 经济地理, 2019, 39 (7): 175-183.

[59] 方琳娜, 陈印军, 易小燕, 等. 日本路边站式"地产地销"农产品流通方式及其启示 [J]. 中国农业资源与区划, 2016 (7).

[60] 方志权, 焦必方, 顾海英. 中日鲜活农产品流通体制若干问题比较研究 [J]. 上海交通大学学报, 2002 (S1): 38-43.

[61] 高鸣，马铃．贫困视角下粮食生产技术效率及其影响因素——基于 EBM - Goprobit 二步法模型的实证分析［J］．中国农村观察，2015（4）：49 - 60；96 - 97.

[62] 高鸣，宋洪远．粮食生产技术效率的空间收敛及功能区差异——兼论技术扩散的空间涟漪效应［J］．管理世界，2014（7）：83 - 92.

[63] 桂琦寒，陈敏，陆铭，等．中国国内商品市场趋于分割还是整合：基于相对价格法的分析［J］．世界经济，2006（2）：20 - 30.

[64] 郭守亭，俞彤晖．中国流通效率的测度与演进趋势［J］．北京工商大学学报，2013，28（6）：12 - 19.

[65] 韩凤娇．山东省蔬菜生产效率评价研究［D］．淄博：山东理工大学，2017.

[66] 韩喜艳．农产品流通组织化研究［D］．北京：中国农业科学院，2013.

[67] 贺峰．中国农产品现代物流问题研究［D］．武汉：华中农业大学，2006.

[68] 黄福华，蒋雪林．生鲜农产品物流效率影响因素与提升模式研究［J］．北京工商大学学报（社会科学版），2017，32（2）：40 - 49.

[69] 黄圣，刘伟平．福建省农户蔬菜生产效率及其影响因素分析［J］．福建农业学报，2017，32（3）：332 - 335.

[70] 黄新飞，舒元，郑华懋．中国城市边界效应下降了吗？——基于一价定律的研究［J］．经济学（季刊），2013，12（4）：1369 - 1386.

[71] 江媛媛．河源市生鲜农产品物流模式问题研究［D］．广州：仲恺农业工程学院，2017.

[72] 姜淼，文泊阳，黄文一，等．京津冀生鲜农产品流通渠道研究［J］．合作经济与科技，2018（23）：86 - 87.

[73] 焦必方，方志权．日本鲜活农产品流通体系［J］．今日农村，2002（6）：33.

[74] 金发忠．关于农产品质量安全几个热点问题的理性思考［J］．农业质量标准，2005（1）：13 - 19.

[75] 金赛美. 我国农产品流通效率测量及其相关因素分析 [J]. 求索, 2016 (9): 129 - 132.

[76] 孔祥智, 张琛, 周振. 设施蔬菜生产技术效率变化特征及其收敛性分析——以设施番茄为例 [J]. 农村经济, 2016 (7): 9 - 15.

[77] 寇光涛, 卢凤君, 王文海. 我国农产品产销对接的创新路径与机制研究 [J]. 华南理工大学学报 (社会科学版), 2016, 18 (1): 21 - 27.

[78] 寇荣, 谭向勇. 蔬菜批发主体技术效率分析——基于北京市场的调查 [J]. 中国农村观察, 2008 (2): 2 - 12; 81.

[79] 匡远配, 詹祎蕊. 中美日 3 国农产品流通特征比较分析 [J]. 世界农业, 2016 (1): 114 - 118; 153.

[80] 黎元生. 农产品流通组织创新研究 [D]. 福州: 福建师范大学, 2002.

[81] 李丹琳. "互联网 +" 背景下农产品物流发展的路径选择 [J]. 农业经济, 2018 (3): 133 - 134.

[82] 李静, 盖志毅. 日本农产品 "地产地销" 流通模式对中国农产品流通体系路径优化的启示 [J]. 世界农业, 2015 (11): 68 - 71.

[83] 李骏阳, 余鹏. 对我国流通效率的实证分析 [J]. 商业经济与管理, 2009 (11): 14 - 20.

[84] 李林成. 山东省鲜活农产品流通模式研究 [D]. 北京: 首都经济贸易大学, 2018.

[85] 李龙, 蔡振军, 丁竹. 农产品流通模式优化路径研究 [J]. 商业经济研究, 2017 (14): 115 - 117.

[86] 李娜, 杨钰莹, 王明利, 等. 北京市城镇居民肉类消费分析 [J]. 农业展望, 2016, 12 (9): 82 - 89.

[87] 李娜. "互联网 +" 下公益性农产品电子商务批发市场构建 [J]. 商业经济研究, 2019 (14): 86 - 89.

[88] 李然, 李谷成, 冯中朝. 不同经营规模农户的油菜生产技术效率分析——

基于湖北、四川等6省市689户农户的调查数据［J］. 华中农业大学学报（社会科学版），2015（1）：14－22.
［89］李赛，李振玮，赵春燕，等. 京津冀生鲜农产品流通渠道研究［J］. 产业与科技论坛，2019，18（2）：79－80.
［90］李天荣. 浙江农产品流通现状分析［J］. 科技经济市场，2007（4）：216－217.
［91］李晓锦. 多层次构筑信息源，推进浙江省农产品流通信息化进程［J］. 商业经济与管理，2004（10）：34－37.
［92］李晓锦. 农产品物流组织模式研究［D］. 咸阳：西北农林科技大学，2007.
［93］李永辉. 论战后日本农业及对中国农业现代化之路的经验教训［D］. 合肥：中国科学技术大学，2011.
［94］李玉珍，李静. 进一步推进农产品流通网络建设［J］. 商业时代，2005（35）：16－17.
［95］李煜. 中日生鲜农产品流通体系的比较研究［D］. 成都：西南交通大学，2008.
［96］励莉. 我国农产品批发市场流通效率提升问题研究［J］. 农业经济，2015（10）：143－144.
［97］林悦. 区块链技术下生鲜肉品供应链管理创新研究［J］. 农村经济与科技，2019，30（6）：65－66.
［98］刘继昌. 上海农产品流通研究及对策［J］. 中国商贸，2014（9）：17－18.
［99］刘书艳. 农产品流通中存在问题及优化策略研究——基于新型城镇化建设背景［J］. 经济问题，2016（5）：90－93.
［100］刘天军，胡华平，朱玉春，等. 我国农产品现代流通体系机制创新研究［J］. 农业经济问题，2013，34（8）：20－25；110.
［101］吕娜，朱立志. 中国农业环境技术效率与绿色全要素生产率增长研究［J］. 农业技术经济，2019（4）：95－103.

[102] 刘洋．电子商务环境下农产品流通模式的创新研究［J］．改革与战略，2016，32（3）：81－83.

[103] 陆华，岳跃．京津冀协同发展下北京市农产品配送模式创新研究［J］．物流技术，2017，36（12）：12－18；63.

[104] 陆建飞，陈波，葛敏，等．德国和日本有机农产品流通体系的比较及其启示［J］．生态经济，2006（5）：259－261.

[105] 马欢欢．国外农产品流通模式对我国农产品流通的启示［J］．商业经济研究，2017（5）：152－154.

[106] 马述忠，屈艺．市场整合与贸易成本——基于中国粮食市场空间价格传导的新证据［J］．农业经济问题，2017，38（5）：72－82；112.

[107] 孟菲，傅贤治．美日农产品流通渠道模式比较对中国的借鉴［J］．中国农村经济，2007（S1）：141－146.

[108] 孟雷．我国农产品现代流通体系建设中的问题与对策［J］．中国流通经济，2013，27（1）：13－16.

[109] 潘其泉．转型升级下的江苏现代农产品流通体系构建研究［J］．农业经济，2016（7）：133－135.

[110] 逄锦彩．日、美、法现代农业比较研究［D］．长春：吉林大学，2010.

[111] 钱静斐．有机蔬菜生产技术效率分析——基于随机前沿生产函数并以山东肥城为例［J］．湖南农业大学学报（社会科学版），2015，16（4）：1－7.

[112] 乔平平．我国农产品流通效率的制约因素及提升途径［J］．商业经济研究，2016（16）：164－166.

[113] 邱祝强．基于冷藏链的生鲜农产品物流网络优化及其安全风险评价研究［D］．长沙：中南大学，2007.

[114] 沈娟，张锋．基于供应链管理发展江苏高效农业的探讨［J］．浙江农业科学，2011（4）：951－954.

[115] 孙蕊．日本农产品批发市场现状及对中国的启示［J］．中国科技信息，

2009 (6): 82 - 83.

[116] 孙铁. 朝阳市农产品流通体系建设对策研究 [D]. 大连: 大连理工大学, 2016.

[117] 陶君成, 初叶萍. 美国农产品物流研究述评 [J]. 商业时代, 2010 (4): 22 - 23.

[118] 涂洪波, 赵晓飞, 孙剑. 我国农产品流通现代化的模糊综合评价 [J]. 华中农业大学学报 (社会科学版), 2014 (1): 78 - 85.

[119] 涂洪波. 我国农产品流通现代化的实证研究 [D]. 武汉: 华中农业大学, 2013.

[120] 唐建, Jose Vila. 粮食生产技术效率及影响因素研究——来自1990—2013年中国31个省份面板数据 [J]. 农业技术经济, 2016 (9): 72 - 83.

[121] 汪旭晖. 农产品流通体系现状与优化路径选择 [J]. 改革, 2008 (2): 83 - 88.

[122] 汪长球. 鲜活农产品"农超对接"流通模式研究——基于食品安全视角的分析 [J]. 山东社会科学, 2016 (S1): 93 - 94.

[123] 王柏谊, 杨帆. "互联网 + " 重构农业供应链的新模式及对策 [J]. 经济纵横, 2016 (5): 75 - 78.

[124] 王欢. 我国蔬菜生产效率及其时空效应研究 [D]. 北京: 中国农业大学, 2018.

[125] 王静. 新中国成立以来农产品物流制度变迁及其启示 [J]. 陕西师范大学学报, 2012, 41 (1): 169 - 176.

[126] 王娟. 京津冀协同发展农产品流通模式研究 [D]. 天津: 天津师范大学, 2016.

[127] 王林, 杨坚争. 上海涉农电子商务风生水起 [J]. 上海信息化, 2014 (12): 44 - 47.

[128] 王艳, 喻晔. 美国农产品物流模式对我国的借鉴 [J]. 四川理工学院学

报（社会科学版），2008（5）：76－78.

［129］王益民，宋琰纹．全球生产网络效应、集群封闭性及其“升级悖论”——基于大陆台商笔记本电脑产业集群的分析［J］．中国工业经济，2007（4）：46－53.

［130］魏杨．美日农产品流通模式比较及对我国的启示［J］．商业经济研究，2016（21）：131－133.

［131］乌云花，黄季焜．生鲜产品的市场供应链研究［M］．北京：中国农业大学出版社，2014.

［132］吴竞鸿．安徽鲜活农产品市场物流渠道模式设计［J］．重庆科技学院学报（社会科学版），2014（5）：37－39.

［133］吴自爱，王剑程，王丽娟，项桂娥．欠发达地区农产品流通效率评价［J］．统计与决策，2013（24）：47－49.

［134］徐大兵．新中国成立六十年来农产品流通体制改革回顾与前瞻［J］．商业研究，2009（7）：197－200.

［135］徐丹丹，王帅．京津冀农产品批发市场的技术效率及影响因素分析——基于随机前沿分析的实证研究［J］．北京社会科学，2018（12）：87－95.

［136］徐良培，李淑华．农产品物流效率及其影响因素研究——基于中国2000—2011年省际面板数据的实证分析［J］．华中农业大学学报（社会科学版），2013（6）：71－79.

［137］徐亚非．农产品的流通特性与政府对农产品流通的管理［J］．经济问题探索，1992（2）：39－41.

［138］徐振宇，刘天宇，王雪峰．我国鲜活农产品流通五大命题的质疑与反思［J］．商业经济研究，2015（19）：4－8.

［139］徐振宇．国外鲜活农产品流通“经验”之再审视［J］．经济与管理，2015（3）：85－90.

［140］许春华，金虹．论构建与国际接轨的农产品流通体系［J］．经济纵横，

2001 (5): 41 - 43.

[141] 许海晏，张军. 北京农产品批发市场疏解升级问题研究 [J]. 商业经济研究，2016 (13): 215 - 217.

[142] 许经勇. 论农产品流通与农业供给侧改革 [J]. 厦门特区党校学报，2016 (1): 1 - 5.

[143] 许世卫. 农业大数据与农产品监测预警 [J]. 中国农业科技导报，2014，16 (5): 14 - 20.

[144] 薛建强，李子涵. 京津冀农产品流通协同创新机制研究 [J]. 廊坊师范学院学报（自然科学版），2019，19 (1): 63 - 66.

[145] 薛楠，姜溪. 基于互联网 + 的京津冀一体化农产品智慧供应链构建 [J]. 中国流通经济，2015，29 (7): 82 - 87.

[146] 薛选登. 借鉴日本经验，促进河南省农产品物流发展 [J]. 河南农业，2012 (5): 61 - 62.

[147] 杨军. 我国农产品批发市场转型升级的目标和路径 [J]. 经济纵横，2016 (11): 121 - 124.

[148] 杨万江，李琪. 我国农户水稻生产技术效率分析——基于11省761户调查数据 [J]. 农业技术经济，2016 (1): 71 - 81.

[149] 杨光斌. 农产品流通与农业供给侧改革研究 [J]. 江西农业，2016 (11): 115 - 116.

[150] 杨广彬. 京津冀鲜活农产品流通渠道优化研究 [D]. 石家庄：河北经贸大学，2018.

[151] 杨宏伟. 农村商品流通渠道创新研究——兼论现代流通服务网络体系建设 [J]. 商业经济研究，2015 (23): 12 - 13.

[152] 杨蕾. 京津冀都市圈农产品物流系统优化研究 [D]. 石家庄：河北农业大学，2011.

[153] 姚今观，纪良纲. 中国农产品流通体制与价格制度 [M]. 北京：中国物

价出版社，1995.

［154］姚今观．建立新的农产品流通体系［J］．经济研究参考，1996（ZC）（98）：42－43.

［155］殷延海．基于“农超对接”模式的农产品流通渠道创新策略［J］．改革与战略，2012，28（2）：95－97.

［156］尹梦丽．合肥地区鲜活农产品流通体系研究［D］．合肥：安徽农业大学，2009.

［157］于爱森．中国农产品流通效率的实证分析：基于面板数据的 SFA 分析［D］．沈阳：沈阳农业大学，2016.

［158］于林霞，张波，白秀广．黄土高原区苹果生产技术效率及其影响因素研究——基于 528 户苹果种植户的调查数据［J］．干旱区资源与环境，2018，32（4）：68－74.

［159］余娟，倪少权，甘蜜，陈钉均．农产品批发市场升级改造的评估方法［J］．统计与决策，2016（1）：49－53.

［160］余燕，美国、日本农产品流通渠道管理模式及经验借鉴［J］．世界农业，2014（3）：72－75.

［161］俞菊生．中国（大陆）蔬菜流通市场研究［J］．上海农业学报，2003（1）：1－5.

［162］翟红红．发达国家农产品流通模式窥探与经验借鉴［J］．商业经济研究，2018（2）：113－115.

［163］张标，张领先，傅泽田，李鑫星．我国蔬菜生产技术效率变动及其影响因素分析——以黄瓜和茄子为例［J］．中国农业大学学报，2016，21（12）：133－143.

［164］张闯，夏春玉，刘凤芹．农产品批发市场公益性实现方式研究——以北京新发地市场为案例［J］．农业经济问题，2015，36（1）：93－100；112.

[165] 张磊，谭向勇，王娜．猪肉批发主体技术效率分析——基于北京市场猪肉二级批发商户的调查［J］．中国农村经济，2009（10）：67－76.

[166] 张磊，王娜，张桂梅．蔬菜一级批发商技术效率研究——基于寿光农产品物流园蔬菜批发商户的调查［J］．商业研究，2018（1）：19－27；86.

[167] 张京卫．日本农产品物流发展模式分析及启示［J］．农村经济，2008（1）：126－129.

[168] 张萍．供给侧改革背景下安徽鲜活农产品物流体系发展研究［J］．北京印刷学院学报，2017，25（8）：95－96；99.

[169] 章胜勇，时润哲，于爱芝．农业供给侧改革背景下农产品批发市场的功能优化分析［J］．北京工商大学学报（社会科学版），2016，31（6）：10－16.

[170] 张士斌．农产品流通效率对农业产值影响的实证研究——基于2005—2014年的面板数据［J］．商业经济研究，2016（16）：36－37.

[171] 张雯丽，沈贵银，曹慧，等．“十三五”时期我国重要农产品消费趋势、影响与对策［J］．农业经济问题，2016，37（3）：11－17；110.

[172] 张晓兰，李辉．日本经济2018年温和复苏，2019年下行压力增大［J］．中国物价，2019（2）：23－25.

[173] 张艳新，赵慧峰，张佳佳，等．河北省农产品物流对接京津问题研究［J］．天津农业科学，2015，21（9）：118－120.

[174] 张一山，姚雨辰，姜方桃．江苏省农产品供应链模式研究［J］．物流工程与管理，2013，35（11）：90－92.

[175] 张永强，张晓飞，周宁，蒲晨曦．中美日农产品流通体系对比及经验借鉴［J］．世界农业，2017（4）：29－34.

[176] 张玉兰，姜雪忠．日本农产品直销市场的特点及借鉴作用［J］．世界农业，2011（9）：26－29.

[177] 章德宾．不同蔬菜种植规模农户农业生产效率研究：主产区 2009—2016 年的调查［J］．农业技术经济，2018（7）：41－50.

[178] 赵大伟，景爱萍，陈建梅．中国农产品流通渠道变革动力机制与政策导向［J］．农业经济问题，2019（1）：104－113.

[179] 赵红梅．京津冀“一盘棋”促蔬菜工厂化生产，北京研发三地推广［C］．对接京津——经济强省，绿色发展论文集，2018.

[180] 赵维清．我国农产品产地批发市场运营及支持政策［J］．农业经济，2016（1）：124－126.

[181] 赵晓飞，李崇光．农产品流通渠道变革：演进规律、动力机制与发展趋势［J］．管理世界，2012（3）：81－95.

[182] 赵月．河北省鲜梨流通渠道关系质量与流通效率关系研究［D］．石家庄：河北大学，2017.

[183] 郑鹏．基于农户视角的农产品流通模式研究［D］．武汉：华中农业大学，2012.

[184] 周静，李珍．水果批发市场技术效率及影响因素研究——基于对经营商户的调查［J］．沈阳农业大学学报，2014，45（3）：380－384.

[185] 周忠丽．中国西甜瓜流通效率及影响因素研究［D］．北京：中国农业科学院，2014.

[186] 朱品文．基于创新视角的我国农产品流通渠道机制研究［J］．价格月刊，2015（9）：77－81.

[187] 朱增勇，陈加齐，曲春红．肉牛专业化养殖技术效率研究［J］．华中农业大学学报（社会科学版），2018（6）：14－19；151.

[188] 邹铁钉，周发明．农产品流通体系的形成因素［J］．现代企业，2007（8）：57.

[189] 邹铁钉．全球农产品经销流通模式的对比分析［J］．世界农业，2010（10）：53－55.

附录

京津冀果蔬类农产品流通调查问卷

亲爱的朋友：

您好！

首先，感谢您在百忙之中接受我们的问卷调查！本问卷旨在研究京津冀地区的农产品的流通效率，从而增大农民、批发商、零售商等农产品流通主体的利益，为政府采取相应政策和措施提供参考。为确保真实性，请您根据自身实际情况、真实想法，如实填写，您的回答将被完全保密。本份问卷纯粹用于学习研究，绝不用于商业用途，非常感谢！

京津冀农产品流通体系创新团队课题组

2018 年 5 月

第一部分　基本经营情况

1. 您的年龄为________岁。

2. 您的最高学历水平________。

A. 未上学　　B. 小学　　C. 初中　　D. 高中

E. 专科及以上

3. 您从事农产品批发的年限为（　　）年。

4. 您 2017 年的营业总额大致为________万元。

5. 您 2017 年的净赚金额大致为________万元。

6. 您 2017 年投入资金大致为________万元（不包括车辆的购置、维修等）。

7. 您 2017 年雇用的员工数为________人。

8. 您 2017 年的摊位面积为________平方米。

9. 您 2017 年经营的农产品种类为________种。

第二部分　蔬菜流通效率的影响因素

10. 您认为今年的利润额是否会超过去年________。

A. 非常不同意　B. 不同意　C. 一般　D. 同意

E. 非常同意

11. 您一般有多大比例的货物会在运输中损失掉是________。

A. 小于 10%　B. 10% ~15%　C. 15% ~20%　D. 25% ~30%

E. 35% ~40%　F. 40% ~50%　G. 大于一半

12. 您在货物运输中的公路收费、停车费等相关收费是否很高________。

A. 非常高　B. 高　C. 一般　D. 低

E. 非常低

13. 您对公路、停车站等交通基础设施是否满意________。

A. 非常差　B. 差　C. 一般　D. 好

E. 非常好

14. 您有多少货物会在仓储中损坏是________。

A. 小于10%　B. 10%～15%　C. 15%～20%　D. 25%～30%

E. 35%～40%　F. 40%～50%　G. 大于一半

15. 您对批发市场的冷藏、仓储设施是否满意________。

A. 非常差　B. 差　C. 一般　D. 好

E. 非常好

16. 您对批发市场的质量监测、信息收集发布等基础设备是否满意________。

A. 非常差　B. 差　C. 一般　D. 好

E. 非常好

17. 您是否能准确判断价格走势、客户需求量等市场信息________。

A. 非常差　B. 差　C. 一般　D. 好

E. 非常好

18. 您获得市场信息的方式为________。

A. 电话、短信　B. 微信、网络　C. 当面交谈

19. 您的下游客户类型主要为（多选）________。

A. 超市　B. 农贸市场　C. 其他批发商　D. 流动商贩

E. 家庭

20. 您2017年有多少货卖给了固定客户________。

A. 小于20%　B. 20%～40%　C. 40%～60%　D. 60%～70%

E. 70%～80%　F. 80%～90%　G. 超过90%

21. 您2017年采购的货多少来自固定的供应商________。

A. 小于20%　B. 20%～40%　C. 40%～60%　D. 60%～70%

E. 70%～80%　F. 80%～90%　G. 超过90%

22. 您从进货到交货的时间间隔一般为________。

A. 1 天左右　B. 1 ~ 3 天　C. 3 天至 1 周　D. 1 ~ 2 周

E. 2 周以上

23. 您是否能够熟练使用微信、QQ、邮件等网络交流工具________。

A. 非常不熟练　B. 不熟练　C. 一般　D. 熟练

E. 非常熟练

24. 您是否依赖淘宝、天猫、京东等网络销售平台（　　）。

A. 非常不需要　B. 不需要　C. 一般　D. 需要

E. 非常需要

第三部分　合作情况

25. 您的采购渠道主要为（多选）________。

A. 农民　B. 收购商　C. 农民合作社　D. 其他批发商

E. 加工企业　F. 自己的基地

26. 您的采购地主要为（多选）________。

A. 北京　B. 天津　C. 河北　D. 山东

E. 其他________

27. 您运输的物流方式主要为（多选）________。

A. 自己运输　B. 第三方物流企业　C. 客户运输

28. 您合作的农民、合作社、加工企业或收购商的供货态度如何________。

A. 非常差　B. 差　C. 一般　D. 好

E. 非常好

29. 您的供应商是否能够保证供应________。

A. 非常差　B. 差　C. 一般　D. 好

E. 非常好

30. 您是否愿意与农民、合作社、加工企业或收购商的长期合作________。

A. 非常不愿意　B. 不愿意　C. 一般　D. 愿意

E. 非常愿意

31. 您下游客户的销售能力如何________。

A. 非常差　B. 差　C. 一般　D. 好

E. 非常好

32. 您是否愿意与下游客户长期合作________。

A. 非常不愿意　B. 不愿意　C. 一般　D. 愿意

E. 非常愿意

33. 批发市场的安保、清洁、结算等工作人员的服务质量与态度如何________。

A. 非常差　B. 差　C. 一般　D. 好

E. 非常好

34. 您是否愿意在所在的批发市场长期经营________。

A. 非常不愿意　B. 不愿意　C. 一般　D. 愿意

E. 非常愿意

京津冀肉类农产品流通调查问卷

您好！

首先，我们是京津冀农产品流通体系研究课题组的成员，非常感谢您能抽出宝贵的时间帮助我们完成此项调查工作，本问卷旨在研究京津冀地区农产品流通效率，从而增大农民、批发商、零售商等农产品流通主体的利益，为政府采取相应政策和措施提供参考。调查结果仅用于学术研究，对您所填写的相关资料也会保密，绝不会用于商业用途，更不会损害您的利益，请您根据自身实际情况、真实想法如实填写！再次对您的协助表示诚挚的感谢！

京津冀农产品流通体系创新团队课题组

2018 年 11 月

第一部分　基本经营情况

1. 您的年龄为________。

2. 您的最高学历水平________。

A. 未上学　B. 小学　C. 初中　D. 高中

E. 专科　F. 大学

G. 研究生及以上

3. 您从事农产品批发的年限为________年。

4. 您经营的农产品种类主要有________。

5. 近两年肉类产品批发销售成本收益大致情况。

	2017 年	2018 年前 10 个月
营业总额（万元）		
利润总额（万元）		
投入资金总额（万元）		
运输、配送费（包括燃油、车辆维护、公路收费等）		
分拣、包装费（万元）		
存储、冷藏支出（万元）		
摊位面积（平方米）		
市场管理费（万元）		
其他费用（万元）		

6. 2017 年的销售利润率约为________。

A. 5%以下　B. 5%～10%　C. 10%～20%　D. 20%～30%

E. 30%以上

7. 国家在运输和销售上给予的补贴或支持情况________。

A. 无　B. 绿色通道　C. 加强流通基础设施建设

D. 减免市场管理费　E. 其他补贴

第二部分　肉类产品流通效率的影响因素

1. 您在肉类产品运输中损失的比例是否很高________。

A. 非常高　B. 高　C. 一般　D. 低

E. 非常低

2. 您在肉类产品存储中损失的比例是否很高________。

A. 非常高　B. 高　C. 一般　D. 低

E. 非常低

3. 您用于肉类产品的冷藏车比例为________（肉类冷藏车数量

占全部藏车数量的比例）。

A. 10% 以下　B. 10% ~20%　C. 20% ~30%　D. 30% ~40%

E. 40% ~50%　F. 50% 以上________

4. 您用于肉类产品的冷库比例为________（肉类冷库数量占全部仓库数量的比例）。

A. 10% 以下　B. 10% ~20%　C. 20% ~30%　D. 30% ~40%

E. 40% ~50%　F. 50% 以上________

5. 您 2017 年的固定下游客户的肉类产品购买量占总交易量的比例为________。

A. 10% 以下　B. 10% ~20%　C. 20% ~30%　D. 30% ~40%

E. 40% 以上

6. 您 2017 年的固定上游客户的肉类产品供应量占总供应量的比例为________。

A. 10% 以下　B. 10% ~20%　C. 20% ~30%　D. 30% ~40%

E. 40% 以上

7. 您从肉类产品采购完成到售出、交货的时间间隔一般为________。

A. <1 天　B. 1≤天数 <3　C. 3≤天数 <5　D. 5≤天数 <7

E. 其他

8. 您采购和销售肉类产品的物流方式分别为________和________（可多选）。

A. 自营物流　B. 对方物流　C. 第三方物流

9. 您的采购渠道主要为________（可多选，并按比例从大到小排列）。

A. 农户　　B. 加工企业　　C. 合作社　　D. 其他批发商

E. 自己的屠宰场

10. 您的分销渠道主要为________（可多选，并按比例从大到小排列）。

A. 集贸市场商贩　B. 超市　　C. 集团订单　　D. 流动摊贩

E. 家庭购买

11. 您的肉类产品采购地主要为________。

A. 河北　　B. 山东　　C. 吉林　　D. 辽宁

E. 其他________

12. 您对肉类产品流通绩效的评价。

	5 完全同意	4 比较同意	3 一般同意	2 不太同意	1 不同意
能够促进肉类产品生产的顺利进行					
能够保证批发商的货源充足					
能够满足市场消费需求					

注：请在相应的同意程度上画“√”。

13. 您是否经常使用微信、QQ、邮件等网络交流工具与生意伙伴沟通________。

A. 几乎不用　　B. 偶尔使用　　C. 一般　　D. 较常使用

E. 经常使用

14. 您的生意是否依赖淘宝、天猫、京东等网络销售平台________。

A. 根本不需要　B. 不太需要　　C. 一般　　D. 比较需要

E. 非常需要

15. 您在运输过程中的公路收费、停车费等相关收费是否很高________。

A. 非常高　B. 高　C. 一般　D. 低

E. 非常低

16. 您对公路、停车站等交通基础设施是否满意________。

A. 非常不满意　B. 不满意　C. 一般　D. 满意

E. 非常满意

17. 请您对下列有关农户或收购商、零售商的表现进行评价。

	5 完全满意	4 比较满意	3 一般满意	2 不太满意	1 不满意
总体评价					
农户或收购商交货质量					
农户或收购商交货较为及时					
客户的付款能力和付款方式					

注：请在相应的同意程度上画“√”。

18. 您对批发市场的安保、清洁、结算等工作人员的服务质量与态度是否满意________。

A. 非常不满意　B. 不满意　C. 一般　D. 满意

E. 非常满意

19. 您对批发市场的肉类产品质量检测、信息收集发布等基础设备是否满意________。

A. 非常不满意　B. 不满意　C. 一般　D. 满意

E. 非常满意

后　记

本书是2017年度北京市属高校高水平教师队伍建设支持计划高水平创新团队建设计划项目《京津冀农产品流通体系研究》（编号IDHT20170505）的研究成果。自2017年开始，项目组以京津冀地区农产品流通为调查对象，选取北京市新发地、天津市韩家墅和河北省保定市高碑店地区新发地等农产品批发市场，向蔬菜、瓜果、水果以及果蔬混合经营等农产品批发商发放390份调查问卷；向北京市新发地批发市场、天津市何庄子农产品批发市场以及河北省白佛批发市场和双鸽批发市场中的肉类批发商发放420份调查问卷。在此基础上对所获数据进行了录入分类、统计描述和交互分析，对北京、天津和河北三地流通主体——农产品批发商的技术效率进行了测算，并从人力资本、经营状况、主体表现与流通基础设施等角度对影响京津冀农产品流通效率的因素进行了分析。经过近3年的调查和研究，项目终于圆满完成，成果也得以出版。

本书的顺利出版，不仅得益于2017年度北京市属高校高水平教师队伍建设支持计划高水平创新团队建设计划项目《京津冀农产品流通体系研究》（编号IDHT20170505）的资助，也得益于北京工商大学科技处和经济学院的大力支持。本书写作人员主要有北京工商大学徐丹丹、李丽、孙宁宁、郝娜、梁鹏、易芳、卢奇等老师。北京工商大学经济学院王帅、胡紫容、刘敬圆等研究生对本书的编写也付出了很多的心血，在数据收集、文献整理、实证研究等方面做了大量的基础工作。知识产权出版社兰涛女士为本书的出版也付出了辛勤的努力。在此，我们对所有为本书的出版付出心血的领导、同人和学生们表示衷心的感谢。

本书的具体分工如下：第一章，徐丹丹、李丽；第二章，孙宁宁；第三章，孙宁宁、李丽、郝娜；第四章，梁鹏、易芳；第五章，徐丹丹、李丽；第六章，徐丹丹、李丽；第七章，李丽；第八章，李丽、卢奇；第九章，李丽。

由于水平所限，对于书中可能会出现的纰漏与错误，理应由著者负责，请各位专家、读者指正。

作者

2020 年 10 月 13 日